2:15 Madame ﾠ
no class Tuesday

PARLONS DE TOUT

STUDENT CENTER BOOKSTORE
NEW PRICE

USED PRICE

STUDENT CENTER
BOOKSTORE
F4   SUB
NEW PRICE
$ 1495
$1120
USED PRICE

PARLONS DE TOUT

LIVRE POUR COURS
DE CONVERSATION FRANÇAISE

Paule Mauricette Miller

Western Michigan University

JOHN WILEY & SONS

New York   Chichester   Brisbane   Toronto   Singapore

Drawings by Anne C. Green.

Library of Congress Cataloging in Publication Data:

Miller, Paule Mauricette, 1924–
    Parlons de tout.

    English and French.
    1. French language—Conversation and phrase books.
I. Title.
PC2121.M64   1983   448.3'421   82-17665
ISBN   0-471-86847-7

Printed in the United States of America

10 9 8 7 6 5 4 3 2 1

Preface

Parlons de Tout is intended for Conversation courses aimed at students in the second or third year of college-level French. It can also be used in courses where Composition and Conversation or Phonetics and Conversation are taught together; the book can also serve as a conversational supplement in a regular second- or third-year course as well as in a refresher course. Each chapter includes short grammar explanations followed by drills on sentence structure and one set of phonetic rules followed by a passage to be read aloud.

The book consists of fifteen chapters. The amount of material is purposely large so that teachers can choose what is best suited to students, to the time available, and to pedagogical preference.

Conversation courses in a foreign language frequently number too many students to permit a free conversational climate; the timidity of some may mean that only a few converse and learn to speak correctly. To counter this situation and to ensure participation by all, many of the activities given here can easily be done by small groups. This is particularly true of the sections *Micro-conversations*, *Amusons-nous*, *Répliques libres*, and *Sujets de conversation pour groupes de trois ou quatre étudiants*.

Parlons de Tout concentrates on cultural distinctions. Students are made aware of them first through a change in focus—the *Micro-conversations* being situated in the United States, whereas the *Répliques libres* are situated in France—and second by the readings at the end of each chapter, which discuss and illustrate the differences between the two cultures.

The first chapter gives students an understanding of speech levels in French without going too deeply into the many variations possible. Students are taught familiar French, which is clearly identified, as well as formal French. They are asked to replace one with the other in the *Micro-conversations* here and in some of the later chapters, and to recognize the levels of speech in some of the games of the *Amusons-nous* section.

Each chapter begins with a drawing and a legend which illustrate a cultural aspect of French life. They can be used as a springboard for conversations.

The *Micro-conversations* are intended to teach vocabulary and idiomatic expressions in a conversational context. The subsequent substitution exercises drill on grammatical structures that must be learned thoroughly if one is to speak correct French; they compel students to think about the necessary changes that each substitution entails. A *Rappel grammatical* is inserted between the *Micro-conversations* to explain the rules to be applied. Its aim is not to teach new rules but to encourage their application. Throughout the book, the traditional systematic progression from the simple to the complex is tempered by a more empirical approach. Attention given to recurring mistakes made in conversation may take precedence over progression of difficulty. In each chapter the first two *Micro-conversations* treat again grammatical points made in the preceding one.

Amusons-nous is a section that is meant to be fun. It consists of games that illustrate points of grammar, vocabulary relevant to the chapter, and phonetic rules.

The *Répliques libres* are divided into five situations. Questions relevant to these situations are asked in such a way as to simulate real-life conversations. These can be acted out as small scenes between students. Possibly a third student might repeat in his/her own words what was said and/or comment on it.

Fautes à éviter is a section in which students look at the nuances of meaning in French words. These words, whether with or without English equivalents, are consistently misused by students. The explanations are followed by lexical exercises where the appropriate words must be used.

Sujets de conversation pour groupes de trois ou quatre étudiants encourages freedom of expression in a relaxed setting. Students are less inhibited when talking with only a few of their peers, and there are more opportunities for individual responses than when the whole class is involved. The subjects for the *Débats*, however, which are intended for general discussion, add another dimension. They are meant to bring up issues that may arouse controversy or at least personal reactions. As the French never speak without using their hands, the section called *Gestes expressifs* gives students a chance to do that also and to use the colloquial expressions that often accompany them.

Activités possibles suggests assignments for research projects that will improve students' understanding of cultural distinctions, as well as subjects for writing scenes, plays, and poems, which can be acted out or recited in the classroom.

A special section (variously titled) deals with categories of vocabulary not often encountered by students, such as interjections, insults, baby talk, terms of endearment, picturesque sayings, etc.

The last part of the chapter, *Conseils pratiques de prononciation*, gives a set of rules concerning a special characteristic of French pronunciation. This is followed by a *Lecture* to be read aloud with especial care given to pronunciation. As previously mentioned, the subjects of the readings are discussions and illustrations of cultural differences.

Vocabulaire à savoir is a list of words and expressions pertinent to the subject treated in the chapter, most of them having appeared in the preceding sections. A *French-English Lexique* at the end of the book gives the translation of these words as well as most of the words used in the exercises.

Acknowledgments

I wish to express my special thanks to Dr. Benjamin Ebling of Western Michigan University for his invaluable advice and suggestions of methodology, as well as for his kindness in reading and correcting the first chapters. For a scrupulous reading of the manuscript I thank Professor Jacques Létot of the Lycée d'Enseignement Professionnel, Saint-Quentin, France.

I wish also to thank the students in my Conversation classes, in particular Mrs. Barbara Magnan, who gave a most careful reading of the text.

I am also grateful to my French friends, Mlle. Catherine Hygonnet and Mme. Nelly Lacombe, who promptly answered my questions about French vocabulary.

I want also to express my appreciation to the reviewers of the original manuscript, Professor Francis B. Assaf, University of Georgia, Professor Armand B. Chartier, University of Rhode Island, Kingston, Professor Simonne Fischer, Tulane University, and Professor Jean-Paul Koenig, University of North Carolina, Greensboro, who took extraordinary care to correct the manuscript and to offer suggestions.

Finally, I am most grateful to Mme. Marcelle Robert, who diligently responded to every request for information, and to Dr. Ralph Miller of Western Michigan University, without whose advice, encouragement, and patience this book could not have been written.

Table des Matières

Chapitre 4

ON A BESOIN DE MOYENS DE TRANSPORT LOCAUX 40

Chapitre 5

ON CHERCHE DU TRAVAIL 53

Chapitre 6

ON RETOURNE CHEZ SOI

Chapitre 7

ON S'OCCUPE DE SON ANIMAL FAVORI

Chapitre 8

ON MANGE 96

✳ **Chapitre 11**

ON TOMBE MALADE   **140**

Chapitre 12

ON SOIGNE SON APPARENCE   **156**

Chapitre 13

ON FAIT DU SPORT   **172**

PARLONS DE TOUT

1

ON FAIT CONNAISSANCE

Mon nom de famille est Colombe. Ma mère, qui croyait à l'influence des prénoms sur le destin, m'a prénommé Christophe.

MICRO-CONVERSATIONS

Apprenez les dialogues par cœur, puis faites les changements suggérés.

I. On présente les nouveaux venus

> — Jean-Jacques, je te présente ma copine Nicole.
> — Enchanté. Dites donc. On va prendre un pot ensemble après la classe ?
> — Impossible. On est invité à une boum ce soir.
> — Dommage. Toute la bande va se réunir au café.

A. Le style de ce dialogue est familier. Refaites-le en style soigné.
   Suggestions :
1. Employez le vouvoiement, remplacez **on** par **nous**, remplacez les prénoms par **Monsieur Dupont**, **Mademoiselle Létot**, ou autres.
2. Remplacez les expressions familières par celles qui sont suggérées :

ma copine	mon ami
dites donc, on va prendre un pot	me feriez-vous le plaisir d'aller
ensemble	prendre quelque chose avec moi
une boum	une soirée
toute la bande	nos amis

3. Faites des phrases complètes :

enchanté	je suis enchanté
impossible	c'est impossible
dommage	c'est dommage

B. Reprenez le style familier en employant des synomymes et en tutoyant.

ma copine Nicole	mon pote Pierre Dupont
prendre un pot	prendre un verre ou prendre un godet
une boum	faire la bombe
toute la bande	les copains

II. On observe l'autre sexe

> — Ce type blond aux cheveux ondulés est beau garçon.
> — Ah non, alors. Il a une mine trop renfrognée.
> — Tu blagues. Regarde ses yeux langoureux.
> — C'est une affaire de goût. Moi, je le trouve moche.

A. Remplacez **type** par **petite** et faites les changements nécessaires.
B. Refaites le dialogue en style soigné.
   Suggestions :
1. Employez le vouvoiement.

2. Remplacez les expressions familières par celles qui sont suggérées.

type   jeune homme
tu blagues   tu plaisantes
moche   laid

C. Reprenez le dialogue autant de fois que vous désirez en remplaçant les descriptions par d'autres.

Suggestions :

les cheveux bruns, roux, châtains, châtain clair, châtain foncé, frisés, crépus, courts, longs

les yeux bleus, marron, verts, noirs, espiègles, perçants

le nez retroussé, bourbonien, droit

les lèvres sensuelles, minces, charnues

les dents blanches, le visage bronzé, le teint clair, le teint vermeil

RAPPEL GRAMMATICAL

Structure de la phrase interrogative

I. En conversation, il est possible de poser une question en gardant la structure de la phrase déclarative, mais il faut changer en changeant l'intonation.

    Tu reviens demain ?

II. Lorsqu'on s'attend à une réponse affirmative, on peut garder la structure de la phrase déclarative et ajouter **n'est-ce pas ?**.

    Tu reviens demain, n'est-ce pas ?

III. Dans la langue parlée, on emploie le plus souvent l'interrogation avec **est-ce que**.

    Est-ce que tu reviens ?

    Quand est-ce que tu reviens ?

    Où est-ce que ton copain est parti ?

IV. On peut aussi employer l'inversion du pronom personnel sujet, spécialement si la phrase est courte. Cependant, cette forme est plus fréquente dans la langue écrite.

    Reviens-tu demain ?

    Quand reviens-tu ?

    Quand votre copain retourne-t-il en France ?

V. L'inversion du nom sujet est possible lorsque la question commence par les mots interrogatifs : **où, d'où, quel, quand, combien, comment, que, à qui, avec qui**. Cependant, on ne le fait que si le sujet peut être placé à la fin de la phrase.

    Quand revient ton petit ami ?

    Quel âge ont tes parents ?

    Qu'a dit ta mère ?

III. Une Personne séduisante

> — À qui est-ce que ton copain serre la main ?
> — Est-ce que cette belle rousse ne t'a pas été présentée ?
> — Non. Est-ce que c'est celle dont tu me parlais hier ?
> — Eh oui. Est-ce que tu ne vois pas comme les jeunes gens sont empressés auprès d'elle ?

A. Remplacez **copain** par **copine, rousse** par **roux, jeunes gens** par **jeunes filles**, et faites les changements nécessaires.
B. Employez le vouvoiement.
C. Employez l'inversion pour poser les questions.

RAPPEL GRAMMATICAL

L'Impératif

I. Pour former l'impératif, il suffit simplement de prendre la forme du verbe à la deuxième personne du singulier ou du pluriel du présent de l'indicatif. Si l'ordre comprend la personne qui parle, on prend la première personne du pluriel. On laisse tomber le sujet.

    Ne parlez pas. Finis tes devoirs. Mangeons.

II. On laisse tomber le **s** à la deuxième personne du singulier avec les verbes réguliers en **er**, les verbes **ouvrir, cueillir**, etc. qui se conjuguent au présent comme les verbes en **er**, et le verbe **aller**.

    Parle. N'ouvre pas la porte. Va à l'école.

Si le verbe est suivi par **en** ou **y**, on reprend le **s**.

    Vas-y. Apportes-en.

III. Quatre verbes ont un impératif irrégulier :

avoir	aie, ayez, ayons
être	sois, soyez, soyons
savoir	sache, sachez, sachons
vouloir	veuille, veuillez, veuillons

IV. Lorsque le verbe à l'impératif a un pronom complément, ce pronom est placé après le verbe.

    Parle-lui. Mangez-le. Allons-y.

V. Les pronoms sont placés dans l'ordre suivant : objet direct, objet indirect, **y, en**.

    Dis-le-nous. Donne-lui-en.

VI. **Me** et **te** deviennent **moi** et **toi** à moins qu'ils soient suivis par **en**.

    Parle-moi. Repose-toi. Parlez-m'en. Va-t'en.

VII. À la forme négative, les pronoms reprennent leur place et leur forme usuelles.

    Ne nous le dis pas. Ne me les donnez pas.

IV. Une Personne sympathique

> — Ce jeune homme brun a l'air très gentil. Invite-le donc à s'asseoir à côté de nous.
> — Je le connais seulement de vue. Va lui demander toi-même.
> — Je t'en prie. Sois chic.
> — Renonces-y. On m'a dit qu'il fréquente quelqu'un.

A. Remplacez **jeune homme** par **jeune fille** et faites les changements nécessaires.

B. Refaites le dialogue en remplaçant les verbes à l'impératif par ceux qui suivent.

l'inviter donc à s'asseoir à côté de nous	**aller lui demander soi-même**
1. me faire faire sa connaissance	s'adresser à Jacqueline
2. me le présenter	ne pas m'embêter (fam.)
3. me dire qui il est	le lui demander
4. lui faire signe de venir	me ficher la paix (fam.)
5. l'appeler	le faire soi-même *changes also*
6. me parler de lui	ne pas compter sur moi

être chic	**y renoncer**
1. avoir du cœur	ne pas commettre d'impair *to make a mistake*
2. me faire plaisir	ne pas s'emballer
3. ne pas plaisanter	ne pas tomber amoureuse
4. ne pas se fâcher	prendre garde
5. me rendre ce service	me laisser tranquille
6. me raconter ce que tu sais	savoir qu'il n'est pas libre

AMUSONS-NOUS

A.   *Chaque élève prépare trois ordres qui peuvent être exécutés en classe. Il donne ces ordres à son voisin. Ce dernier y obéit et explique ce qu'il a fait.*

> **Ex :** Levez-vous. Serrez la main à ce jeune homme (cette jeune fille) et présentez-vous.
>
> Je me suis levé (e). J'ai serré la main à ce jeune homme (cette jeune fille) et je me suis présenté (e).

B.   *Un étudiant choisit mentalement un autre étudiant. Si les élèves ne se connaissent pas encore, ils peuvent avoir un numéro. Chaque élève pose une question à laquelle on ne peut répondre que par oui ou par non afin de deviner l'identité de la personne choisie. Les questions doivent se limiter à cerner l'aspect physique ou le caractère de la personne et ne pas décrire ses vêtements.*

C.   *L'emploi de comparaisons est souvent un moyen de faire rire. Fernand Raynaud, un comédien français décédé il y a quelques années, disait d'une vieille fille re-*

vêche qu'elle avait une tête à manger des gâteaux secs. Le français familier contient un grand nombre de ces expressions imagées qui sont maintenant consacrées par l'usage.

Cherchez dans la deuxième colonne le synonyme des expressions imagées de la première colonne.

1.	un nez en trompette	a.	long
2.	un nez en bec d'aigle	b.	bon
3.	un nez à la Cyrano	c.	puissant
4.	des cheveux en broussaille	d.	un ventre rebondi
5.	des oreilles en feuille de chou	e.	très perçant
6.	des jambes en cerceau	f.	en désordre
7.	un menton en galoche	g.	mauvais
8.	une voix de stentor	h.	grand
9.	un regard d'aigle	i.	doux
10.	des yeux de velours	j.	allongé
11.	des yeux en amande	k.	long et recourbé
12.	un bedon	l.	aquilin
13.	un caractère de cochon	m.	retroussé
14.	un caractère en or	n.	arqué

RÉPLIQUES LIBRES

Ces scènes se passent en France. Elles peuvent être jouées par deux ou trois étudiants ; le troisième raconte ce qu'il a entendu dire par les deux premiers.

Pour mettre les choses en route, le professeur posera les questions de la première scène.

Le Professeur fait connaissance avec ses étudiants

1. Monsieur (Mademoiselle), veuillez me donner votre nom de famille.
2. Et votre prénom ?
3. Comment l'épelez-vous ?
4. Quelle est l'origine de ce nom ?
5. Avez-vous des connaissances dans cette classe ?
6. Nous sommes nombreux. Suggérez-moi comment on pourrait faire connaissance le plus vite possible.
7. Je pense diviser la classe en groupes. Voudriez-vous être chef d'un groupe ?
8. Y a-t-il certains membres de la classe avec qui vous aimeriez travailler ?

On se rencontre après la classe

1. Attends-tu ton petit ami ?
2. Depuis quand vous fréquentez-vous ?
3. Viendrez-vous tous les deux prendre un pot avec nous ?
4. Sais-tu s'il y a une boum quelque part ce soir ?
5. Est-ce que ton amoureux aime sortir en bande ?
6. A-t-il une bagnole ?

7. Au fait, je ne le connais même pas. Décris-le-moi.
8. Il faut que je file maintenant. Penses-tu nous rejoindre d'ici peu ?

Deux jeunes filles assises au café

1. Voici le garçon. Qu'est-ce qu'on prend ?
2. C'est moche que les copains n'aient pas pu venir. Quelle raison ont-ils donnée ?
3. Qui est ce jeune homme aux cheveux frisés qui se retourne souvent de notre côté ?
4. Il a une belle prestance. Il te plaît ?
5. Quelle est la couleur de ses yeux ?
6. Regarde son teint bronzé. Où a-t-il pu l'obtenir ?
7. S'il vient à notre table, qu'est-ce que tu vas lui dire ?
8. Je dois retrouver Catherine au cinéma dans quelques minutes. Tu sauras te débrouiller seule ?

Deux jeunes gens assis au café

1. Le garçon t'apporte un apéro. C'est combien ?
2. Moi, je suis fauché aujourd'hui. As-tu du fric à me prêter ?
3. Vois-tu des copines aux autres tables ?
4. J'ai remarqué la petite au nez retroussé. Comment la trouves-tu ?
5. Elle a un sourire rayonnant. Penses-tu qu'elle ait bon caractère ?
6. Pourrait-on lui payer un pot ?
7. Si je l'accoste, qu'est-ce que tu crois qu'elle fera ?
8. C'est moche, mais je dois aller au boulot bientôt. Tu restes ici ?

On prend un pot après la classe.

On cancane

1. Est-ce vrai que c'est rompu entre Alain et Josette ?
2. On dit qu'ils sont à couteaux tirés. Qu'est-ce qui s'est passé ?
3. Je trouve que Josette est une soupe au lait. T' entends-tu bien avec elle ?
4. Qui est le jeune homme aux cheveux châtain foncé avec qui on la voit maintenant ?
5. Est-ce à cause de lui qu'elle a rompu avec Alain ?
6. Je trouve Alain plus sympathique que celui avec qui Josette sort maintenant. Et toi ?
7. Est-ce qu'Alain sort avec quelqu'un d'autre ?
8. Tiens. Voilà Alain qui s'amène. On l'invite à prendre l'apéro ?

FAUTES À ÉVITER

Le verbe anglais **to meet** est très ambigu. Ceci nécessite malheureusement des traductions françaises diverses telles que : **faire la connaissance de, rencontrer, se réunir, retrouver** et **rejoindre**.

I met (made the acquaintance of) this young girl at a party.	J'ai fait la connaissance de cette jeune fille à une surprise-partie.
I met your friend in the street.	J'ai rencontré votre ami dans la rue.
Our committee meets every Wednesday.	Notre comité se réunit le mercredi.
I shall meet you at the restaurant at six o'clock.	Je vous retrouverai au restaurant à six heures.
	Je vous rejoindrai au restaurant à six heures.

En somme, on fait la connaissance de quelqu'un quand on vous présente pour la première fois ; on rencontre quelqu'un accidentellement ; on se réunit quand on a une réunion ; on retrouve ou rejoint quelqu'un quand on a un rendez-vous.

Si le sujet est pluriel et l'action réciproque, on emploie la forme pronominale des verbes **rencontrer, retrouver** et **rejoindre**.

Nous nous rencontrons souvent.

Employez le verbe qui convient dans les phrases suivantes.

1. À quelle heure va-t-il nous _____ au cinéma ?
2. Hier j'ai _____ votre ami au moment où il sortait de chez vous.
3. Quand est-ce que le cercle va _____ ?
4. Il faut que vous la _____ à sept heures.
5. L'école est si grande que nous ne nous _____ jamais.
6. Je ne la connais pas. J'aimerais _____.
7. Nous avons été surpris de le _____ là.
8. Ils se _____ tous les jours chez elle.
9. C'est très souvent qu'ils se _____ par hasard.
10. Présentez-moi. Je n'ai jamais _____.
11. Ce groupe n'accomplit rien parce que les membres ne _____ pas assez souvent.
12. Comment saurez-vous où me _____ ?
13. N'oublie pas de nous _____ à la discothèque.
14. Depuis qu'elle a _____ Jean, elle est folle de lui.

SUJETS DE CONVERSATION POUR GROUPES DE TROIS OU QUATRE ÉTUDIANTS

1. Présentez-vous. Donnez vos prénoms, votre nom de famille et (si vous êtes une femme mariée) votre nom de jeune fille.
2. Choisissez un chef de groupe qui pourra décider quand il sera bon de passer d'un sujet à un autre et qui s'efforcera de faire parler les autres étudiants en français.
3. Savez-vous pourquoi vos parents ont choisi votre prénom ? Vous plaît-il ? Quel autre prénom auriez-vous préféré ?
4. Est-il préférable de prendre ou non le nom de famille du mari après le mariage ? Défendez votre choix.
5. De quelle façon peut-on faire connaissance avec les autres étudiants ?
6. Décrivez comment vous avez fait la connaissance de votre petit(e) ami(e) ou de votre ami(e) intime.
7. Décrivez celle qui d'après vous est la personne idéale du sexe opposé.
8. Que pensez-vous des expressions **le sexe fort** et **le sexe faible** ? Représentent-elles la réalité ?
9. Le système de **dating** comme on le connaît aux États-Unis n'est pas vraiment pratiqué en France. Dans le domaine de l'amour, les Français ont peu changé depuis une génération. On fréquente un jeune homme ou une jeune fille pendant plusieurs semaines, voire plusieurs mois et puis on rompt et on recommence avec un (une) autre.
   Discutez les avantages et les inconvénients du **dating** ou/et de la fréquentation exclusive.
10. Quelles sont les qualités morales que vous appréciez le plus dans une personne ? La générosité, la douceur, le courage, la patience, etc. ?
11. Avez-vous certains gestes, certaines attitudes, certaines imperfections qui vous sont particuliers ? Marchez-vous en baissant la tête ? Riez-vous sans raison ? Avez-vous les pieds plats ? Etc.

LES GESTES EXPRESSIFS Lawrence Riley wrote book about gestes

Quand un jeune Français s'ennuie ou est irrité par quelqu'un ou quelque chose, il se frotte la joue de bas en haut avec le dos des doigts. Ce geste est souvent accompagné des paroles suivantes : « Quelle barbe ! » ou « Ce que je me rase ! »
Décrivez des situations où l'on pourrait employer ce geste.

 whala bore

DÉBATS

Toute la classe participe.

1. Discutez les idées préconçues dont nous sommes tous victimes.
   — Au Moyen Âge on associait la beauté à la bonté et la laideur à la méchanceté. Cherchez des clichés qui encore maintenant se rapportent à l'aspect physique ; par exemple, une

belle blonde est forcément bête, une personne qui porte des lunettes est intelligente. Dans l'histoire connaissez-vous des cas où l'apparence physique a été importante ?

— Quelles idées préconçues les jeunes ont-ils sur les vieux, les Américains sur les Français, les hommes sur les femmes, et vice versa ?

2. Le rôle de l'homme et celui de la femme dans les relations personnelles sont en train de changer. La femme devient plus agressive et on peut juger de ce changement dans la publicité. Les femmes font maintenant les premiers pas et invitent les hommes. Comment le sexe masculin réagit-il devant ce nouveau comportement ? Discutez-en les avantages et les inconvénients pour les deux sexes.

3. Discutez la frustration des jeunes vivant dans une société qui leur présente des valeurs contradictoires. Les vieilles traditions même si elles étaient irrationnelles allégeaient-elles le problème ? Quels moyens employez-vous pour établir des règles de conduite ?

4. La société moderne se dirige-t-elle vers l'unisexe ? Discutez les changements dans l'apparence et l'attitude des jeunes qui indiquent cette direction.

ACTIVITÉS POSSIBLES

1. Choisir des réclames dans les revues françaises où l'on exploite le désir d'attirer l'autre sexe. Étudier les différences entre ces réclames et celles que vous voyez dans les revues américaines.

2. Lire le premier chapitre intitulé « Qu'est-ce qu'un Français ? » du livre de Pierre Daninos, *Les Carnets du Major Thompson*. Daninos décrit le Français vu à travers les yeux d'un soi-disant Anglais. Étudier les ressemblances et les différences entre les clichés employés dans ce chapitre et ceux que vous connaissez.

3. Écrire une petite scène où les acteurs discutent un des sujets qui ont été débattus en classe. L'emploi de comparaisons amusantes est recommandé.

LES TERMES D'AFFECTION

Le caractère expansif du Français l'entraîne à utiliser une grande variété de termes d'affection. Les mots « mon chéri (ma chérie) », « mon amour » sont les mots affectueux traditionnels employés entre couple et par les parents s'adressant à leurs enfants. « Mon trésor » exprime l'intensité de sentiment qu'une mère ressent pour son enfant. Un des termes d'affection les plus surprenants dans la langue française est « mon chou » qui peut être employé dans les deux genres quoiqu'il ait une forme féminine « ma choute ». De là on passe à la basse-cour avec « mon coco (ma cocotte) », « mon poulet (ma poule, ma poulette) », « mon canard », « mon lapin ». Puis viennent les animaux favoris : « mon petit chat », « ma colombe ». Les termes d'affection varient avec les régions. Ils peuvent être aussi des créations personnelles. Il faut noter que les Français emploient ces termes aussi avec leurs animaux familiers.

L'amitié entre camarades du même âge s'exprime par l'appellation « mon vieux (ma vieille) ». Entre personnes d'âge différent, la plus âgée peut employer « mon petit (ma petite) ».

Avec quelles personnes dans votre entourage pourriez-vous employer ces termes ?

Sur un banc au jardin du Luxembourg.

CONSEILS PRATIQUES DE PRONONCIATION

Le E caduc ~muet~

Dans le français parlé, le **e** caduc ou **e** muet est rarement prononcé, qu'il soit à la fin ou à l'intérieur d'un mot.

> Il fera sa connaissance. Elle a refusé. As-tu vu cela ?

Cependant il est maintenu dans certains cas. Les règles qui gouvernent son emploi sont observées davantage dans le style soigné que dans le style familier.

En général, le **e** caduc est prononcé :

I.   Au début d'une phrase.

> Ne lui dis pas bonjour.

II. Pour éviter la prononciation de trois consonnes successives.

> C'est notre travail. Il est parti tristement.

III. Dans le pronom **le** placé après un verbe à l'impératif.

> Fais-le. Dis-le.

IV. Quand il est suivi d'une autre syllabe contenant un autre **e** caduc.

> Il ne me parle pas. Il me regarde.

Dans certains cas, c'est le deuxième **e** caduc qui est prononcé :

1.   Quand le premier **e** caduc est en position finale.

> La fille regarde. La pièce de vingt francs.

2.   Dans certains groupes figés comme **ce que, je te**.

Lecture

Lisez à haute voix.

Dans la langue parlée, il existe toujours plusieurs niveaux d'expression. On ne parle pas de la même manière à un camarade de classe, à ses parents, à un professeur, à une personne que l'on rencontre pour la première fois. Il faut aussi considérer la classe sociale d'un individu aussi bien que la localité où il vit. Ceci peut mener à des variations auxquelles il est difficile d'être sensible si on ne parle pas sa langue natale. Pour simplifier les choses, on considérera seulement deux niveaux de français : la langue familière et la langue correcte. À la langue familière vient s'ajouter l'argot. L'argot, si l'on en croit un certain nombre de Français, doit être connu mais non parlé. Cela ne semble pas être l'opinion des jeunes qui le renflouent chaque année de nouvelles expressions. L'argot est sans syntaxe et consiste simplement à substituer un mot ou une expression à un ou une autre. Le langage familier cependant diffère du langage correct non seulement par son vocabulaire, mais aussi par sa syntaxe et sa prononciation.

Le vocabulaire familier n'est pas acceptable aux gens qui se prisent de parler un bon français. Ainsi ces derniers ne font jamais de « gaffes », ils font des erreurs ; ils ne disent jamais à leurs amis de « leur ficher la paix », ils leur disent de les laisser tranquilles. Ils désapprouvent aussi les libertés prises avec la syntaxe. Dans le français familier, le **ne** de la négation est souvent omis. On va même quelquefois jusqu'à faire l'élision avec **tu** : « T'as pas vu mon copain ? » Dans la prononciation, non seulement l'élimination du **e** caduc est beaucoup plus poussée en langue familière qu'en langue châtiée mais elle entraîne souvent l'élimination d'une consonne comme le **r** et le **l** : quatre devient « quat », et capable devient « capab ».

Les problèmes qui confrontent l'étudiant de français sont de savoir quand il lui est possible d'employer le français familier ou non et comment il peut distinguer entre les deux langues. D'une manière générale, on emploie plus facilement la langue familière avec une personne que l'on tutoie ; tel est le cas entre des camarades de classe et entre les jeunes. Cette langue n'est pas nécessairement éliminée avec le vouvoiement, mais son emploi demande un peu plus de doigté. Quant au vocabulaire, on pourrait dire que l'argot et le mot familier sont plus imagés que les autres mots ; mais en fin de compte la seule solution est de consulter un dictionnaire.

VOCABULAIRE À SAVOIR

présenter quelqu'un	faire la bombe (fam.)
faire la connaissance de quelqu'un	toute la bande
être enchanté(e) de faire sa connaissance	les jeunes gens
connaître de vue	les jeunes filles
faire signe à quelqu'un *beckon to*	un individu
rencontrer quelqu'un	un type (fam.)
rendre service à quelqu'un	un copain (fam.)
prendre un pot (fam.)	une copine (fam.)
prendre un godet (slang)	un pote (fam.)
prendre un verre (fam.)	une soirée
prendre quelque chose	une boum (fam.)

les relations

un petit ami (une petite amie)
l'amitié *friendship*
accoster quelqu'un *approach s.o.*
attirer *attract*
flirter
s'entendre bien *to get along w/*
fréquenter quelqu'un *go out w/ s.o.*
recevoir le coup de foudre *fall in love*
tomber amoureux
un amoureux
l'amour

un amant (une maîtresse) *lover*
la haine *hatred*
casser avec quelqu'un
contredire *counterdict*
embêter quelqu'un *bother*
ennuyer quelqu'un *"*
être à couteaux tirés *be at sword points*
être de mauvaise humeur
se fâcher
rompre avec quelqu'un *break up*

les qualités morales

la bonté *goodness*
le courage
la douceur *sweetness*
la générosité
la méchanceté *wickedness*
la patience
la timidité
bête *dumb*
écervelé(e) *scatter-brained*
expansif (expansive)
gentil (gentille)

revêche *ill-tempered*
sympathique
timide
avoir un caractère de cochon *bad dispos.*
avoir un caractère en or *good dispos*
bavarder trop *chat*
cancaner *gossip*
être bath, chic, chouette (fam.) *swell*
faire une gaffe (fam.) — *make mistake*
faire un impair *blunder*

l'aspect physique

la beauté
la laideur *uglyness*
la figure *face, fig*
le visage
une belle prestance *appearance*
la tête

flesh une bouche charnue, aux lèvres minces, en cœur
des cheveux blonds, bruns, châtains, châtain clair, châtain foncé, roux *lt brown   dk brown*
des cheveux frisés
les jambes arquées, en cerceau (fam.) *bowed*
la joue creuse *dipples*
un menton en galoche (fam.), fuyant, pointu *receding*
un nez arqué, bourbonien, en trompette, mince, retroussé
des oreilles en feuille de chou (fam.)
de grands pieds, des pieds plats
des yeux bleus, couleur noisette, marron, noirs, violets, verts
des yeux en amande, de velours, langoureux, perçants
attrayant
beau
moche
séduisant

undershot jaw

baisser la tête *hang*
boiter *limp*
courir tout le temps
porter des lunettes

chapitre 2

ON ÉTUDIE

C'est un étranger. Je lui ai dit que le prof est bath et il n'a rien compris.

MICRO-CONVERSATIONS

Apprenez les dialogues par cœur, puis faites les changements suggérés.

I. On se fait inscrire

(handwritten margin notes: to dawdle, to make fun of, to annoy, bother)

> — Ne lambine pas. Aujourd'hui il faut se faire inscrire à la fac.
> — Ne t'en fais pas. On a le temps. *to worry*
> — Tu te fiches de moi. Regarde l'heure.
> — Finis de m'embêter. Tu sais bien qu'il y a une queue maintenant.

A. Le style de ce dialogue est familier. Refaites-le en style soigné.
   Suggestions :
1. Employez le vouvoiement et remplacez l'abréviation **fac** par **faculté**.
2. Remplacez les expressions familières par des expressions châtiées :

ne lambine pas	dépêchez-vous
ne t'en fais pas	ne vous inquiétez pas
tu te fiches de moi	vous vous moquez de moi

B. Refaites le dialogue en remplaçant les verbes à l'impératif par ceux qui suivent.

	ne pas lambiner	ne pas s'en faire	regarder l'heure	finir de m'embêter
1.	se dépêcher	ne pas s'inquiéter	jeter un coup d'œil à la pendule	se tranquilliser
2.	se presser	ne pas se tourmenter	demander l'heure	se calmer
3.	se hâter	ne pas se tracasser	ne pas être si nonchalant	se décontracter
4.	se réveiller	ne pas se morfondre	se lever	ne pas perdre patience
5.	se bouger	ne pas s'énerver	avoir un peu d'énergie	se taire
6.	se grouiller (pop.)	ne pas me barber (fam.)	savoir s'habiller plus vite	ne pas s'alarmer

II. Les droits d'inscription sont chers

> — Il faut que j'emprunte de l'argent. Les droits d'inscription ont-ils encore augmenté cette année ?
> — N'as-tu pas de bourse ?
> — Oui, bien sûr. Mais, comment peut-on s'en tirer avec les prix d'aujourd'hui ?
> — Pourquoi ne travailles-tu pas à mi-temps ?

A. Employez le vouvoiement.
B. Employez la formule **est-ce que** pour poser les questions.

RAPPEL GRAMMATICAL

Les Pronoms personnels

I.   Les pronoms personnels compléments d'objet directs
  A. Les pronoms personnels compléments d'objet directs sont :
      me, te, le, la, nous, vous, les.
  B. Les noms qu'ils remplacent suivent directement le verbe.
        Il regarde la télé. Il la regarde.
  C. Ils représentent une chose ou une personne.
        Je vois mon copain. Je le vois.
        Il attend l'autobus. Il l'attend.
  D. Si le verbe est au passé composé, le participe passé s'accorde avec le pronom complément d'objet direct.
        Je les ai regardés.

II. Les pronoms personnels compléments d'objet indirects
  A. Les pronoms personnels compléments d'objet indirects sont :
      me, te, lui, nous, vous, leur.
  B. Ils représentent une personne.
        Il parle à son ami. Il lui parle.
  C. Les noms qu'ils remplacent sont précédés de la préposition **à**.
        Il obéit à son professeur. Il lui obéit.
      Il y a quelques exceptions : penser à, être à, faire attention à, etc. Dans ces cas, le nom représentant une personne est remplacé par un pronom personnel complément prépositionnel.
        Nous avons pensé à votre ami. Nous avons pensé à lui.

III. Les pronoms personnels compléments prépositionnels
  A. Les pronoms personnels compléments prépositionnels sont :
      moi, toi, lui, elle, nous, vous, eux, elles.
  B. Ils représentent une personne.
        Je suis allé au cinéma avec mon cousin. Je suis allé au cinéma avec lui.
  C. Les noms qu'ils remplacent sont précédés d'une préposition autre que **à**.
        Il est parti sans son amie. Il est parti sans elle.
  D. Ce sont les seuls pronoms qui ne soient pas placés devant le verbe.
        Je suis assise près d'eux.
  E. Ils peuvent renforcer les pronoms sujets et les pronoms compléments.
        Lui et moi, nous allons au cinéma ce soir.

III. Les Premières classes

> — Est-ce que ton prof de français est sympa ?
> — Je ne l'ai pas vu. J'ai séché ma première classe.
> — Tu as du culot. Tu ne vas pas être bien vu de lui.
> — Ma bagnole était en panne. Je lui expliquerai.

A. Le style de ce dialogue est familier. Refaites-le en style soigné.
    Suggestions :

1. Employez le vouvoiement et remplacez **prof** par **professeur, sympa** par **sympathique**.
2. Remplacez les expressions familières par celles qui sont suggérées :

sécher — ne pas assister à
avoir du culot — avoir de l'audace
la bagnole — la voiture

B. Refaites le dialogue en remplaçant les mots **ton prof de français** par ceux qui suivent et faites les changements nécessaires :

1. tes profs   2. la jeune fille qui va t'aider avec ton français   3. les jeunes filles qui t'ont demandé de les emmener aux cours   4. les types que tu devais prendre en voiture   5. la prof   6. le jeune homme avec qui tu devais aller en classe

RAPPEL GRAMMATICAL

Les Propositions subordonnées qui commencent avec SI

I. Les règles générales quand les propositions subordonnées expriment une possibilité conditionnelle, une hypothèse ou un fait contraire à la réalité sont les suivantes :

A. Quand la proposition principale est au futur, à l'impératif, ou au présent, la subordonnée est au présent.

> S'il ne pleut pas demain, nous irons à la plage.
> S'il ne pleut plus, sortons.
> Si tu es malade, ce n'est pas ma faute.

B. Quand la proposition principale est au conditionnel présent, la subordonnée est à l'imparfait.

> S'il ne pleuvait pas, nous irions à la plage.

C. Quand la proposition principale est au conditionnel passé, la subordonnée est au plus-que-parfait.

> S'il n'avait pas plu, nous serions allés à la plage.

II. Lorsque le **si** implique une idée de doute qui peut être traduite par **whether or not**, on emploie les mêmes temps qu'en anglais.

> Je ne sais pas si elle viendra. Savez-vous s'il est venu ?

IV. On décore sa chambre

> — Si j'ai le temps, je retournerai à la librairie.
> — Achèteras-tu la reproduction du tableau de Monet ?
> — La cathédrale de Rouen ? Oui. Je l'accrocherai dans notre chambre.
> — Si tu l'accroches, je sortirai mon Vasarely.

A. Mettez les verbes **avoir** et **accrocher** (le deuxième) à l'imparfait puis au plus-que-parfait et faites les changements nécessaires.

B. Refaites le dialogue en remplaçant les verbes par ceux qui suivent.

avoir le temps	**acheter**	**l'accrocher**
1. toucher mon chèque	aller acheter	l'installer
2. recevoir du fric (arg.)	se payer	la suspendre
3. emprunter de l'argent	revenir avec	la mettre
4. ne pas être fatigué	vouloir acheter	la placer au-dessus de mon lit
5. terminer mes devoirs	rapporter	l'exposer
6. se sentir reposé (e)	finir par acheter	l'exhiber

AMUSONS-NOUS

A. *Les phrases suivantes sont en style soigné ou en style familier. Déterminez le niveau de la langue pour chaque phrase. Notez si c'est le vocabulaire ou la syntaxe qui vous aide dans votre choix.*

1. Où as-tu mis ta bagnole ?   *fam, syntaxe*
2. Je vous prie de nous excuser.   *form, syntax*
3. Nous aurions aimé faire sa connaissance.   *form, vocab*
4. Est-ce que ce gars t'embête ?
5. Il faut se grouiller ou nous allons manquer l'autobus.
6. On va rigoler.   *to laugh   fam   vocab   syntax*
7. T'inquiète pas pour les livres que je t'ai prêtés.   *fam, syntax*
8. Faites-moi l'honneur de prendre quelque chose avec moi.   *form syntax*
9. Il ne me reste plus d'argent. T'en as ?   *fam, syntax*
10. Quel culot il a !   *audacity*
11. Il est toujours empressé auprès des jeunes filles.   *form vocab*
12. Combien de fois as-tu séché tes cours cette semaine ?   *fam syntax skip class*
13. Moi, je ne le trouve pas si moche que cela.   *soigné*
14. La rousse est sympa.   *appearance*

B. *Les étudiants préparent par écrit sept propositions subordonnées qui commencent avec* **si** *en variant les temps c'est-à-dire en employant soit le présent, soit l'imparfait, soit le plus-que-parfait.*

> **Ex :** Si j'étudiais dur, . . . Si elle s'était dépêchée, . . . Si le prof me donne une bonne note, . . .

Les étudiants débutent avec quatorze points. Le premier étudiant s'adresse à son voisin et commence une phrase avec une de ses propositions subordonnées. Le voisin finit la phrase puis s'adresse à un autre voisin avec une de ses propositions et ainsi de suite. L'étudiant perd un point s'il ne trouve rien à dire pour finir la phrase ou s'il n'emploie pas le temps correct, et un point si sa propre proposition est incorrecte.

> **Ex :** 1ier étud. : « Si j'étudiais dur, . . . »
> 2ième étud. : « . . ., je recevrais de bonnes notes. S'il fait beau, . . . »

C. *Dans les listes suivantes, cinq mots ont quelque chose en commun. Trouvez celui qui n'appartient pas au groupe. Par exemple, dans une liste de synonymes, ça peut être un antonyme ou un mot qui n'est pas au même niveau de la langue.*

la faculté	être chouette	la chimie	se grouiller
l'école secondaire	être du tonnerre	le calcul	se dépêcher
le lycée	être bath	la physique	se presser
le collège	être formidable	le mathématicien	accélérer
le baccalauréat	être chic	l'algèbre	se hâter
l'université	être moche	la géométrie	se précipiter
s'inquiéter	roux	le nez	le type
s'en faire	marron	le menton	le genre
se raser	brun	la bouche	l'individu
se tracasser	blond	la main	le gars
se tourmenter	gris	le front	le mec
se préoccuper	blanc	l'oreille	l'homme

RÉPLIQUES LIBRES

Voir le premier chapitre pour les instructions.

● On discute la rentrée des classes

1. Dis donc ! C'est quand la rentrée des classes ?
2. Où est le bâtiment où l'on donne des cours de français ?
3. Dis-moi comment le trouver.
4. As-tu entendu parler du professeur Frappier ?
5. Est-ce que ses conférences me serviraient pour me préparer à mon examen sur le Moyen Âge ?
6. Est-ce lui qui a publié cet ouvrage sur l'amour courtois ?
7. Depuis combien de temps enseigne-t-il à la Sorbonne ?
8. Je voudrais suivre un de ses cours. Qu'est-ce que tu en penses ?

● On se rappelle le lycée

1. Nous sommes allés au même bahut, toi et moi. En quelle année as-tu reçu ton bac ?
2. Je n'étais pas fort(e) en langues. Et toi ?
3. J'ai échoué la première fois que j'ai passé le bac. As-tu redoublé la terminale aussi ?
4. Te rappelles-tu le pion qui mettait tout le monde en retenue ? Qu'est-il devenu ?
5. Et le directeur (la directrice) ?
6. Y es-tu retourné depuis que tu es à la fac ?
7. Est-ce que tu bûchais dur aussi en ce temps-là ?
8. En quoi est-ce que tu te spécialises ici ?

● On va chez les bouquinistes

1. Allons faire un tour chez les bouquinistes. Sais-tu s'ils ont des reproductions d'Impressionnistes ?

2. J'en ai marre de Monet et de ses nénuphars. Que penses-tu de Pissarro ?
3. Toi qui raffoles des Impressionnistes, es-tu allé au musée du Jeu de Paume ?
4. Au fait, j'ai envie d'un vieux livre pas cher. As-tu du fric à me prêter ?
5. Ce qui m'embête, c'est qu'il faut marchander. Veux-tu bien le faire pour moi ?
6. Passe-moi ce vieux livre poussiéreux. Tu sais qui l'a écrit ?
7. J'adore les bouquins. Celui-ci vaut combien ?
8. Il est temps de retourner à la fac. Tu viens ?

On étudie à la bibliothèque

1. Il y a du monde aujourd'hui. Tu sais pourquoi ?
2. Où est ta carte de lecteur ?
3. Est-il vrai que, dans les bibliothèques aux États-Unis, on peut aller dans les rayons et sortir les livres ?
4. Quelle veine ont les étudiants américains ! Est-ce qu'ils l'apprécient ?
5. As-tu décidé de travailler au département des périodiques ou celui des imprimés ?
6. Combien de temps vas-tu y rester ?
7. Il faut que je trouve la cote du livre dont j'ai besoin. Où sont les fichiers ?
8. Je te rejoindrai dans la salle de travail. Quel est le numéro de ta place ?

On passe les examens

1. C'est demain le grand jour. À quelle heure faut-il être à la salle d'examens ?
2. Je voudrais bien réussir cette fois-ci. Est-ce la première fois que tu passes cet examen ?
3. As-tu le trac ?
4. Sais-tu quand nous aurons les résultats ?
5. Quel pourcentage d'étudiants ont échoué la dernière fois ?
6. Vas-tu piocher toute la nuit ?
7. Étudions ensemble. As-tu du café pour me tenir éveillé(e) ?
8. Quelle boum nous ferons quand ce sera fini ! Connais-tu un bon endroit où aller ?

FAUTES À ÉVITER

Le verbe **retourner** est un faux ami. Il fait penser au verbe anglais **to return**, mais il ne veut pas exactement dire la même chose. **To return** peut vouloir dire **to go back** aussi bien que **to come back**. **Retourner** veut seulement dire **to go back**. On emploie **revenir** pour traduire **to come back**. Si on retourne chez soi, on emploie **rentrer**.

Employez le verbe qui convient dans les phrases suivantes.

1. Ma mère voudrait que je _____ à la maison.
2. _____ me voir.
3. Il m'a dit qu'il _____ ici demain.
4. Après m'avoir quitté, elle _____ chez elle.
5. Après le cinéma, ils _____ avec nous.
6. Nous lui avons demandé de _____ nous parler.
7. J'habite Chicago maintenant et je ne suis pas _____ en France depuis dix ans.
8. Maintenant que vous avez fini votre examen, vous pouvez _____ chez vous.
9. Si tu _____ ici, fais-le-moi savoir.

10. Quand va-t-il _____ de l'université ? *revenir*
11. Veux-tu que je _____ à la bibliothèque avec toi ? *retour*
12. Es-tu _____ chez les bouquinistes ? *retour*
13. Ma mère s'inquiète quand nous ne _____ pas à l'heure. *rent*
14. Ils ne _____ probablement pas ici aujourd'hui. *reu*

SUJETS DE CONVERSATION POUR GROUPES DE TROIS OU QUATRE ÉTUDIANTS

1. Discutez les difficultés que les étudiants américains ont les jours d'inscription : les queues, les droits d'inscription, les classes complètes, etc.
2. En quoi vous spécialisez-vous ? À quelle faculté vous êtes-vous fait inscrire ? Dans quelle section suivez-vous des cours ce semestre-ci ?
3. Combien d'heures par jour passez-vous à l'étude du français ? Quelles méthodes employez-vous ? Étudiez-vous avec vos amis ?
4. Comment décririez-vous les professeurs américains à des étudiants étrangers ? Pouvez-vous les comparer avec ce que vous savez des professeurs dans d'autres pays ?
5. Discutez le système d'accumulation d'unités de valeur et la quantité de cours obligatoires dans les universités américaines. Préféreriez-vous subir des examens de fin d'année comme on le fait en France ?
6. Séchez-vous vos classes et pourquoi ? Quelles peuvent être les conséquences ?
7. Dans les bibliothèques françaises, on ne peut ni aller dans les rayons ni sortir les livres. Il faut donc étudier dans les salles de travail. Quels sont les avantages et les inconvénients du système américain ? Quelles responsabilités ont les étudiants qui empruntent les livres ?
8. Que pensez-vous du mariage avant la fin des études ?
9. Êtes-vous pour ou contre les « fraternities » et les « sororities » ? Pourquoi ?
10. Demeurez-vous dans une résidence universitaire ou en ville ? Pourquoi ? Pensez-vous que vivre dans un « campus » sépare les étudiants de la vie active de la société ?
11. Est-ce que les portes des universités devraient être ouvertes à tout élève bon ou mauvais qui désire y entrer ? Pourquoi ?
12. Quelles contributions culturelles une université apporte-t-elle à une ville ?

LES GESTES EXPRESSIFS

Quand un Français ne croit pas ce qu'on lui dit, il se met l'index sur la paupière inférieure (ou plutôt, pour ne pas se mettre le doigt dans l'œil, sur la partie supérieure de la joue) et tire vers le bas en disant : « Mon œil ! »

L'œil est employé souvent en français dans des expressions idiomatiques familières. Cherchez d'autres expressions qui emploient le mot **œil** ou **yeux**.

Il se met le doigt dans l'œil, pris dans son sens figuré, veut dire qu'il se trompe.

DÉBATS

Toute la classe participe.

1. Faites la critique de l'enseignement des langues étrangères. Est-ce qu'une langue doit être enseignée oralement ? Quelles ont été vos expériences ? Quelle direction cet enseignement devrait-il prendre à l'heure actuelle ? La littérature doit-elle être incluse ?

2. Discutez la tricherie dans les écoles secondaires et les universités. Avez-vous jamais été témoin d'une tricherie ou d'un plagiat ? Quelles sanctions sont ou devraient être prises ? Dans certaines grandes écoles des États-Unis et de France, il y a eu des scandales divulgués par la presse. En connaissez-vous ?

3. Actuellement les universités sont confrontées à de nombreux problèmes : problèmes financiers, diminution du nombre d'étudiants, difficulté d'aller de pair avec les besoins d'une société changeante, etc. Quelles sortes de problèmes y a-t-il à votre université ? Quelles en sont les conséquences ?

4. Discutez la violence et le crime dans les écoles secondaires et sur les campus. Suggérez des moyens de résoudre ce problème.

ACTIVITÉS POSSIBLES

1. Faire connaissance des peintres impressionnistes. Trouver des livres qui expliquent leurs techniques. Apporter en classe des cartes postales, des diapositives, reproductions des œuvres de ces peintres. Les discuter.

2. Dans ce chapitre, nous avons rencontré beaucoup de faux amis : la faculté est une division de l'université ; le collège est une école secondaire ; la librairie est un magasin de livres ; passer un examen est se présenter à un examen. Écrire une scène où, à cause de faux amis, il y a un malentendu entre un étudiant américain et un étudiant français.

3. Écrire le programme d'une semaine à l'université.

> **Ex :** Lundi 4 janvier   16 h.   Conférence par le professeur Robert.
>   18 h.   Table française.
>   20 h.   On montrera le film « La Cage aux folles » à la salle 1080 du bâtiment Sangren.

>   Etc.

INTERJECTIONS ET INSULTES QUI EXPRIMENT L'IRRITATION

Il existe dans toutes les langues des termes qui expriment la colère et l'impatience. Quoique tous soient familiers, certains sont acceptables socialement, d'autres le sont moins.

En français, si on est irrité avec soi-même ou avec les autres, on peut dire **zut** ou **flûte** et ne choquer personne. Il existe évidemment des mots grossiers que l'on entend en France (surtout si l'on prend un taxi), mais qu'il est préférable d'éviter. Si l'on est surpris par quelque chose ou qu'on s'aperçoit d'un oubli, on peut dire **mince, mon dieu, ça alors**.

Les insultes sont nombreuses et toujours inacceptables par la personne visée. Quand on traite les autres d'**imbéciles**, on montre un côté assez déplaisant de sa personnalité, mais on emploie un français acceptable. **Un sacré imbécile** est déjà plus fort. **Un** ou **une andouille** est une insulte d'un style assez populaire. Une personne d'un caractère assez difficile peut être traitée de **chameau** ou de **vache**. Le deuxième mot est plus fort que le premier et de ce fait beaucoup moins acceptable.

Imaginez les situations où vous pourriez employer ces termes.

CONSEILS PRATIQUES DE PRONONCIATION

La Consonne finale

En français, si un mot se termine par une consonne, on ne la prononce pas.

le lait, je prends

Il ne faut pas confondre la liaison avec la prononciation de la dernière consonne. Une erreur générale parmi les étudiants habitués à la langue anglaise est de dire « un petit élève » comme si l'adjectif était féminin, au lieu de dire « un peti télève ». Les syllabes françaises tendent à se terminer par une voyelle et n'anticipent pas la consonne suivante.

Certaines consonnes finales sont prononcées : le **c**, le **f**, le **l**, et le **r** sauf quand -**er** est la forme infinitive d'un verbe. On peut utiliser le mot **c a r e f u l** comme aide-mémoire.

le veuf, l'or, tel, le bec

Certains mots défient les règles.

le fils, le bled

blanc, tabac, des œufs

Lecture

Lisez à haute voix.

La compréhension d'une langue étrangère n'est pas atteinte par un simple transfert de mots et d'expressions. L'équivalence entre une phrase française et sa traduction anglaise est toujours douteuse, car l'image transmise est faussée par l'élément culturel. Ainsi quand on traduit le mot « université » par « university » (échange facile qui semble ne présenter aucune difficulté), on reçoit l'image d'un campus avec ses facultés, ses résidences universitaires, ses divers programmes, tel qu'on le connaît chez soi. Il n'en est rien. Il y a peu de ressemblances entre une université française et une université américaine.

Quand un étudiant étranger arrive dans une université française, il s'étonne de voir les vieilles facultés voisinant avec les hôtels, les cafés, les magasins, etc. À Paris, l'université, située dans le Quartier Latin, est traversée par de grandes artères telles que le boulevard Saint-Michel, la rue Saint-Jacques, aussi bien que par de vieilles rues étroites. Le campus (ou domaine universitaire) n'existe que depuis la deuxième guerre mondiale. L'accroissement du nombre d'étudiants avait rendu nécessaire la construction de nouveaux bâtiments. Comme il était impossible de les bâtir dans le centre de la ville, il a fallu en sortir. C'est dans la périphérie que le campus français est né. Il diffère cependant du campus américain par le fait qu'il ne contient pas toute l'université. C'est

La Sorbonne.

seulement dans certaines villes, comme par exemple Caen où l'université fut détruite pendant la guerre, que l'on trouve un campus comparable aux campus américains.

Un étudiant américain sera aussi surpris par l'absence d'équipes de sports (football, baseball, etc.), de « fraternities » et de « sororities » dans les universités françaises. Par contre, beaucoup d'étudiants français sont sérieusement engagés dans la politique et appartiennent activement à un parti. Ils sont parfois à l'origine de certaines révoltes politiques.

Dans le domaine des études, la différence de structure entre l'éducation française et l'éducation américaine amène un décalage de niveaux entre les écoles. En France on n'entre pas à l'université avant d'avoir eu son baccalauréat, examen d'État passé pendant la dernière année de lycée. Au lycée on fait des études poussées et on en sort à l'âge de dix-huit ans avec une éducation équivalente à celle que l'on a acquise après deux ans d'université américaine. Le diplôme américain de « bachelor » n'existe pas. On travaille à sa licence ou à sa maîtrise, diplômes comparables au « master ». Pour recevoir ces diplômes, il ne suffit pas d'accumuler un certain nombre d'unités de valeur comme on le fait aux États-Unis ; il faut réussir à de rigoureux examens d'État.

L'étudiant français ressemble peu à l'étudiant américain. Tout d'abord la distance qui le sépare de son professeur ne lui permet pas de s'adresser à ce dernier quand il a besoin d'aide. À part quelques changements qui ont eu lieu ces dernières années, les cours restent assez traditionnels. Les professeurs des cours magistraux font leur conférence devant une classe nombreuse et ne s'inquiètent nullement de leurs étudiants. Il faut dire qu'ils ne s'alarment pas non plus de leurs absences. L'étudiant jouit d'une grande liberté ; il vit où et comme il veut. Il sait cependant que cette liberté entraîne des responsabilités. Il doit se préparer pour des examens où la moitié des candidats peut échouer. Il ne peut pas dépendre des conférences des professeurs. Il fait des recherches, il choisit ses livres, il travaille dur.

C'est seulement après s'être rendu compte de ce que c'est qu'une université française que l'on peut dire avoir vraiment compris le mot « université ».

VOCABULAIRE À SAVOIR

l'université

la faculté	la maîtrise	recevoir de bonnes notes
les professeurs	le plagiat	se spécialiser en français
le campus	la tricherie	passer un examen
la résidence universitaire	les anciens élèves	échouer à un examen
les jours d'inscription	les équipes de sport	réussir à un examen
les droits d'inscription	l'entraîneur	bûcher (fam.)
le formulaire	se faire inscrire	piocher (fam.)
les cours magistraux	faire la queue	recevoir son diplôme
les cours obligatoires	aller parler au conseiller	avoir le trac (fam.)
les cours facultatifs	remplir les fiches	faire une conférence
les unités de valeur	recevoir une bourse	enseigner
les examens de fin d'année	être boursier	publier un ouvrage
la licence	sécher un cours (argot)	

la bibliothèque _bookshelf, library_

la carte de lecteur
la cote du livre _(reference #)_
le département des périodiques
le département des imprimés _(printed matter)_

le fichier _(card cat)_
la salle de travail
aller dans les rayons
rendre les livres

la librairie _bookstore_

les bouquinistes _(2nd hand bookseller)_
le bouquin _(book)_
le livre poussiéreux _(dusty)_
les Impressionnistes

le musée du Jeu de Paume
la Sorbonne
marchander _(bargain)_

le lycée

le collège
le bahut (argot) _high school_
le directeur
le pion (argot) _disciplinarian_
la classe terminale _last yr sec_

exhaustive

le baccalauréat
la rentrée
une retenue
faire des études poussées
redoubler une classe

la matière

l'algèbre
le calcul
la chimie
la géométrie
la littérature
les mathématiques

la physique
les sciences politiques
la faculté des arts libéraux
la faculté de droit
la faculté de médecine

ON PARLE
DE SA FAMILLE

Maman m'a dit que j'allais avoir une petit sœur ou un petit frère bientôt, pourtant je ne vois pas de choux dans le jardin.

MICRO-CONVERSATIONS

Apprenez les dialogues par cœur, puis faites les changements suggérés.

I. On attend des nouvelles

> — Avez-vous reçu des nouvelles de vos parents ?
> — Pas dernièrement. Mais je pense que tout va bien chez eux.
> — Vous devriez leur donner un coup de fil.
> — Un appel en P.C.V. ne les enchanterait pas.

A. Employez le tutoiement.
B. Refaites le dialogue six fois en remplaçant le mot **parents** par ceux qui suivent et faites les changements nécessaires.
   1. père   2. mère   3. sœurs   4. marraine   5. oncle   6. tantes

II. On doit retourner chez soi

> — Si ma sœur se fiance en juin, je devrai retourner à la maison.
> — Irez-vous avec votre petit ami ?
> — Peut-être. Si mes parents l'invitent.
> — Ah ! Ils l'inviteront sans aucun doute.

B. Refaites le dialogue en remplaçant les verbes par ceux qui suivent.

	se fiancer	**aller avec votre petit ami**	**l'inviter**
1.	se marier	être demoiselle (garçon) d'honneur	faire une grande noce
2.	épouser Roger	porter une robe longue (un smoking)	me l'acheter
3.	aller en voyage de noce	ne pas partir en vacances	aller en Floride
4.	revenir de France	rester longtemps	me le demander
5.	accoucher	s'occuper du bébé	me laisser faire
6.	partir	revenir à l'université	le vouloir

RAPPEL GRAMMATICAL

Les Noms géographiques

I.   Les noms géographiques français sont précédés de l'article défini.
   Je vous parlerai de la France. J'aime l'Italie.
   Cependant on n'emploie pas l'article avec :

A. Les noms des villes.

> Connaissez-vous Paris ?

B. Les noms géographiques précédés de la préposition **en**.

> Irez-vous en Angleterre ?

C. Les noms géographiques féminins précédés de la préposition de provenance **de**.

> Je viens d'Allemagne.

II. La traduction des prépositions anglaises **at, in, to** devant les noms géographiques est régie par des règles précises.

A. On emploie **en** devant un nom géographique féminin ou un nom géographique masculin qui commence avec une voyelle.

> Il va en Chine. Restera-t-il en Iran ?

La plupart des noms géographiques qui se terminent par **e** sont féminins. Il y a quelques exceptions, comme par exemple le Mexique.

B. On emploie **à** devant un nom géographique masculin, un nom géographique pluriel, et un nom de ville.

> Retournerez-vous au Canada ?
>
> Je fais mes études aux États-Unis.
>
> Nous travaillons à Chicago.

C. Lorsqu'il s'agit d'un État ou d'une province, on peut suivre les règles précédentes ou employer **dans**.

> J'ai un ami en Floride. Il a vécu dans le Michigan.

Il est plus courant d'employer **dans** avec les noms masculins et ceux qui commencent par une voyelle.

> Nous allons dans l'Indiana.

Si une ville et un État ont le même nom, on les différencie en employant l'expression **dans l'État de** devant le nom de l'État.

> Vous demeurez dans l'État de New York. Elle retourne dans l'État de Washington.

D. Avec les divisions politiques plus petites comme par exemple les départements français, on emploie **dans**.

> Ils travaillent dans l'Aisne.

E. Lorsqu'il s'agit d'une île, les règles sont malheureusement peu constantes. En général, avec les grandes îles, on emploie **en** ou **à**.

> Ils sont allés en Corse et à la Martinique.

Certaines îles n'ont pas d'article.

> Nous allons à Cuba. Avez-vous des amis à Hawaii ?

Avec les petites îles, on emploie l'expression **dans l'île de**.

> Tu travailles dans l'île d'Oléron.

III. On vient de différents États

— D'où venez-vous ?
— Je viens du Michigan.
— Moi, je suis né (e) en Floride.
— Mais votre famille demeure à New York, n'est-ce pas ?

Refaites le dialogue six fois en remplaçant les noms géographiques par ceux qui suivent et faites les changements nécessaires.

	Michigan	**Floride**	**New York**
1.	Chicago	Canada	États-Unis
2.	Ohio	Iran	Californie
3.	Virginie	Hawaii	Arizona
4.	San Diego	l'État de New York	Indiana
5.	France	la Nouvelle Orléans	Arkansas
6.	Vermont	Mexique	Texas

RAPPEL GRAMMATICAL

L'emploi de FAIRE, RENDRE, DONNER

verb
adjective
nouns

Comparons les expressions suivantes.

She made the young man work.	Elle a fait <u>travailler</u> le jeune homme.
She made the young man happy.	Elle a rendu le jeune homme <u>heureux.</u>
This made the young man hungry.	Cela a donné <u>faim</u> au jeune homme.

En anglais, quand le sujet fait faire l'action ou quand il fait ressentir l'action, on emploie dans les deux cas le verbe **to make**. En français, il faut distinguer entre l'action et l'état, c'est-à-dire entre le verbe et l'adjectif. Le problème s'accentue par le fait que certains états, exprimés par des adjectifs en anglais, sont exprimés par des noms en français. Ainsi, on a faim, soif, chaud, confiance, etc. Pour la traduction du verbe anglais **to make**, il faut donc observer les règles suivantes :

I.   Quand on a un verbe, on emploie le verbe **faire**.
   A.   Si le verbe à l'infinitif n'a pas de complément d'objet direct, son sujet prend la forme d'un complément d'objet direct.
      Il fait manger son fils. Il le fait manger.
   B.   Si le verbe à l'infinitif a un complément d'objet direct, son sujet prend la forme d'un complément d'objet indirect.
      Il fait manger du foie à son fils. Il lui fait manger du foie.
   C.   Dans les deux cas, le nom sujet de l'infinitif est placé après le verbe à l'infinitif, et le pronom devant le verbe **faire**.
      J'ai fait travailler mon ami. Il nous a fait parler.
   D.   Il n'y a pas d'accord entre le participe passé du verbe **faire** et le pronom complément d'objet direct.
      Il les a fait manger.

II. Quand on a un adjectif, on emploie le verbe **rendre**.
   A.   Le nom modifié par l'adjectif est remplacé par un pronom complément d'objet direct.
      Le lait rend ma sœur malade. Le lait la rend malade.
   B.   Le nom modifié par l'adjectif est placé après le verbe **rendre**.
      Ce temps rend l'enfant triste.

C. Dans cette structure, il n'y a pas d'accord entre le participe passé du verbe **rendre** et le pronom complément d'objet direct.

> Son retard les a rendu furieux.

III. Quand on a un nom, on emploie le verbe **donner**.

La personne qui subit l'état joue le rôle de complément d'objet indirect.

> Cet exercice a donné chaud aux enfants. Cet exercice leur a donné chaud.

IV. On a le mal du pays

> — Après avoir reçu ces nouvelles, je me sens nostalgique. Et toi, qu'est-ce qui te rend triste ?
> — Ton histoire m'a fait penser à ma ville natale.
> — Je t'offre un verre. Ça te fera oublier ta mélancolie.
> — Il n'y a rien qui puisse me rendre heureux aujourd'hui.

A. Employez le vouvoiement.
B. Refaites le dialogue en remplaçant les verbes à l'infinitif, les adjectifs et les noms par ceux qui suivent et faites les changements nécessaires.

	triste	penser à ma ville natale	oublier ta mélancolie	heureux (heureuse)
1.	froncer les sourcils	le mal du pays	plus gai(e)	passer mes idées noires
2.	mélancolique	songer	moins sentimen-tal(e)	changer d'humeur
3.	bailler	sommeil	plus vif (vive)	plus d'énergie
4.	désagréable	soif	retrouver ta bonne humeur	joyeux (joyeuse)
5.	rire	jovial(e)	moins moqueur (moqueuse)	triste
6.	le cafard (fam.)	des idées noires	moins pessimiste	gai(e)

AMUSONS-NOUS

A. *Devinette. Je m'appelle Catherine. J'ai une tante qui s'appelle Simone. Les parents de ma tante n'ont eu que deux enfants. Simone s'est mariée avec Fernand, mon parrain. Le père de Fernand était mon grand-père. La sœur de Fernand, Francine, a épousé le frère de Simone. Quel degré de parenté y a-t-il entre Francine et moi ?*

B. *Construisons des phrases. Le professeur lit le début de la phrase. Un étudiant choisit un des trois verbes : **faire, rendre, donner**. S'il y a un pronom qui est exclusivement complément d'objet direct ou complément d'objet indirect, il n'y a que deux choix possibles. Le voisin finit la phrase avec le mot approprié : verbe,* *adjectif ou nom. Tous les noms ne sont pas appropriés ; il faut se limiter à ceux qui appartiennent aux expressions telles que* **avoir soif, avoir froid, avoir confiance, avoir le cafard**, *etc.*

Ex : le prof. : Votre oncle vous a-t-il . . .
1ier étud. : . . . fait . . .
2ième étud. : . . . étudier.

1. Mon frère cadet me . . .
2. Ma cousine germaine lui . . .
3. Sa belle-sœur vous a-t-elle . . .
4. Le beau temps m'a . . .
5. La noce de ma sœur les . . .
6. Devriez-vous leur . . .
7. Pourquoi votre marraine vous a-t-elle . . .
8. Tu ne l'as pas . . .
9. La viande salée leur a . . .
10. Cette promenade vous a . . .
11. L'enterrement de mon père m'a . . .
12. Qu'est-ce qui te . . .
13. Il a fallu nous . . .
14. Son mari l'a . . .
15. Ses beaux-parents lui ont . . .
16. Dites-leur de ne pas nous . . .
17. Ce vin me . . .
18. Est-ce que vous leur . . .
19. Le marié ne leur a pas . . .
20. La mariée les a . . .

On peut recommencer les phrases avec différents verbes et différents mots appropriés.

C. *Trouvez le mot commun à toutes les phrases.*

Hier, j'ai _____ un examen.
Hier, je suis _____ devant la faculté.
Hier, j'ai _____ un mauvais moment.
Hier, j'ai _____ mon livre à mon voisin.

J'ai _____ votre ami très souvent.
J'ai _____ de bonnes notes.
J'ai été _____ à l'examen.
J'ai _____ une lettre du conseiller.

La vie suit son _____.
Cette méthode n'a plus _____.
Nous avons suivi plusieurs _____ ensemble.
J'aime les voyages au long _____.

J'ai mis ma monnaie dans une _____.
Cet étudiant a obtenu une _____.
Mon prof m'a aidé de sa _____.
Je ne sais pas où est la _____ à Paris.

RÉPLIQUES LIBRES

Voir le premier chapitre pour les instructions.

On se fiance

1. Qui est la jeune fille que votre frère fréquente maintenant ?
2. Qu'est devenue son ancienne amie ?
3. Depuis combien de temps fait-il la cour à cette nouvelle ?
4. On m'a dit qu'il a demandé sa main à ses parents. Quand vont-ils fêter leurs fiançailles ?
5. Savez-vous quelle sorte de bague il a l'intention de lui acheter ?
6. Est-ce que vos parents ont fait la connaissance des parents de la jeune fille ?
7. Il paraît qu'ils ne sont pas d'ici. De quelle province viennent-ils ?
8. Qu'est-ce que vos parents pensent de ces fiançailles ?

Une promenade familiale à la compagne.

On se marie

1. Alors votre sœur se marie bientôt. Quel âge a-t-elle maintenant ?
2. Elle a fait publier les bans à la mairie. A-t-elle fixé la date du mariage ?
3. Quand va-t-elle envoyer les faire-part ?
4. Va-t-elle se marier en blanc ?
5. Allez-vous être demoiselle (garçon) d'honneur ?
6. Où vont-ils faire le repas de noce ?
7. Où ont-ils l'intention d'aller pour leur voyage de noce ?
8. Je les vois toujours s'embrasser. Combien de temps pensez-vous que la lune de miel dure ?

On élève une famille

1. Depuis quand votre frère aîné et sa femme habitent-ils dans cette maison ?
2. Combien de gosses ont-ils maintenant ?
3. Vous occupez-vous des enfants quelquefois ?
4. Sont-ils gâtés ?
5. La gamine était un garçon manqué. Comment est-elle maintenant ?
6. Vos neveux et nièces vous appellent-ils **tonton (tata)** ?
7. Est-ce que votre mère s'entend bien avec sa bru ?
8. Votre belle-sœur est enceinte encore une fois et elle est énorme. Attend-elle des jumeaux ?

On divorce

1. J'ai entendu dire que votre oncle divorce. En savez-vous les causes ?
2. Il n'était pas tellement fidèle. Est-ce que sa femme l'a surpris en flagrant délit ?

3. Combien de temps ont-ils été mariés ?
4. Qui va garder les enfants ?
5. Faudra-t-il qu'il lui paie une pension alimentaire ?
6. Qu'en pensent vos grands-parents ?
7. Est-ce qu'une réconciliation est possible ?
8. Croyez-vous qu'il vive seul ?

On meurt

1. Mes condoléances. Je regrette d'apprendre que votre grand-père est mort subitement. Quand aura lieu l'enterrement ?
2. Les Américains ont des endroits spéciaux où l'on expose les corps. Ce n'est pas souvent vrai dans les villes françaises. Est-ce qu'on a ramené le corps de votre grand-père chez lui ?
3. Allez-vous passer la nuit avec sa veuve ?
4. Il vous faut des vêtements de deuil pour l'enterrement. Avez-vous quelque chose de noir ?
5. Qui va suivre le corbillard jusqu'au cimetière ?
6. Sera-t-il enterré dans un caveau de famille ?
7. Devrais-je envoyer une couronne de fleurs ?
8. Qui va élever les orphelins dont il avait pris la charge ?

FAUTES À ÉVITER

Ne confondez pas :
I. **Le voyage de noce**, voyage qui suit la noce, et **la lune de miel**, période qui suit le mariage.
   Employez l'expression qui convient dans les phrases qui suivent.

1. Où allez-vous pour _____ ?
2. Ils se disputent. _____ est fini(e).
3. Leur _____ leur a coûté cher.
4. Ils m'ont décrit leur _____ dans les détails.
5. Pour nous, _____ durera toute la vie.

II. **Le mari** (husband) et **le marié** (bridegroom).

1. Mon _____ est parti travailler.
2. Elle s'entend très bien avec son _____ .
3. Le _____ était émotionné quand il lui a passé l'alliance au doigt.
4. Tous les invités de la noce ont félicité le _____ .
5. Un _____ devrait s'occuper des enfants aussi.

III. **Fils** ou **fille unique** (only child) et **seul fils** ou **seule fille** (the only son or the only daughter).

1. Mes parents m'ont gâté plus que mes sœurs parce que je suis _____ .
2. Elle se trouvait toujours seule à la maison parce qu'elle était _____ .
3. Étant _____ , il a hérité tout l'argent de ses parents.
4. J'étais un garçon manqué parce que j'étais _____ .
5. Elle était _____ . Elle aurait tant voulu avoir des frères et des sœurs.

SUJETS DE CONVERSATION POUR GROUPES DE TROIS OU QUATRE ÉTUDIANTS

1. Est-ce qu'on parle une langue étrangère dans votre famille ? Si oui, comment cela vous touche-t-il ? Si non, imaginez-en les avantages et les inconvénients.

2. Comment avez-vous été élevé(e) ? Aviez-vous la liberté d'amener beaucoup d'amis chez vous, de passer une nuit ou deux chez eux, de rentrer à la maison à l'heure que vous vouliez ? Quelle importance avaient les notes de l'école dans votre vie familiale ? Qui s'est occupé davantage de votre éducation ? Aussitôt que vous avez eu votre permis de conduire, avez-vous pu emprunter la voiture de la famille souvent ? Etc.

3. Quelle sorte d'enfant étiez-vous ?

4. Décrivez un souvenir d'enfance.

5. Préféreriez-vous venir d'une famille nombreuse ou être fils ou fille unique ? Pourquoi ?

6. Vous occupez-vous de bébés pour vous faire un peu d'argent de poche ? Quelles sont vos responsabilités ? Lui donnez-vous le biberon ? Le bercez-vous dans un fauteuil à bascule ? Savez-vous changer les couches ?

7. Décrivez une noce à laquelle vous avez assisté. Parlez des invités, de la robe de la mariée, des demoiselles d'honneur, du choix de l'église, du repas de noce, du voyage de noce, etc.

8. D'après vous, quel est l'âge idéal pour le mariage ? Quelles sont vos raisons ?

9. Quelle sorte de relation doit exister entre mari et femme pour être raisonnablement heureux ? Voulez-vous vous marier pour avoir une présence ou pour avoir des enfants et fonder une famille ?

10. Discutez les causes de divorce dans la société moderne.

11. Maintenez-vous des relations avec vos parents éloignés ? Leur écrivez-vous ? Leur rendez-vous visite ? Savez-vous quand il y a de nouvelles naissances ou de nouvelles morts ? Etc. Pensez-vous que ces relations soient importantes ?

12. Avez-vous fait ou aimeriez-vous faire un arbre généalogique de votre famille ? Pourquoi ?

LES GESTES EXPRESSIFS

Un Français qui se croit capable de prévoir la vérité plus vite que les autres se tape le côté du nez avec l'index et dit : « J'ai du nez », « J'ai le nez fin », ou bien « J'ai du flair ».

Imaginez des raisons pour lesquelles la capacité de prévoir les choses est associée au nez.

DÉBATS

Toute la classe participe.

1. Discutez la virginité avant le mariage.
   —Dans beaucoup de villes françaises, il existe encore maintenant une coutume qui date du début du dix-septième siècle et qui consiste à choisir tous les ans une ou plusieurs jeunes filles vierges à qui on décerne une couronne de roses et une petite dot le jour de leur ma-

Les rosières de Saint-Quentin.

riage. Ces jeunes filles vertueuses sont appelées rosières. Quelles sont les causes sociales et autres qui ont fait de la virginité des femmes non-mariées une vertu ? Cette moralité est-elle valable à notre époque ?

— Parlez du pour et du contre du concubinage c'est-à-dire de l'état d'un homme et d'une femme qui vivent ensemble sans être mariés.

2. Discutez l'avortement. Donnez votre opinion. Dans quelle direction allons-nous aux États-Unis ? Est-ce que l'État devrait payer l'avortement pour les pauvres ? Etc.

3. Discutez le célibat. Quelles sont ses causes familiales, économiques et sociales ? Que pensez-vous de la chasteté et de ses causes religieuses ?

4. Discutez les conséquences financières et sociales du divorce sur les enfants. Souffrent-ils de troubles émotifs ? Ces conséquences ont-elles des répercussions lorsque l'enfant grandit ?

ACTIVITÉS POSSIBLES

1. Choisir une province française et chercher ses traits caractéristiques : sa topographie, sa langue ou son patois, les produits pour lesquels elle est renommée, sa cuisine, ses hommes et femmes célèbres, etc.

2. Chercher un article dans une revue française où il est question de la famille et ses problèmes. En faire un compte-rendu.

3. Écrire une scène où un père et sa fille ou son fils sont d'avis contraire sur un sujet qui a été discuté dans les débats.

LES MOTS ENFANTINS

Dans toutes les langues, il y a des mots que les enfants emploient pour remplacer **père** et **mère**. En français c'est **papa** et **maman**. L'enfant français ne s'arrête pas là, il appelle ses grands-parents **pépère** et **mémère**, ses oncles **tonton**, ses tantes **tata**. Il a aussi tout un vocabulaire à sa disposition :

faire dodo (dormir)   un bobo (un petit mal)
un joujou (un jouet)   une menotte (une main)
du lolo (du lait)   un peton (un pied)
un toutou (un chien)   une cocotte (une poule)
un dada (un cheval)   un boumboum (un tambour)

De nos jours, les parents français tendent à éviter les mots enfantins lorsqu'ils parlent à leurs enfants. Cependant ces mots sont loin d'avoir disparus. Les berceuses populaires en sont remplies.

> Fais dodo Colin mon petit frère.
> Fais dodo. T'auras du lolo.

Employez les mots ci-dessus dans une phrase.

Ex : Regarde le joli toutou sur les genoux de la dame.

CONSEILS PRATIQUES DE PRONONCIATION
La Prononciation du S

I.   Le **s** n'est pas prononcé :
1.   Quand il est en position finale.
         le repas, assis, depuis
     Il y a des exceptions, spécialement s'il est précédé par un **o**.
         l'os, le fils
2.   Quand il est suivi d'un **ce, ch, ci, cy**.
         sciences, descendre, schéma
II. Le **s** est prononcé comme un **z** :
1.   Dans une liaison.
         vous allez, les usines, pas un
2.   Quand il est situé entre deux voyelles.
         la chemise, le menuisier, la cousine
     Il y a quelques exceptions quand le **s** est en position initiale dans la racine d'un mot muni d'un préfixe.
         le parasol (prononcé comme un **s**)
III. Le **s** est prononcé comme un **s** :
1.   Quand il est en position initiale.
         sentir, son, seulement
2.   Quand il est placé avant ou après une consonne.
         penser, disponible, rester
3.   Quand il est suivi d'un autre **s**.
         le dessert, dessiner, essor

Lecture

Lisez à haute voix.

Il faut bien se rendre à l'évidence que le jeune Français ne ressemble pas au Français de la génération précédente. Ses parents, sinon ses grands-parents, étaient très casaniers et se sentaient perdus quand ils ne pouvaient plus voir leur clocher. Il y a de grandes chances qu'ils ont vécu toute leur vie dans leur village ou ville natale et même dans le quartier où ils sont nés. Le Français aujourd'hui est plus porté à partir. La campagne se dépeuple en faveur des villes et les provinces en faveur de Paris. Cependant une chose n'a pas changé : son attachement à la famille, une famille qui comprend non seulement les parents proches, mais aussi les oncles, les tantes, les cousins, les cousines (même très éloignés). Il est probable que cette famille à qui il doit son sens d'identité, vit en province.

Or il existe en province des anomalies de langage. Au dix-neuvième siècle, beaucoup de Français ne parlaient pas français. Ce n'est qu'au début du vingtième siècle, quand l'éducation est devenue obligatoire, que la langue française s'est répandue dans tout le pays. Il a fallu parler un « bon » français dans toutes les écoles primaires de France.

Quelles langues parlait-on donc ? Tout d'abord ces langues sont encore parlées en famille et avec les amis, spécialement dans les villages. Elles sont de trois sortes. Il faut considérer premièrement celles qui sont complètement différentes du français. Ainsi, en Bretagne, les Bretons parlent une langue celtique comparable à celle des Irlandais. Dans le sud-ouest, les Basques ont une langue qui reste un mystère pour les linguistes, car elle ne fait pas partie du groupe indo-européen. Dans l'est, en Alsace, on parle alsacien, un dialecte germanique.

Deuxièmement il faut considérer le provençal qui s'est developpé dans le sud-est de la France en même temps que le français, l'italien, l'espagnol, ces langues provenant du latin qui se déformait dans la bouche des étrangers. Le français et le provençal rivalisèrent pendant des siècles. Des faits historiques ont donné la victoire au français, mais le provençal, qui possède une riche littérature, n'a pas disparu et on le parle encore sur une grande étendue du territoire français, de l'Auvergne à la Provence.

Finalement il existe des patois. Ce ne sont pas des langues proprement dites, mais un français qui n'a pas évolué depuis le Moyen Âge et qui conserve des différences régionales. Le patois picard diffère du patois normand, du patois champenois, du patois flamand. Le patois est parlé, mais il n'est jamais écrit. Il n'a souvent qu'un seul son nasal, le **in**. Le **ch** est prononcé comme un **k** et vice versa. Ainsi **ton chat** devient **tin ca**.

Le jeune Français qui depuis peut-être plusieurs générations est séparé de sa souche provinciale retourne voir ses arrière-grands-parents, ses cousins et cousines. Quand il était petit, il y passait ses vacances. Il a appris à comprendre et quelquefois à parler la langue de ses ancêtres, mais il ne s'en vante pas. Toute dérogation au « bon » français est raillé impitoyablement par la société et même par les parents pour qui le français bien parlé représente un avancement social et économique. Mais dans le fond du cœur de tout Français, ce sol provincial avec sa langue ancestrale reste un paradis perdu.

VOCABULAIRE À SAVOIR

les ancêtres

l'arbre généalogique
les arrière-grands-parents
les grands-parents
le petit-fils
la petite-fille
les parents proches
le fils

la fille
le gendre ou le beau-fils
la bru ou la belle-fille
le frère
la sœur
le beau-frère
la belle-sœur

la belle-mère
le beau-père
l'oncle
la tante
les parents éloignés
les cousins germains
les cousines éloignées

la naissance

l'accouchement *delivery*
l'avortement *abortion*
le berceau *cradle*
le biberon *bottle*

les couches *diapers*
le fauteuil à bascule *rocking chair*
le bébé
le parrain *god father*

la marraine *godmother*
être enceinte *to be pregnant*
accoucher *to give birth*
bercer *to rock*

l'enterrement

(undertaker's)
(Coffin)

les funérailles *funeral*
les pompes funèbres *funeral home*
les condoléances
le cercueil *coffin*

le corbillard *hearse*
le caveau *tomb*
le cimetière
la couronne de fleurs *wreath*

mourir subitement *suddenly*
embaumer
enterrer
porter le deuil *to mourn*

la noce *wedding*

les fiançailles
la dot *dowry*
la bague de fiançailles *engagement ring*
l'alliance *wedding ring*
les faire-part *invitation*
l'église
la mairie *city hall*
les demoiselles d'honneur *bridesmaids*
les garçons d'honneur *best men*
le marié, la mariée *groom, bride*

le repas de noce
la robe longue
la lune de miel *honeymoon*
le voyage de noce *" trip*
demander la main de quelqu'un
se fiancer
féliciter
se marier en blanc
épouser quelqu'un *to wed*
être fidèle

l'enfance

un gamin, une gamine *boy girl*
un gosse *kid*
des jumeaux, des jumelles *twins*

un garçon manqué *tomboy*
le fils unique *child*
la fille unique

le seul fils
la seule fille *daughter*
l'orphelin

le célibat

le célibataire

la vieille fille

le veuf, la veuve

l'infidélité

le divorce

la pension alimentaire

se disputer *argue*

ON A BESOIN DE MOYENS DE TRANSPORT LOCAUX

Je vous avais bien dit que l'on se retrouverait. Le périférique, le vendredi à l'heure de l'apéro.

11:40 Monday- Test (bring cassette)

MICRO-CONVERSATIONS

Apprenez les dialogues par cœur, puis faites les changements suggérés.

I. On conduit

> — En France faut-il tenir sa droite quand on conduit ?
> — Je crois que oui. C'est comme aux États-Unis.
> — Mais en Angleterre on conduit à gauche.
> — Oui. C'est vrai. Vous revenez d'Angleterre, n'est-ce pas ?

Refaites le dialogue en remplaçant les noms géographiques par ceux qui suivent et faites les changements nécessaires.

	France	**États-Unis**	**Angleterre**
1.	Paris	Italie	Londres
2.	Suisse	Allemagne	Écosse
3.	Belgique	Hollande	Édimbourg
4.	Corse	Sicile	Grande Bretagne
5.	Mexique	Brésil	Irlande
6.	Rome	Grèce	Douvres

II. On possède une vieille voiture

> — Tiens, aujourd'hui, j'ai fait réparer ma voiture.
> — Ah, bon. Tu vas rendre les amis heureux.
> — Ça, je m'en moque. Le principal, c'est que je ne rende plus mon pa-
> tron furieux à cause de mes retards.
> — Tu me surprends. Qu'est-ce qui t'a fait changer d'attitude ?

A. Remplacez certaines expressions par des expressions familières.

ma voiture	ma bagnole
ah, bon	sans blague
les amis	les copains (copines)
je m'en moque	je m'en fiche
tu me surprends	tu me souffles

B. Refaites le dialogue en remplaçant les verbes à l'infinitif et les adjectifs par ceux qui suivent, et faites les changements nécessaires.

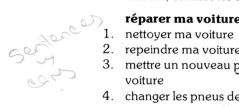

	réparer ma voiture		**heureux**
1.	nettoyer ma voiture	*faire*	ricaner
2.	repeindre ma voiture en noir	"	parler
3.	mettre un nouveau <u>pot d'échappement</u> à ma	"	éclater de rire
	voiture *muffler*		
4.	changer les pneus de ma voiture	*rendre*	sarcastiques

5. ma voiture plus présentable   rire
6. remplacer les freins de ma voiture   retrouver confiance

furieux à cause de mes retards   **changer d'attitude**

1. lever les sourcils   si sérieux
2. honteux de monter en voiture avec moi   si collet monté
3. bouillonner de colère   si docile
4. maussade à cause de mes retards   si prudent
5. regretter de m'avoir embauché(e)   mettre de l'eau dans ton vin
6. soucieux quand il monte en voiture avec moi   si plein d'égards pour lui

RAPPEL GRAMMATICAL

Les Pronoms personnels invariables EN et Y

I. Le pronom personnel invariable **en** est employé pour remplacer :
  A. La préposition **de** suivie d'un mot représentant une chose.
       Je me souviens de cette histoire. Je m'en souviens.
  B. L'article partitif suivi d'un mot représentant une personne ou une chose.
       Il a vu des étudiants là-bas. Il en a vu là-bas.
  C. L'article indéfini suivi d'un nom.
       Nous avons acheté une maison. Nous en avons acheté une.
  D. Un nom précédé d'un adverbe de quantité, d'un nombre.
       Il gagne peu d'argent. Il en gagne peu.
       J'ai vu trois professeurs. J'en ai vu trois.

II. Le pronom personnel invariable **y** est employé pour remplacer :
  A. La préposition **à** suivie d'un mot représentant une chose.
       Il obéit au code de la route. Il y obéit.
  B. Les prépositions de lieu telles que **dans, sur, sous, près de**, etc. suivies d'un mot représentant une chose.
       Nous sommes entrés dans la salle de classe. Nous y sommes entrés.
  C. La préposition **chez** qui est toujours suivie d'un mot représentant une personne.
       Il est allé chez sa cousine. Il y est allé.
  D. Le **y** n'est jamais employé avec le verbe **aller** au futur et au conditionnel.
       Il ira sur la place. Il ira.

III. Le participe passé des verbes ne s'accorde jamais avec **en** et **y**.
       J'ai acheté des pneus. J'en ai acheté.

III. On stationne la voiture

> — Le parking est complet. Comment y as-tu garé ta voiture ?
> — Je n'y suis pas arrivé sans peine.
> — Tu as une éraflure sur ta portière. T'en es-tu aperçu ?
> — Ah, zut ! Je m'y attendais.

scratch on the door

A. Employez le vouvoiement.

B. Refaites le dialogue en remplaçant les verbes par ceux qui suivent. Les pronoms seront **en, y**, ou un pronom complément d'objet direct. Faites attention aux changements des verbes auxiliaires.

être verb — which can never take direct objects

	garer	**arriver**	**s'apercevoir** *(de)*	**s'attendre** *(de)*
1.	mettre	parvenir	se rendre compte	avoir peur *(de)*
2.	ranger	exécuter	constater	savoir
3.	entrer	réussir *(à)*	voir	avoir oublié
4.	introduire	accomplir	être au courant (prés.)	se douter — *suspect*
5.	retrouver	faire	recevoir ici	ne plus se souvenir
6.	sortir	se tirer	avoir connaissance (prés.)	ignorer.

RAPPEL GRAMMATICAL

L'Emploi du passé composé et de l'imparfait

I. Le passé composé est employé quand il est question d'un fait complètement achevé. Dans une histoire, c'est la trame.

> Je suis venu. J'ai vu. J'ai vaincu.

p.c. one time

II. L'imparfait est employé pour montrer ce qui se passe autour de cette action principale, c'est-à-dire pour :

A. Les descriptions.

> Il faisait beau ce jour-là et la ville était décorée.

imp. habituel

B. Les conditions.

> César voulait parler aux sénateurs.

C. Les faits qui étaient en train de se dérouler quand l'action a commencé.

> Les sénateurs discutaient de choses et d'autres quand César est arrivé.

D. Les répétitions dans le passé.

> Les sénateurs se réunissaient toujours tous les lundis.

IV. On reçoit une contravention

> — Tiens. Le flic me met un papillon entre l'essuie-glace et le pare-brise.
> — Pourtant mon professeur me dit qu'on peut se garer ici.
> — Eh bien ! Il ne sait pas ce qu'il dit.
> — Mais si. Ta voiture n'est pas dans un endroit interdit. C'est tout simplement que tu n'as pas ta plaque d'immatriculation.

Refaites le dialogue en mettant les verbes soit au passé composé soit à l'imparfait.

AMUSONS-NOUS

A. *Devinez de quel moyen de transport il est question dans les phrases suivantes.*

1. Il est parti pour la gare. *le train*
2. Le flic m'a fait signe de m'arrêter. *l'auto*

Prepare some using imperfect & imagine you're explaining to someone how to drive

3. Tous ces escaliers me fatiguent. le métro à pied
4. Quand je suis monté, j'ai demandé de la monnaie au conducteur. le métro autobus tramway
5. Fais donc attention au feu vert. l'auto
6. La voiture derrière toi va te doubler. l'auto
7. Le conducteur va bientôt passer pour contrôler les billets. le métro le train
8. Il y a de la publicité dans toutes les stations. le métro
9. Écoute le grincement des roues qui vient du souterrain. le métro
10. Je descends à l'arrêt au coin de la rue. l'autobus
11. Le conducteur est de mauvaise humeur parce que la circulation est intense. l'autobus
12. Trouve-nous un compartiment vide. le train
13. Mon copain faisait du cent à l'heure. l'auto
14. C'est la troisième fois que j'ai un pneu crevé cette semaine. l'auto

B. *Nous avons ci-dessous la trame de dix courtes histoires. Pour étoffer chacune d'elles, les étudiants ajoutent des phrases appropriées. Ceux qui emploient le temps incorrectement ou répètent une phrase déjà dite perdent un point. Le gagnant est celui qui reçoit le plus de points pour ses phrases.*

> **Ex :** Quelqu'un a sonné. Le chien a aboyé. J'ai ouvert la porte.
> Je dormais quand quelqu'un a sonné. Comme je ne me levais pas, le chien a aboyé. Il faisait sombre dans le couloir quand j'ai ouvert la porte. Etc.

1. Tu as acheté une voiture. Tu l'as prêtée à un copain. La voiture s'est heurtée contre un poteau électrique.
2. Nous avons manqué l'autobus. Nous avons séché notre cours de français. Le professeur s'est fâché.
3. J'ai fait un voyage en train. J'ai perdu mon billet. Le contrôleur est passé.
4. Elle a garé sa voiture dans un endroit interdit. Le flic est venu. Il lui a donné une contravention.
5. Il est arrivé au feu rouge. Il ne s'est pas arrêté. Il a renversé un piéton.
6. Il est allé au café. Il a pris un pot. Il a perdu son permis de conduire.
7. Je suis allée à la noce de ma sœur. Je lui ai apporté un beau vase. Elle a laissé tomber le vase.
8. Hier nous sommes allés à la bibliothèque. Nous en avons sorti des livres. Nous les avons oubliés sur un banc.
9. Il a offert à une jeune fille de la ramener chez elle. Il a roulé à tombeau ouvert. Il a embouti l'aile d'une autre voiture.
10. Elle a acheté une reproduction de Monet. Elle l'a accrochée dans sa chambre. Sa camarade de chambre s'est irritée.

C. *Dans les listes suivantes, cinq mots ont quelque chose en commun. Trouvez celui qui n'appartient pas au groupe.*

rire	le rétroviseur	surprendre
rigoler *Sam*	le feu rouge	étonner
pouffer *to burst out*	les pneus	ébouriffer *to startle*
pleurer	le klaxon	découvrir
éclater de rire	les roues	souffler *Sam*
se marrer *pop*	l'essuie-glace	époustoufler *Sam*

to have a good time

le cercueil	travailler	cheire
l'enterrement	piocher	chair
le deuil	bûcher	char
la naissance	boulonner	chère
le caveau	bosser	chaire
le corbillard	turbiner	cher

RÉPLIQUES LIBRES

Voir le premier chapitre pour les instructions.

On prend l'autobus

1. Cela fait longtemps que l'on attend l'autobus. Où est l'horaire ?
2. Le voici qui arrive. Quelle heure est-il ?
3. Je n'ai pas de monnaie. Et toi ?
4. C'est combien le ticket ?
5. Monte devant moi. Vois-tu des places libres ?
6. Il faut garder son ticket à cause des contrôleurs. Où as-tu mis le tien ?
7. À quel arrêt veux-tu descendre ?
8. Ouf ! Nous sommes assis. En avons-nous pour longtemps ?

On prend le métro à Paris

1. Où est la bouche de métro la plus proche ?
2. J'ai mal aux jambes de monter et descendre ces escaliers. Y a-t-il un ascenseur dans cette station ?
3. Où est le plan du métro ?
4. Faut-il prendre une correspondance pour aller jusqu'au Louvre ?
5. Que d'affiches sur les murs ! Peux-tu lire ce qu'on dit sur celle-ci ?
6. J'entends un accordéon. Y a-t-il quelqu'un qui joue dans le couloir ?
7. Dépêchons-nous. J'entends le train. Est-ce le nôtre ?
8. Vite. Où est le wagon de deuxième classe ?

On retourne dans la banlieue parisienne

1. Nous sommes assez loin de la gare Saint-Lazare. Comment peut-on y arriver plus vite ?
2. Sais-tu à quelle heure part le dernier train pour Argenteuil ?
3. Crois-tu que le dernier soit aussi bondé que les autres ?
4. On pourrait dîner au buffet de la gare. Comment sont les repas ?
5. Je n'emporte qu'une petite valise avec moi. Et toi ?
6. Est-ce que le dernier train est un express ?

Une station de métro.

7. J'achèterai un journal sur le quai. As-tu de la monnaie ?

8. N'oublie pas de faire poinçonner ton billet. Est-ce que le contrôleur t'a fait payer une amende la dernière fois que tu as oublié de le faire ?

On roule en voiture

1. J'ai emprunté la Renault de mon père. Où est-ce que toute la bande pourrait aller ce soir ?

2. Il faut d'abord que je fasse le plein d'essence. Vois-tu une station ?

3. De quel côté est-ce que je devrai tourner quand je serai au feu rouge ?   *right*

4. Est-ce que la voiture derrière moi veut doubler ?

5. Zut ! J'ai un pneu crevé. Y a-t-il un cric dans le coffre ?

6. Veux-tu essuyer le rétroviseur pendant que je change le pneu ?

7. Crois-tu qu'il y ait assez de place dans le coffre pour emporter la boisson avec nous ?

8. As-tu ton permis de conduire au cas où tu devrais prendre le volant ?   *steering wheel*

On est piéton

1. Les autobus sont en grève et les compteurs des taxis montent trop vite pour ma bourse. Veux-tu qu'on aille à pied ensemble ?

2. Il va pleuvoir. Où est ton parapluie ?

3. Ne descends pas du trottoir. N'as-tu pas vu la Peugeot qui roule à tombeau ouvert ?

4. Donne-t-on des contraventions si on ne traverse pas sur les passages réservés aux piétons ?

5. Quel monde ! Est-ce que cette grosse femme t'a bousculé ?

6. Comment se fait-il que tu aies mal aux pieds ?

7. Voudrais-tu t'arrêter à la terrasse d'un café ?

8. Ça te plaît d'être piéton ?

FAUTES À ÉVITER

Le verbe **se faire** peut avoir plusieurs significations.

Je me suis fait à ce climat.	*I became accustomed to the climate.*
Je me fais de la bile. Je me fais du mauvais sang. Je me fais des cheveux. Je m'en fais. (fam.)	*I am worried.*
Comment se fait-il qu'il vienne aujourd'hui ?	*How does it happen that he is coming today?*
Il se fait vieux.	*He is becoming old.*

Traduisez les phrases suivantes en anglais.

1. Il se fait tard. — *Its getting late*
2. Nous ne nous y ferons jamais. *We will never get used to it*
3. T'es-tu fait à ce genre de vie ?
4. Il se fait qu'elle va venir demain. *It happens she's coming tomorrow*
5. Ne vous en faites pas. *Don't worry*
6. Il a décidé de se faire avocat.
7. Je me suis fait beaucoup de bile. *I worried a lot*
8. Est-ce que tu pourras t'y faire ? *Will you get used to it*
9. Elle se fait grande. *She's becoming big*
10. Il n'y a pas de quoi s'en faire. *There's nothing to worry about*
11. Il faut qu'elle s'y fasse. *It's neces. that she come*
12. Comment se fait-il que vous pleuriez ? *Why are you crying*
13. Nous nous faisons vieux. *We are becoming old*
14. Vous n'avez pas de mauvais sang à vous faire. *You don't worry about getting used to it.*

SUJETS DE CONVERSATION POUR GROUPES DE TROIS OU QUATRE ÉTUDIANTS

1. En France, on ne conduit pas avant dix-huit ans. Discutez les avantages et les inconvénients de laisser conduire les jeunes de seize ans.
2. Nommez quelques règles du code de la route.
3. Discutez les causes des accidents de voitures.
4. Décrivez un accident que vous avez vu.
5. Avez-vous une voiture ? Si non, empruntez-vous celle de vos parents ? Que doit-on faire pour garder cette voiture en bon état ?
6. Avez-vous déjà reçu une contravention ? Pourquoi ?
7. Discutez les problèmes de stationnement à l'université.
8. Les autobus sont-ils un bon moyen de transport ? Quelle est la situation sur votre campus ?
9. Faites-vous beaucoup de marche ? Où ? Pourquoi ? Quels en sont les inconvénients ?
10. Avez-vous jamais voyagé en train ? En métro ? Si oui, décrivez les circonstances. Est-ce que ça vous a plu ? Pourquoi ?
11. Faites-vous du vélo ? Pourquoi est-il quelquefois plus avantageux d'être à vélo qu'en voiture ?
12. Est-il plus dangereux de voyager en moto qu'en auto en ville et sur les autoroutes ? Pourquoi ?

LES GESTES EXPRESSIFS

Il vient un moment pour tout le monde où on en a assez des événements, des gens, du temps, etc. À ce moment-là, le Français lève la main à la racine des cheveux, le pouce et l'index contre le haut du front, et dit : « J'en ai ras le bol » ou « J'en ai marre ».

L'image donnée par l'expression **J'EN AI RAS LE BOL** est celle d'un bol plein, prêt à déborder si l'on y ajoute une dernière goutte. Cherchez des comparaisons qui conviendraient tout aussi bien pour exprimer le sentiment éprouvé. Commencez par : « J'en ai assez. Je suis comme . . . »

DÉBATS

Toute la classe participe

1. Discutez la hausse du prix de l'essence. Quelles sont les mesures qui ont déjà été prises pour diminuer la consommation ? Que pourrait-on faire d'autres ? À l'avenir, quelles sortes d'énergie pourraient remplacer l'essence ?
2. Discutez le dilemme des chemins de fer aux États-Unis. Pourquoi, au moment où leur emploi pourrait être une solution au problème de l'essence, leur existence est-elle en danger ? D'après vous, pourquoi y a-t-il, en comparaison avec la France, si peu de lignes de chemin de fer ? Faudrait-il les nationaliser ?
3. Trouver un moyen de transport, est-ce souvent une source de soucis pour les jeunes ? Expliquez pourquoi. Pour quelles raisons est-il difficile de se déplacer aux États-Unis si l'on n'a pas de voiture ? Considérez les villes américaines, la condition des moyens de transport public, etc.
4. Discutez les dangers de l'auto-stop pour le conducteur aussi bien que pour le passager. Donnez des exemples. Y a-t-il des circonstances où il est nécessaire de faire de l'auto-stop ?

ACTIVITÉS POSSIBLES

1. Lire dans les annonces d'un journal français la section sur les automobiles. Quelle sorte de psychologie emploie-t-on pour attirer les clients ? Comparez avec les annonces américaines.
2. Chercher des bandes dessinées dans des revues françaises où il est question de circulation, de moyens de transport, de parkings, ou d'accidents. Si la bande dessinée est muette, écrivez un dialogue. S'il y a un dialogue, remplacez-le par un autre où vous emploierez des synonymes.
3. Écrire une scène entre un agent de police et un témoin sur le lieu d'un accident.

LES INTERJECTIONS

Une interjection est une sorte de cri qui sert à exprimer un sentiment violent, une émotion ou un ordre. Beaucoup sont semblables en français et en anglais. Ainsi on dit « **Bah** ! » ou « **Hum** ! » pour marquer le doute, « **Chut** ! » pour faire taire, « **Hourra** ! » pour acclamer, « **Ouf** ! » pour exprimer le soulagement, « **Pouh** ! » pour montrer le dégout, etc. N'oublions pas les « **Oh** ! » et les « **Ah** ! » dont les différentes intonations changent la signification.

Il y a cependant des interjections qui sont bien françaises. Un Français dit :

1. « Aïe ! » ou « Ouïe ! », s'il se fait mal.
2. « Pouf ! », s'il voit tomber quelqu'un.
3. « Pif paf ! » ou « Pan ! », s'il voit quelqu'un frapper un autre.
4. « Hein ! » (fam.), s'il n'a pas bien entendu et veut faire répéter.
5. « Hola ! », s'il veut attirer l'attention de quelqu'un.
6. « Ouais ! » (fam.), si l'on lui dit quelque chose qui l'étonne et qu'il ne croit pas.
7. « Gare ! », s'il avertit quelqu'un d'un danger.
8. « Oh là là ! », s'il ressent une forte émotion.
9. « Patatras ! », s'il voit quelqu'un ou quelque chose tomber.
10. « Sapristi ! », lorsqu'il est irrité.

Employez ces interjections dans des phrases appropriées.

Ex : Aïe ! Je me suis pincé le doigt dans la portière.

CONSEILS PRATIQUES DE PRONONCIATION

La Prononciation du C

I.   Le **c** est prononcé comme un **s** :
1. Quand il est suivi d'un **e**, d'un **i** ou d'un **y**.
    ceci, cirer, cygne
2. Quand il y a une cédille sous le **c**.
    français, garçon, façade
II.   Le **c** est prononcé comme un **k** :
1. Quand il est suivi d'un **a**, d'un **o**, ou d'un **u**.
    cafetière, bricoleur, couleur, cuit
2. Quand il est suivi d'un **l**, d'un **m**, d'un **n**, d'un **q**, d'un **r** ou d'un **t**.
    éclater, acméisme, acné, acquisition, craindre, octave
3. Quand il est placé à la fin d'un mot.
    échec, bec, flic, basilic, public, bac, arc
    Il y a quelques exceptions où le **c** final n'est pas prononcé.
    estomac, tabac, blanc, banc
III. Le **c** est prononcé comme le **sh** dans le mot anglais **shawl**, quand il est suivi d'un **h**.
    chiffon, chauffe-eau, architecte
    Dans certaines exceptions, il se prononce comme un **k**.
    archange, chœur, archaïsme

IV.   Quand le **c** est suivi d'un autre **c**, il y a deux possibilités.
1.   Le premier **c** est prononcé comme un **k** et le second comme un **s**, lorsqu'ils sont suivis d'un **e**, d'un **i** ou d'un **y**.

     accident, accès
2.   Le **c** est prononcé comme un **k** dans tous les autres cas.

     occasion, acclamer, accord

Lecture

Lisez à haute voix.

Contrairement à l'étudiant américain, l'étudiant français n'a pas souvent de voiture à sa disposition. Les raisons sont multiples et d'ordre social, économique et historique.

Vu qu'il est impossible d'apprendre à conduire à l'école secondaire, un jeune Français doit aller à une auto-école et payer ses cours. Il ne peut pas obtenir de permis de conduire avant l'âge de dix-huit ans et comme l'examen est très rigoureux, il est probable qu'il échouera la première fois.

Un étudiant a d'autres difficultés. Il est si occupé avec ses études qu'il n'a pas le temps de travailler à mi-temps. Or, l'achat et l'entretien d'une voiture sont beaucoup plus chers en France qu'aux États-Unis. Un tiers du prix d'une voiture consiste en taxes imposées par l'État. Quant à l'essence, il y a bien longtemps qu'elle est à des prix exorbitants, ce qui explique pourquoi les Français ont toujours préféré les petites voitures.

Le troisième problème, dont l'étudiant n'est pas le seul à souffrir, est les villes françaises. La plupart ont été construites il y a plusieurs siècles, c'est-à-dire qu'elles sont peu préparées à faire face à une circulation intense. Les embouteillages et la pénurie de parkings en sont les conséquences. Bien des maisons n'ayant pas de garage, les voitures restent dehors. Elles sont stationnées sur un côté de la rue et le côté change à intervalles réguliers. La police surveille le stationnement avec vigilance et distribue un grand nombre de contraventions. En général ce sont des femmes qui s'en occupent. À Paris elles ont des uniformes bleus et pour cette raison sont appelées **pervenches**.

Que fait donc le jeune Français quand il veut se déplacer ? Tout d'abord une ville française moyenne s'étend beaucoup moins qu'une ville américaine moyenne, car les maisons ne possèdent pour la plupart que des cours minuscules et elles ne sont séparées les unes des autres que par un mur. Il est donc assez facile de se rendre n'importe où à pied. Chaque quartier a ses épiceries, boulangeries, charcuteries, bistrots et petits restaurants ; il est rarement nécessaire d'aller en ville. S'il faut se déplacer plus loin, il existe en France un système de transport public efficace et bon marché : des autobus en province, des autobus et le métro à Paris. Pour aller dans d'autres villes, il y a des trains dans toutes les directions. Pour sortir le soir, il est probable que l'étudiant empruntera la voiture de ses parents et qu'il emmènera ses copains et copines avec lui.

Si le jeune étudiant est sans voiture, il se rattrapera quand il sera plus vieux. Ceux qui ont observé les embouteillages en France ou qui ont été arrêtés aux heures de pointe sur le périphérique autour de Paris peuvent imaginer ce qui adviendra si la population estudiantine s'y met aussi. Les Français pourront alors tous chanter la chanson de Jo Dassin : « Dans Paris à vélo, on dépasse les autos ».

La circulation devant la gare de Lyon à Paris.

VOCABULAIRE À SAVOIR

la voiture

la bagnole (pop.)	la roue de secours *spare tire / wheel*
l'aile *fender*	le volant *wheel*
le coffre *trunk*	stationner la voiture *park*
le cric *jack*	descendre d'une voiture *get out*
l'essuie-glace *windshield wiper*	monter dans une voiture *get in*
le klaxon *horn*	dépasser *pass*
le lévier de changement de vitesse *gearshift*	doubler *pass*
le pare-brise *windshield*	freiner *brake*
les phares *headlight*	accélérer *accelerate*
la plaque d'immatriculation *license plate*	embrayer *shift*
le pneu crevé *(flat) tire*	faire le plein *fill it up*
la portière *door*	tenir sa droite *keep to R*
le pot d'échappement *muffler*	tourner à gauche *turn L*
le rétroviseur *rearview mirror*	la circulation *traffic*

les heures de pointe *rush hour*
l'embouteillage *jam*
le périphérique *highway circling big city*
l'autoroute *highway*
la sortie de l'autoroute *exit*
le feu rouge *red light*
les sens interdits
une rue à sens unique *one-way street*
les parcs de stationnement *parking lots*
l'auto-école *driving school*
le code de la route *rules of road*
l'agent de police *police*
le flic (fam.) *cop*

la pervenche *policewoman*
l'amende *fine*
le papillon (fam.) *ticket*
le poteau électrique *el. pole*
une éraflure *scratch*
le témoin *witness*
faire du cent trente à l'heure
rouler à tombeau ouvert *drive too fast*
emboutir une aile *crash*
se heurter contre un arbre
renverser quelqu'un *knockdown*
écraser quelqu'un *ran over*
faire de l'auto-stop

l'autobus

l'arrêt
les sièges *seat*

bondé *packed*

vide *empty*

le métro

subway entrance station

la bouche du métro
la station

l'ascenseur *elevator*
le couloir *hall*

le grincement des roues *screeching*

la marche

le piéton

traverser la rue

rester sur le trottoir

les chemins de fer

le train
le wagon
la locomotive
le fourgon *caboose*
le compartiment

le billet
le contrôleur
un express
la gare
le quai

la correspondance *transfer*
siffler *whistle*
poinçonner *punch (ticket)*
en voiture

ON CHERCHE
DU TRAVAIL

le Serre - greenhouse
machine de traitement de texte - word processor

Ce que le patron est pingre. Il ne remplace pas les machines parce qu'il prétend être de l'Ancien Régime.

MICRO-CONVERSATIONS

Apprenez les dialogues par cœur, puis faites les changements suggérés.

I. On choisit un métier

> — Sorti(e) de l'université, je voudrais trouver du travail dans l'informatique. T'y intéresses-tu aussi ?
> — Non. Moi, j'apprends le français et je veux un métier où j'en ferai usage.
> — En as-tu un en vue ?
> — Pas encore. Je vais en parler avec mes profs.

" " m'en occuper

A. Refaites le dialogue en employant le vouvoiement.
B. Refaites le dialogue en remplaçant les verbes par ceux qui suivent. Les pronoms seront en, y, ou un pronom complément d'objet direct.

quiz on this sometime

	s'intéresser	faire usage	avoir un en vue	parler avec mes profs
1.	penser à	se servir	avoir choisi un	s'occuper de
2.	étudier	employer	chercher un	s'informer bientôt de
3.	souhaiter	utiliser	connaître un	discuter au bureau de placement
4.	désirer	avoir besoin	réfléchir à sérieusement	se concentrer à
5.	apprendre	ne pas oublier	avoir trouvé un	travailler sérieusement à
6.	envisager la de possibilité de	ne pas perdre	se préparer à	se mettre à

II. On a besoin de travailler à mi-temps

broke

> — Je suis fauché(e) et je cherche du travail à mi-temps.
> — On me dit que le laboratoire manque de personnel.
> — Oui, mais il leur faut quelqu'un d'expérimenté.
> — Pourquoi ne vas-tu pas au bureau de placement ?

Refaites le dialogue en mettant les verbes soit au passé composé soit à l'imparfait.

RAPPEL GRAMMATICAL

Les Prépositions de lieu

La traduction des prépositions **to, at, in** ne suit pas toujours de règles catégoriques. Il est cependant possible de reconnaître des tendances.

I.   On les traduit par **à** lorsqu'elles sont suivies d'un article défini singulier.

   Je vais à la pharmacie. Il travaille à l'épicerie.

   Pour la traduction de **into** ou **inside**, il faut employer **dans**.

   La craie est dans la boîte.

II. On les traduit par **dans** :

   A. Lorsqu'elles sont suivies d'un article indéfini.

   Il va dans une pharmacie. Je l'ai trouvé dans une épicerie.

   B. Lorsqu'elles sont suivies par un article défini pluriel.

   Elles sont allées dans les magasins.

   Il y a quelques rares exceptions.

   Elle travaille aux P. et T.

   C. Lorsqu'elles sont suivies d'une expression de quantité ou d'un nombre.

   Je suis allé dans beaucoup de magasins. Il a travaillé dans deux usines.

III. On les traduit par **à** ou par **dans** lorsqu'elles sont suivies d'un adjectif démonstratif ou possessif.

   Il reste toute la journée à son usine. Il reste toute la journée dans son usine.

IV. On les traduit par **chez** lorsqu'elles sont suivies d'un nom propre ou d'un nom qui représente une personne.

   Il travaille chez Heinz. Nous nous sommes arrêtés chez le menuisier.

III. On se plaint de la situation économique

> — Beaucoup d'ouvriers ont été mis à pied dans une usine près d'ici.
> — Je sais. Et on fait la grève chez Fisher.
> — De plus, il est possible que je perde mon travail au restaurant.
> — Parle à mon patron. Au supermarché, je fais des heures supplémentaires.

Refaites le dialogue en remplaçant les noms par ceux qui suivent et faites les changements nécessaires.

une usine près d'ici	Fisher	le restaurant	le supermarché
1. une menuiserie près d'ici	Campbell	le magasin de chaussures	la piscine
2. cet atelier	quelques usines	l'agence de voyage	mon aciérie
3. Dupont	le tissage du coin	Bloomingdale	le bijoutier
4. les usines	une papeterie	le pharmacien	la bijouterie
5. la fabrique où mon frère travaille	l'usine Dupont	la pharmacie	la quincaillerie
6. les papeteries	Hellman	l'hôtel	la pâtisserie

RAPPEL GRAMMATICAL

L'Emploi de l'article défini et de l'article partitif

I. On emploie les articles définis **le, la, les** :
   A. Pour traduire l'article défini anglais **the**.
   > Où est la porte ?
   B. Devant les noms qui représentent des choses ou des personnes en général.
   > L'argent ne fait pas le bonheur. Il n'aime pas les médecins.
   C. Après l'adjectif **tout**.
   > J'ai embrassé tous les enfants.

II. On emploie les articles partitifs **du, de la, des, de l'** pour signifier une certaine quantité.
   > J'ai bu du café. Avez-vous acheté des livres ?

III. On emploie l'article partitif **de** :
   A. Après un verbe à la forme négative pour remplacer l'article indéfini ou un des autres articles partitifs.
   > Il ne vend pas de journaux. Nous n'avons plus de lait.
   B. Pour remplacer l'article **des** quand le nom est précédé d'un adjectif au pluriel.
   > Ce sont de grosses voitures.

IV. On laisse tomber l'article partitif après une expression qui se termine par la préposition **de**.
   > Vous avez besoin de livres. Nous avons eu beaucoup de pluie cet été.
   > Cependant on garde les articles indéfinis et les articles définis.
   > J'ai besoin d'une carte. Il a peur du chien que vous avez amené. Il lit la plupart du temps.

IV. On a des dettes

> — J'ai beau me priver de distractions, mon compte reste en souffrance.
> — Tu as donc des dettes ?
> — Oui. J'ai dépensé beaucoup d'argent cet été.
> — Moi aussi. Je reçois des factures tous les jours.

Refaites le dialogue en remplaçant les verbes par ceux qui suivent et faites les changements nécesssaires.

	se priver	avoir	dépenser beaucoup	recevoir
1.	ne pas avoir	avoir fait	emprunter	craindre
2.	éviter	avoir plusieurs	ne pas économiser	attendre
3.	renoncer à	avoir contracté	emprunter beaucoup	attendre . . . nombreuses
4.	avoir peu	avoir contracté trop	dépenser	avoir . . . à payer

5. renoncer à   avoir . . .   ne pas gagner   recevoir bien
   toutes   sérieuses

6. avoir éliminé   avoir . . .   gaspiller   attendre un
             grosses   certain nombre

AMUSONS-NOUS

A. *Mots croisés. Remplissez cette grille d'après les directions.*

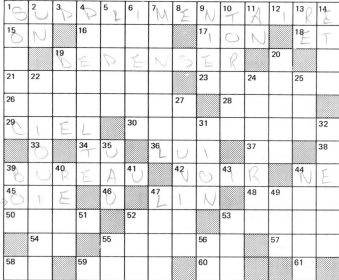

Les accents ne comptent pas.

Horizontalement :

1. Une heure que l'on fait en plus de ses heures régulières de travail.
15. Pronom indéfini qui désigne n'importe quelle personne.
16. Manqué.
17. Groupe d'atomes.
18. Conjonction qui indique la liaison entre deux mots ou propositions.
19. Employer son argent pour un achat.
20. Interjection qui marque l'admiration.
21. Fruits (au pluriel).
23. Ouvrage de sculpture.
26. Perçue par les oreilles (au féminin).
28. Joints (au masculin pluriel).
29. Paradis.
30. Petites chaises de bois (au pluriel).
33. Symbole chimique de l'oxygène.
34. Pronom personnel, deuxième personne du singulier.
36. Pronom personnel, troisième personne du singulier.
37. Interjection qui exprime la surprise.
38. Nom de la note de musique Do en anglais.
39. Endroit où travaillent les hommes d'affaires.
42. Percevoir par les yeux.
44. Négation.
45. Animal de basse-cour.
46. Symbole chimique de l'uranium.

47. Tissu avec lequel on fait des nappes.
48. Petit bateau qui sert à charger les navires.
50. Couleur du ciel.
52. Parc où l'on peut voir toutes sortes d'animaux.
53. Départ en masse d'un peuple.

54. Initiales de Louise Labé.
55. En faillite (au pluriel).
57. Niveau.
58. Pronom réfléchi, troisième personne.
59. Vaniteux (au pluriel).
60. Note de musique synonyme de Do.
61. Symbole chimique du litre.

Verticalement :

1. Surprise-partie.
2. Article indéfini.
3. Symbole chimique du phosphore.
4. Faire connaître (troisième personne du singulier).
5. Animal rongeur sauvage ou domestique.
6. Allonger (deuxième personne du singulier).
7. Tous les mois.
8. Symbole de l'électron.
9. Dire qu'une chose n'existe pas (deuxième personne du singulier).
10. Animal très lent.
11. Année.
12. Symbole chimique de l'iode.
13. Deuxième note de musique.
14. Exister.
19. Racontée (au féminin).
20. Inflammation des oreilles.
22. Saucisse faite de tripes ; mot employé souvent comme insulte.
24. Infection de la peau.
25. Détérioré.

27. Ce qui reste de la décomposition des roches (géologie).
31. Animal féroce.
32. Lieu où se jouent les pièces (au pluriel).
35. Liquide sans couleur.
39. Diminutif de Robert.
40. Vrai.
41. Symbole de l'unité de masse atomique.
43. Symbole chimique de l'iode.
44. Nœud dans le muscle cardiaque.
47. Règles (au pluriel).
49. Instrument de musique à vent.
51. Symbole chimique de l'uranium.
52. Mot acceptable socialement pour exprimer l'irritation.
53. Un des points cardinaux.
55. Le dieu du soleil en Égypte.
56. Le participe passé du verbe avoir.
58. Symbole chimique du souffre.
59. Nom de la note de musique Fa en anglais.

B. *Devinette. Chaque étudiant décrit un métier que le reste de la classe doit deviner.*

C. *Jouons avec la prononciation. Dans chaque mot de la première colonne, il y a deux ou trois sons que l'on retrouve dans un mot des deux autres colonnes. Trouvez les deux autres mots.*

1. fin
2. malheur
3. quand
4. lycée
5. Jean
6. fil

a. fauteuil
b. agent
c. maître
d. cinéma
e. faim
f. hôtel

aa. vaut-elle
bb. lisse
cc. jambon
dd. ésotérique
ee. karma
ff. thèse

7. dessiner
8. pèze *dough, money*
9. mettre
10. autel
11. quartier
12. les os *bone*
13. cent
14. œil

g. heurter *collide-y*
h. philosophe
i. fréquenter
j. sang
k. lis
l. fournaise *furnace*
m. écarter *to spread, scatter*
n. zoo

gg. Caen
hh. s'en faire
ii. cueille
jj. feindre *fein, simulat*
kk. effiler *gravithinout*
ll. fasciner
mm. menteur
nn. mètre

RÉPLIQUES LIBRES

Voir le premier chapitre pour les instructions.

On va au bureau de placement

1. Dis. J'ai besoin d'un boulot. Où est-ce que je peux m'adresser ?
2. J'ai loupé mon examen. Crois-tu qu'il y ait quand même quelque chose que je puisse faire ?
3. J'ai le trac. As-tu déjà été dans un bureau de placement ?
4. Vont-ils me demander des lettres de recommandation ?
5. Est-ce mieux que je me mette en grande tenue ?
6. Est-ce que mes cheveux vont comme cela ?
7. Dis-moi ce que je dois dire pour faire une bonne impression.
8. Mince alors ! Sais-tu où j'ai mis mon curriculum vitae ?

Les petites annonces.

On se fait repérer au bureau

1. Ouf ! Le patron est parti. Sais-tu pourquoi il a été sur mon dos toute la matinée ?
2. Je ne sais pas travailler sur cette machine à écrire. Combien de mots tapes-tu à la minute ?
3. Tu es un génie. Est-ce que tu sais la sténo aussi ?
4. Je suis drôlement bousculé(e) aujourd'hui. Tu pourrais photocopier cette lettre pour moi ?
5. Il faut que je commande des chemises pour les classeurs. Est-ce que j'écris ou est-ce que je donne un coup de fil ?
6. Connaissais-tu la dactylo que le patron a congédiée avant de m'embaucher ?
7. Sais-tu pourquoi elle a été mise à la porte ?
8. C'est marrant. Je ne retrouve plus mon stylo. En as-tu un à me prêter ?

On se tracasse à l'usine

1. Tu as pointé en retard ce matin. Qu'est-ce qui s'est passé ?
2. Qu'en a dit le contremaître ?
3. On a encore licencié des ouvriers. Crois-tu que le syndicat et les cadres s'accordent éventuellement sur les salaires ?
4. On parle de grève. As-tu entendu cette rumeur ?
5. Le patron se plaint qu'il frise la faillite. Que va-t-il penser de la semaine de trente-cinq heures et des cinq semaines de vacances ?
6. Que va-t-il se passer si l'on ne modernise pas les machines ?
7. Crois-tu que la concurrence étrangère va nous mettre tous au chômage ?
8. Quel pétrin ! Va-t-on jamais s'en tirer ?

On discute les salaires

1. Alors ! Toi, tu es toujours commis voyageur. Tu arrives à surnager avec l'inflation ?
2. Moi, j'en ai marre d'être à court d'argent. J'aimerais être fonctionnaire. Et toi ?
3. Sais-tu combien on gagne de l'heure aux P. et T. ?
4. N'ont-ils pas reçu une augmentation dernièrement ?
5. Il est possible qu'on puisse faire davantage dans les affaires. As-tu des dispositions pour cela ?
6. Ton père est avocat. Souffre-t-il du ralentissement de l'économie ?
7. Crois-tu que les honoraires d'un avocat soient plus élevés que ceux d'un médecin ?
8. C'est dommage qu'il n'y ait plus de débouchés dans ces professions. Aurais-tu marché sur les traces de ton père ?

On emprunte à la banque

1. Je voudrais une voiture et mon père se fait tirer l'oreille pour me prêter de l'argent. As-tu acheté la tienne à crédit ou as-tu payé comptant ?
2. Combien d'arrhes as-tu dû verser ?
3. À quelle banque es-tu allé (e) ?
4. Faut-il avoir un compte en banque pour pouvoir faire une demande de crédit ?
5. Réclament-ils du répondant ?
6. Quel est le taux des intérêts ?
7. Envoient-ils une facture tous les mois ?
8. Que font-ils si le compte est en souffrance ?

FAUTES À ÉVITER

Ne confondez pas **être mis à pied** avec **être mis à la porte**. Le patron met ses ouvriers à pied pendant quelque temps quand il n'a plus de travail à leur donner. Il les met à la porte quand il n'est pas satisfait de leur travail.

L'expression **mettre à la porte** a deux synonymes : **congédier** et **renvoyer**.

Employez les expressions appropriées dans les phrases suivantes.

1. Le patron a menacé de le _congédier_
2. Si l'économie continue à ralentir, il va falloir _mettre à pied_ beaucoup d'ouvriers.
3. Il m'a dit que si mon attitude continue, il va me _mettre à la porte_
4. Vu la compétition, il y a beaucoup d'employés _renvoyé_
5. Il faut bien _à pied_ les vendeuses quand il y a peu de clients.
6. Si elle ne pointe pas à l'heure, elle va être _congédier_
7. Il ne s'entendait avec personne et il a été _renvoyé_
8. Si le patron perd de l'argent, les ouvriers vont être _mis à pied_

Ne confondez pas **prêter** avec **emprunter**. Avec le premier, on donne et avec le second, on reçoit.

1. Il faut que j'aille _emprunté_ de l'argent à la banque.
2. Je lui ai _prêté_ du fric pour qu'il puisse s'acheter une guitare.
3. Si l'on _emprunte_ de l'argent, on doit payer des intérêts.
4. Pourriez-vous me _prêter_ votre livre ?
5. Si vous ne voulez pas de dettes, ne _empruntez_ pas.
6. Je suis fauché. Tu veux me _prêter_ du pèze [fam.] ?
7. Si tu me _prêtes_ ta voiture, je te la rendrai tout de suite.
8. Ne lui _prête_ pas ton stylo. Il te le cassera.

SUJETS DE CONVERSATIONS POUR GROUPES DE TROIS OU QUATRE ÉTUDIANTS

1. Pour quelle profession vous préparez-vous ? Pour quelles raisons avez-vous choisi cette profession ?
2. Quelles sont les différentes démarches que vous devrez faire pour trouver du travail lorsque vous serez dans votre dernière année à l'université ?
3. Quels conseils donneriez-vous à une personne qui doit avoir une entrevue avec un employeur éventuel ?
4. Y a-t-il des métiers que vous considérez plus appropriés pour les hommes que pour les femmes ?
5. Dans les siècles précédents, les enfants marchaient souvent sur les traces de leur père, ce qui leur assurait plus ou moins du travail. Préférez-vous avoir la liberté de choisir et pourquoi ? Quelles en sont les conséquences ?
6. Les Français disent que l'argent ne fait pas le bonheur, mais ils ajoutent qu'il y contribue beaucoup. Quelle est votre attitude envers l'argent ? Que considérez-vous être le nécessaire dans votre vie ?

7. À quoi dépensez-vous la plus grande partie de votre argent ? Êtes-vous capable de boucler votre budget ? Qu'éliminez-vous quand vous voulez réduire les frais ?

8. Travaillez-vous à mi-temps ? Où ? Quels en sont les avantages et les inconvénients ?

9. Avez-vous ou quelqu'un de votre famille a-t-il jamais reçu des indemnités de chômage ? Discutez le pour et le contre.

10. Avez-vous déjà souffert des conséquences d'une ou plusieurs grèves ? Lesquelles ? Comment avez-vous été impliqué(e) ?

11. Est-ce que le droit de faire la grève devrait exister aussi pour les fonctionnaires américains (professeurs, aiguilleurs, pompiers, facteurs, postiers, agents de police, etc.) ? Un syndicat peut-il survivre sans ce droit ?

12. Quelles améliorations souhaiteriez-vous voir s'accomplir dans les conditions de travail aux États-Unis ?

LES GESTES EXPRESSIFS

Un Français qui a besoin d'argent et veut le faire comprendre à quelqu'un qu'il connaît bien se frotte le pouce sur l'index et dit : « Du fric ! ». Le geste d'ailleurs suffit par lui-même. Vu que ce n'est pas un geste très élégant, les femmes de la génération précédente l'employaient très rarement. Ce geste existe aussi aux États-Unis.

Décrivez les conditions dans lesquelles vous avez déjà vu ce geste international. Qui est le plus susceptible de l'employer aux États-Unis ? Pourquoi ?

DÉBATS

couple of sentences y chiens in relation to

Etudie pour Mardi

Toute la classe participe.

1. Discutez les conditions de travail pour la femme. L'égalité existe-t-elle lorsqu'il s'agit d'embauchage, de salaire, de promotion, etc. ? Les femmes sont-elles harcelées par leurs collègues mâles ou par leur patron ? Donnez des exemples.

2. Pendant longtemps, ce fut le rôle du mari de subvenir aux besoins de sa femme. De nos jours, les femmes travaillent et parfois rapportent plus d'argent à la maison que le mari. Discutez les changements dans la structure familiale et sociale que ces circonstances vont nécessiter. Quel serait, d'après vous, l'ordre idéal ?

3. Est-ce le rôle de l'université de préparer les étudiants pour un métier particulier ou est-ce de donner une éducation générale qui leur permette plus tard d'apprendre les techniques nécessaires au métier qu'ils ont choisi ? Y a-t-il des dangers à transformer une université en école professionnelle ? Défendez votre opinion personnelle.

4. Discutez les problèmes causés par l'inflation. D'après vous y a-t-il des remèdes possibles ?

ACTIVITÉS POSSIBLES

1.   Faire des recherches sur les carrières où le français est nécessaire. Lire les livres et dépliants disponibles au bureau de placement et chez les conseillers de l'université. Faire une liste des carrières. Inclure la description, les possibilités de travail, les qualifications demandées.
2.   Lire les petites annonces dans plusieurs journaux américains. Choisir des exemplaires des villes de l'ouest, de l'est, du sud, du nord, des grandes villes, des villes moyennes. Faire une liste des emplois disponibles où la connaissance du français est demandée ou recommandée. Écrire en français un résumé des conclusions que vous en avez tirées.
3.   Écrire une lettre de demande d'emploi destinée à convaincre un employeur que vous avez toutes les qualifications requises pour le poste.

LES INTERJECTIONS

(suite)

Outre les cris et les onomatopées, les interjections peuvent être des noms, des verbes ou des adjectifs. Un Français dit :

1.   « Par exemple ! », « Ma parole ! », « Tiens ! » pour exprimer la surprise.
2.   « Comment ! », s'il n'a pas bien entendu et veut faire répéter.
3.   « Au secours ! » dans une situation désespérée quand il a besoin d'aide.
4.   « Courage ! » quand il encourage quelqu'un.
5.   « Bravo ! » quand il applaudit.
6.   « Attention ! » quand il avertit quelqu'un d'un danger.
7.   « Allons, allons ! » pour consoler quelqu'un.
8.   « Alors ! » à tout bout de champ. Quelquefois pour attirer l'attention de quelqu'un, il dit : « Alors ! Tu viens ? » Mais la plupart du temps le mot n'a pas de signification spéciale : "Alors, au revoir."

Employez ces conjonctions dans des phrases appropriées.

Ex : Ma parole ! Je ne m'attendais pas à vous voir ici.

CONSEILS PRATIQUES DE PRONONCIATION
La Prononciation de G

I.   Le **g** est prononcé comme un **j** quand il est suivi d'un **e**, d'un **i** ou d'un **y**.
surgelé, gingembre, gymnastique
II. Le **g** est prononcé comme le **g** du mot anglais ***gargle*** :
1.   Quand il est suivi d'un **a**, d'un **o** ou d'un **u**.
gâteau, goûter, guttural
2.   Quand il est suivi par **ue** ou **ui**. Dans ce cas le **u** n'est pas prononcé.
guerre, guide
Il y a quelques exceptions où le **u** est prononcé comme une demi-voyelle.
aiguille

3.   Quand il est suivi d'un **l**, d'un **m**, d'un **r** ou d'un autre **g**.

      glaçon, augmenter, gros, aggraver, agglomérer

III.   Le **g** est prononcé comme une consonne nasale comparable au ***ny*** de ***canyon*** quand il est suivi d'un **n**.

      montagne, signe

      Il y a quelques exceptions où le **g** et le **n** sont prononcés séparément.

      stagnant, diagnostic

IV.   Le **g** n'est pas prononcé :

1.   Quand il est à la fin d'un mot.

      long, rang

2.   Quand il est placé entre deux consonnes.

      longtemps, vingt, sangsue

Lecture

Lisez à haute voix.

Pour les jeunes Français de notre époque, il devient de plus en plus difficile de gagner leur vie. Actuellement toutes les carrières sont bouchées. En France il y a trop de médecins, trop de professeurs, trop d'ingénieurs, trop d'infirmières, trop de comp-

La guérite du militaire.

tables, etc. Le travail manuel pour ceux qui n'ont pas poursuivi d'études est tout aussi difficile à trouver. Le chômage a atteint des proportions alarmantes. Les Français blâment cette situation sur le trop grand nombre d'émigrants en France, spécialement sur les Algériens. On a essayé sans succès de payer de fortes sommes aux étrangers qui accepteraient de retourner chez eux.

Le président Mitterand a pensé alléger le problème en donnant à tous les Français cinq semaines de vacances obligatoires au lieu des quatre qu'ils avaient déjà. Le nombre d'heures de travail par semaine va diminuer d'une heure tous les ans jusqu'à ce qu'on ne travaille plus que trente-cinq heures. Ceci semble être un gros avantage pour les Français. Certains cependant s'inquiètent des conséquences sur l'économie. L'inflation, qui déjà court à forte allure, va-t-elle s'aggraver et causer la faillite des quelques patrons qui jusqu'à présent arrivaient encore à tenir tête à la compétition des produits étrangers ? Si c'est le cas, les usines nationalisées se multiplieront au dépens des usines où les ouvriers sont associés aux bénéfices ; les syndicats demanderont de plus hauts salaires et les grèves continueront à paralyser tout le pays. La grève, qui se déclare pour des raisons politiques aussi bien qu'économiques, est un fléau qui s'abat presque quoditiennement sur les Français. D'un jour à l'autre, ils peuvent être sans électricité, sans eau, sans courrier, sans transport. Vivant tous les jours dans l'insécurité, les jeunes Français sont devenus très pessimistes sur leur avenir. Leurs parents qui craignent la possibilité de la faillite de l'assurance sociale ne le sont pas moins. Dans un pays où il y a tant de chômeurs, comment va-t-on pouvoir continuer à payer les allocations familiales, les indemnités de chômage, une grande partie des factures des médecins, des hôpitaux, des dentistes et l'allocation des vieux ?

Il va sans dire que les jeunes étudiants français déjà si inquiets pour leur avenir ont beaucoup de difficultés aussi à trouver du travail à mi-temps. Les possibilités sont minimes : un peu de « baby-sitting », peut-être quelques remplacements dans les magasins en été quand les vendeurs sont partis en vacances. S'ils ont de la chance, ils comptent peut-être sur des relations qui leur donneront un coup de piston. Pour la plupart, ils doivent compter sur leurs parents pour leur entretien.

to promote ?

VOCABULAIRE À SAVOIR

les métiers

l'aiguilleur *air controller*	*fireman* le pompier
l'avocat(e)	le postier(e)
le banquier	le teinturier
le bijoutier	le vendeur
le coiffeur	travailler dans l'informatique
le commis voyageur *traveling salesman*	le bureau de placement
le comptable	*work* le boulot (fam.)
le facteur (factrice)	l'emploi
le fonctionnaire	le poste
l'infirmière	*step* une démarche
le médecin	*opportunity* des débouchés
le menuisier *carpenter*	les affaires
le pharmacien(ne)	*hiring* l'embauchage

le chômage
le chômeur
les indemnités de chômage
l'allocation familiale
faire une demande d'emploi

travailler à mi-temps
être expérimenté
have pull — avoir un coup de piston (fam)
mess, fam — être dans le pétrin
marcher sur les traces de son père

l'usine

workshop — l'atelier
Factory — la fabrique
steel mill — l'aciérie
paper mill — la papeterie
officials — les cadres
foreman — le contremaître
les ouvriers *workers*
le syndicat *union*

to hire — embaucher
clock in, out — pointer
overtime — faire des heures supplémentaires
strike — faire la grève
bankrupt — faire faillite
to master(?) — licencier
lay off — mettre à pied
fire, dismiss — congédier
fire — mettre à la porte

la banque

bank account — un compte en banque
apply for loan — une demande de crédit
down payment — les arrhes
interest rate — le taux d'intérêt
overdrawn acct — un compte en souffrance
bill — la facture
a sum of $ — une somme d'argent
workers sal. — le salaire d'un ouvrier
fees — les honoraires d'un avocat
? perfunctory — le traitement d'un fonctionnaire
spend — dépenser
waste — gaspiller
short of $ — être à court d'argent

broke — être fauché (fam.)
totally deprived — se priver de tout
reduce expenses — réduire les frais
have debts — avoir des dettes
buy on credit — acheter à crédit
borrow — emprunter
have security — avoir du répondant
pay cash — payer comptant
gain money — gagner du fric (fam.)
cash a check — toucher un chèque
make ends meet — boucler son budget
budget — économiser
provide for s.o. — subvenir aux besoins de quelqu'un
assist

le bureau

le patron
le personnel
la secrétaire
typist — la dactylo

la sténo
la machine à écrire
filing cab. — le classeur
folder — les chemises

photocopier
taper à la machine

C'est pour mes enfants que j'ai gardé tout cela et voilà que ma fille vient de me dire qu'elle aimerait y donner un bon coup de balai.

clean sweep
(throw everything out)

MICRO-CONVERSATIONS

Apprenez les dialogues par cœur, puis faites les changements suggérés.

I. On désire se relaxer

> — Nous avons travaillé dur toute la semaine. Venez donc au cinéma avec moi ce soir.
> — Non, merci. Je suis fatigué et j'ai envie de retourner chez moi ce week-end.
> — Vous plaisantez. Vous allez vous ennuyer à la campagne.
> — Pas du tout. Il y a toujours de quoi se distraire dans un village.

A. Le style de ce dialogue est soigné. Refaites-le en français familier.
Suggestions :
1. Employez le tutoiement et remplacez **nous** par **on**.
2. Remplacez les expressions châtiées par des expressions familières :

travailler dur	potasser
le cinéma	le ciné ou le cinoche
fatigué	esquinté
plaisanter	blaguer
s'ennuyer	végéter
à la campagne	dans ton bled _boondocks_
un village	un patelin

B. Refaites le dialogue en remplaçant les noms ou pronoms par ceux qui suivent et faites les changements nécessaires.

	le cinéma	**moi**	**la campagne**	**un village**
1.	la discothèque	la maison	cette ville	nous
2.	un bar	la ferme	les champs	une ferme
3.	les copains	mes parents	eux	une grande maison
4.	une boîte de nuit	ma chambre	cette prison	ma résidence
5.	Bob	mon appartement	vous	l'université
6.	le bowling	le bercail	vos foyers	mon père

II. On parle de la maison de ses parents

> — Il y a beaucoup de pièces chez mes parents.
> — C'est bien. Moi, j'aime les grandes maisons.
> — Oui, mais le pire c'est le nettoyage.
> — Qu'importe. C'est agréable d'avoir de l'espace.

la chambre est privée, la salle est partagée

Refaites le dialogue en remplaçant certaines expressions ou verbes par ceux qui suivent et faites les changements nécessaires.

il y a beaucoup	aimer	le pire c'est	avoir
1. il y a . . . nombreuses pièces	désirer vivre dans	vous ferez	avoir un peu
2. nous avons ajouté	aimer beaucoup	nous faisons tout	ne pas être privé de *deprived*
3. il y a assez	ne jamais avoir habité	il faut faire	jouir de
4. nous avons ajouté . . . *de* nouvelles pièces	préférer	je n'aime pas	ne pas man-quer de
5. il y a . . *des* pièces immenses	aimer toutes	pensez-vous à	avoir bien
6. nous avons . . . pièces en quantité	admirer	c'est trop	disposer de

à cause de "s" pas de "s" à cause de l'adjectif

RAPPEL GRAMMATICAL

L'Emploi du futur dans les propositions qui commencent avec QUAND, LORSQUE, AUSSITÔT QUE, DÈS QUE

Wed

I.   Si l'action dans la proposition principale et l'action dans la proposition subordonnée sont simultanées et qu'il s'agit d'un fait futur, on emploie le futur dans les
deux propositions.

    Dès qu'elle arrivera, je partirai.

II. Si l'action dans la proposition subordonnée est achevée avant l'action dans la
proposition principale et qu'il s'agit d'un fait futur, on emploie le futur antérieur
dans la proposition subordonnée et le futur dans la proposition principale.

    Aussitôt qu'il aura pris son bain, il descendra.

III. Si l'on a un impératif ou un présent ayant la force d'un impératif dans la proposition principale, et qu'il s'agit d'un fait futur dans la proposition subordonnée, on
emploie le futur dans la proposition subordonnée.

    Dis-le-lui aussitôt qu'il arrivera.

    Je te demande de lui dire quand il arrivera.

IV. Si la proposition subordonnée est une interrogation indirecte, c'est-à-dire si la
proposition principale contient un verbe comme **se demander, ignorer, savoir**, etc., et que le verbe de la proposition principale est au futur, au présent ou
à l'impératif, on met le verbe de la proposition subordonnée au futur. Ce cas ne
se présente qu'avec **quand**.

    Je ne sais pas quand il reviendra. (quand = à quelle heure)

les verbes et les adjectifs sont les plus important dans l'examen!!! agréement

III. On construit des châteaux en Espagne

> — Quand j'emménagerai dans une maison à moi, je la meublerai en style moderne.
> — Moi, je mettrai des coussins partout aussitôt que j'aurai mon propre appartement.
> — Je me demande quand nous nous arrêterons de rêver.
> — Dès que nous aurons fini de regarder les illustrations de la revue « Maison et Jardin ».

Refaites le dialogue en remplaçant les verbes par ceux qui suivent.

la meubler en style moderne
1. la peindre en jaune
2. la décorer de peintures abstraites
3. acheter une moquette beige
4. faire venir un tapis persan
5. pendre la crémaillère
6. s'occuper du jardin

mettre des coussins partout
recouvrir les murs de panneaux de bois
chercher des sculptures
choisir mes rideaux
suspendre un lustre
inviter tous mes amis
placer des plantes vertes partout

s'arrêter de rêver
1. cesser de rêvasser
2. devenir millionnaires
3. se remettre à notre rédaction

4. pouvoir payer tout cela
5. retourner à notre travail
6. en avoir les moyens

finir de regarder les illustrations de la revue « Maison et Jardin »
fermer la revue « Maison et Jardin »
sortir de l'université
terminer la lecture de cette revue « Maison et Jardin »
entrer dans la vie active
jeter cette revue « Maison et Jardin »
gagner un peu d'argent

RAPPEL GRAMMATICAL

Les Adjectifs qualificatifs

I. La place de l'adjectif français
  A. En général, les adjectifs qualificatifs épithètes sont placés après le nom.
       un tapis épais
  B. Un certain nombre de courts adjectifs tels que bon, beau, court, long, grand, vieux, joli, jeune, mauvais, petit, nouveau sont placés devant le nom.
       un beau tableau
  C. Certains adjectifs tels que propre, pauvre, cher, ancien, etc. changent de signification s'ils sont placés avant ou après le nom.
       un pauvre homme *(an unfortunate man)*, un homme pauvre *(a poor man)*
  D. L'adjectif **grand**, qui se place en général devant le nom, signifie **great** quand il est devant un nom représentant une personne et **tall** ou **big** dans les autres

neuf - brand new
nouvelle - new for owner

cas. Pour qu'il ait cette dernière signification avec un nom représentant une personne, il faut le placer après le nom.

un grand homme *(a great man)*, un homme grand *(a tall man)*

II. La forme féminine de l'adjectif

A. Dans la langue parlée, si l'adjectif se termine par une voyelle ou une consonne prononcée, on n'entend pas de différence entre le masculin et le féminin.

joli, jolie ; net, nette

B. La formation du féminin n'est pas toujours le seul emploi du **e**. Ainsi les adjectifs qui se terminent :

1. En **eil, el, en, et, on, s** doublent la consonne finale au féminin.

un mot cruel, une femme cruelle

2. En **c** forment leur féminin en **que**.

le transport public, l'opinion publique

3. En **eur** forment leur féminin en **euse**.

un enfant trompeur, une apparence trompeuse

4. En **eux** forment leur féminin en **euse**.

un homme heureux, une femme heureuse

5. En **teur** forment leur féminin en **trice**.

un toit protecteur, une visière protectrice

6. En **f** forment leur féminin en **ve**.

un ton bref, une histoire brève

C. Certaines irrégularités ne peuvent être classifiées.

blanc, frais, sec, franc	blanche, fraîche, sèche, franche
beau (bel), nouveau (nouvel)	belle, nouvelle
vieux (vieil)	vieille
doux, faux, roux	douce, fausse, rousse
favori	favorite

III. La forme pluriel de l'adjectif

A. Les adjectifs terminés par un **x** ne changent pas au masculin pluriel.

un vieux chat, de vieux livres

B. Les adjectifs terminés par un **eau** prennent le pluriel en **x**.

le nouveau fauteuil, les nouveaux cendriers

C. Certains adjectifs en **al** changent en **aux**.

un geste brutal, des hommes brutaux

IV. On vit dans un appartement

— J'ai vu des lampes sensationnelles en ville.
— Nous aurions plutôt besoin d'une grande bibliothèque.
— Nous n'avons pas de place. La propriétaire va nous apporter un canapé convertible.
— Alors mes livres resteront au-dessus de la vieille commode.

Refaites le dialogue en remplaçant les adjectifs par ceux qui suivent

sensationnel	**grand**	**convertible**	**vieux**
1. beau	nouveau	vert	bancal
2. charmant	long	volumineux	petit
3. bas	spacieux	ancien	neuf
4. épatant	haut	confortable	gros
5. joli	solide	immense	branlant
6. élégant	modeste	retapé (fam.)	minuscule

AMUSONS-NOUS

A. *Dans les listes qui suivent, il y a deux mots qui manquent. Vous pouvez trouver ces mots en étudiant la relation qui existe dans les associations de mots qui les précèdent.*

> **Ex :** le divan, le salon ; le lit, la chambre ; la baignoire, . . . ; le billard, . . . ;
> la baignoire, la salle de bains ; le billard, le sous-sol ;

1. propre, sale ; accélérer, ralentir ; travailleur, . . . ; blanc, . . . ;
2. tirer, virer ; nuit, luit ; percer, . . . ; fausse, . . . ;
3. faire, fer ; autel, hôtel ; pair, . . . ; mets, . . . ;
4. bague, bijou ; aspirateur, appareil ; fauteuil, . . . ; trompette, . . . ;
5. nier, rein ; essor, rosse ; mon, . . . ; écart, . . . ;
6. soulier, pied ; gant, main ; chapeau, . . . ; alliance, . . . ;
7. petit, rapetisser ; laid, enlaidir ; grand, . . . ; large, . . . ;
8. fleur, leur ; blague, bague ; clouer, . . . ; chou, . . . ;
9. roux, rouge ; brun, noir ; blond, . . . ; châtain, . . . ;
10. flic, agent ; pote, ami ; fric, . . . ; type, . . . ;

B. *On divise la classe en groupes. Le professeur écrit un nom au tableau. Chaque groupe prend son tour pour donner un adjectif qui convient au nom. On perd un point si l'un des élèves donne un adjectif qui ne convient pas ou qui ne s'accorde pas en genre et en nombre avec le nom. Le groupe gagnant est celui qui a le plus de points. On recommence avec un autre nom.*

C. *Dans la liste qui suit, il y a quatorze expressions qui ont une expression homonyme dans cette même liste. Trouvez les quatorze expressions et leur homonyme.*

1. j'ai mieux	17. il l'a lu mais	33. pastel
2. verre glacé	18. a le temps	34. des plans nets
3. nage	19. les près	35. tétais-tu
4. Jean vient	20. je n'entends pas	36. verglacer
5. à demain	21. j'aime mieux	37. elle a beau coudre
6. n'ai-je	22. lever	38. à la menthe
7. paraissent	23. passe-t-elle	39. j'en viens
8. pastèque	24. haletant	40. des plats nets
9. lépreux	25. j'ai toussé	41. pas de radis
10. à deux mains	26. Jeanne vient	42. paraissant

11. pastille	27. pas de steak	43. je n'attends pas
12. paradis	28. te tais-tu	44. tu la fais
13. le ver	29. paresse	45. il l'allumait
14. à l'amante	30. tu l'as fait	46. j'ai tous ces
15. neige	31. les preux	47. des planètes
16. elle a beaucoup de	32. à l'étang	48. je n'en tends pas

RÉPLIQUES LIBRES

Voir le premier chapitre pour les instructions.

La maison des parents

1. Je n'avais jamais vu la nouvelle maison de vos parents. L'ont-ils fait construire ou sont-ils allés à une agence immobilière ?
2. Elle est très grande. Combien de pièces y a-t-il ?
3. Quelle sorte de chauffage ont-ils ?
4. Il faut que je m'asseye dans ce fauteuil. Il est en cuir, n'est-ce pas ?
5. Quelle belle cheminée ! Y brûlez-vous des bûches quelquefois ?
6. J'aime beaucoup les doubles rideaux assortis au papier peint. Qui les a choisis ?
7. Est-ce que vos parents reçoivent beaucoup dans cette grande salle à manger ?
8. Je m'excuse, mais pourriez-vous me dire où se trouvent les toilettes ?

Un beau salon.

Les corvées dans une maison

1. Aidez-vous vos parents avec les travaux ménagers ?
2. Qui fait la vaisselle ?
3. Est-ce que vos parents pensent acheter un lave-vaisselle bientôt ?
4. Videz-vous la poubelle ?
5. Savez-vous faire les lits ?
6. Chez moi, il faut épousseter tous les jours. Et ici ?
7. Qui passe l'aspirateur sur cette belle moquette ?
8. Je déteste ranger les placards. Y en a-t-il beaucoup ici ?

On fait voir le jardin

1. Quelle chance d'avoir un jardin aussi grand. C'est impossible en pleine ville. Est-ce votre père ou votre mère qui s'en occupe ?
2. L'herbe pousse bien. Ont-ils mis de l'engrais ?
3. Qui retaille les branches et les arbustes ?
4. Je vois des rosiers. Craignent-ils le soleil ?
5. Quand est-ce que vos parents vont planter ces bulbes de tulipes ?
6. Que font-ils contre les moustiques et les insectes ?
7. Ont-ils l'intention d'avoir un jardin potager ?
8. Tondez-vous et arrosez-vous la pelouse pour eux quelquefois ?

On emménage dans un appartement avec un copain ou une copine

1. C'est chouette que nous ayons pu louer cet appartement ensemble. Trouves-tu le loyer raisonnable ?
2. Combien est-ce que le déménageur va nous demander ?
3. J'aurais préféré être au rez-de-chaussée. Le déménageur a-t-il eu du mal à monter ton canapé au premier étage ?
4. Devrions-nous envoyer notre linge à la blanchisserie ou faire la lessive nous-même ?
5. As-tu demandé où il y a une machine à laver et un séchoir ?
6. On a pas mal de draps. Aurons-nous besoin de plus de couvertures ?
7. Je sens des courants d'air. Y a-t-il des survitrages ?
8. Tiens ! L'ancienne locataire a démoli la plaque électrique. Quand est-ce que la propriétaire va s'en occuper ?

Il n'y a qu'une seule salle de bains

1. Laisse-moi employer la salle de bains d'abord. Tu n'es pas pressé(e), n'est-ce pas ?
2. Veux-tu employer le lavabo pendant que je serai dans la baignoire ?
3. Dis donc. L'eau n'est pas très chaude. Est-ce que le chauffe-eau marche ?
4. As-tu dit à la propriétaire que le pommeau de la douche ne fonctionne pas bien ?
5. Passe-moi ta savonnette. Est-elle parfumée ?
6. J'ai les mains mouillées. Où as-tu mis les serviettes de toilette ?
7. Je voudrais brancher mon rasoir. Où est la prise de courant ?
8. N'est-ce pas admirable que nous nous entendions si bien, même avec une seule salle de bains à notre disposition ?

FAUTES À ÉVITER *souviens- manquer à*

L'emploi du verbe **manquer** est complexe. La structure des phrases françaises ne suit pas nécessairement celle des phrases anglaises.

I.   Dans certains cas, les sujets anglais deviennent des compléments d'objet indirect en français.

Leurs parents leur manquent beaucoup.	They miss their parents very much.
Il me manque de l'argent. *partitive*	I am missing some money.
	ou I do not have enough money.
L'argent me manque.	I lack money.

II.   Le verbe **manquer** peut remplacer un adverbe anglais.

ici   J'ai manqué de me couper le doigt.   I almost cut my finger. *ou failli me couper.*

III.   Une phrase affirmative peut avoir un sens négatif.

J'ai manqué à mon devoir.   I did not perform my duty.

IV.   La structure française peut être semblable à la structure anglaise.

J'ai manqué l'autobus.   I missed the bus.

Traduisez les phrases suivantes en français.

1.   My parents miss me.
2.   We almost left for France.
3.   He lacks many things.
4.   Do not miss the class.
5.   Are you missing a billfold?
6.   My friends do not have enough money to buy this lamp.
7.   He misses her very much.
8.   You almost fell on the stairs.
9.   I have enough plates.
10.   We lack nothing.
11.   Will you miss me?
12.   I do not want to miss the plane.
13.   We did not carry out our responsibilities.
14.   One of my towels is missing.

Il me manque un de mes serviettes.

SUJETS DE CONVERSATION POUR GROUPES DE TROIS OU QUATRE ÉTUDIANTS

1.   Parlez des avantages et des inconvénients de vivre dans les résidences universitaires.
2.   Préférez-vous vivre dans un appartement avec des camarades ? Pourquoi ?
3.   Dans un appartement est-ce que les locataires ont des devoirs envers le propriétaire et vice versa ? Lesquels ?
4.   Quels appareils électriques ou autres avez-vous à votre disposition dans votre appartement ou à la résidence ?
5.   Comment aimez-vous décorer votre appartement ou votre chambre ? Aimez-vous les peintures, les fleurs, les plantes vertes, les bibelots, les objets d'art, etc. ?
6.   Décrivez votre dernier déménagement.
7.   Quelles corvées devez-vous faire quand vous retournez chez vos parents ?

Chez soi.

8. Quand vous aurez les moyens d'acheter une maison, quelle sorte de maison chercherez-vous ? En bois, en briques, en pierre ? À un seul étage ou à plusieurs ? Moderne ou coloniale ? Avec des poutres au plafond ou avec un plafond de plâtre ? Etc.
9. Quelles sortes de meubles achèterez-vous ?
10. Aurez-vous un jardin ? Si oui, que ferez-vous pour le garder en bon état ?
11. Préférez-vous vivre à la campagne ou en ville ? Aimez-vous les grandes villes ? Pourquoi ?
12. Décrivez la maison de vos parents.

LES GESTES EXPRESSIFS

En France, quand quelqu'un est paresseux, on dit qu'il a un poil dans la main. Cette expression est quelquefois accompagnée du geste de tirer sur un poil imaginaire poussant au milieu de la main.

Essayez d'expliquer la relation entre le geste et la paresse.

DÉBATS

Toute la classe participe.

1. Discutez l'âge où les enfants doivent quitter pour de bon la maison paternelle. Un(e) jeune adulte doit-il (elle) retourner chez ses parents après l'université ? Quelle est votre attitude envers les jeunes gens qui restent chez leurs parents jusqu'à l'âge de vingt-cinq ans ou plus ? Pensez-vous que la situation soit au détriment des parents aussi bien que des enfants ? Connaissez-vous des parents qui encouragent cette situation ? Quelles peuvent être leurs raisons ?

2. Le rôle de la femme dans une maison est-il nécessairement différent de celui de l'homme ? Existe-t-il des préjugés traditionnels ? Comment concevez-vous votre rôle lorsque vous serez marié(e) et chez vous ?

3. Discutez les changements architecturaux et sociaux causés par les prix astronomiques du chauffage et de l'électricité. L'avenir va-t-il amener un nouveau mode de vie ? Y aura-t-il un problème de surpopulation dans les régions chaudes ?

4. À l'avenir sera-t-il plus avantageux d'acheter ou de louer ? Discutez les intérêts sur les prêts, les impôts fonciers, les soucis d'un propriétaire (le robinet qui fuit, le toit qui a besoin d'être réparé, etc.). Dans certaines régions des États-Unis, le coût des maisons a atteint des proportions ridicules. Quelles pourraient en être les conséquences ?

ACTIVITÉS POSSIBLES

1. Trouver des revues françaises telles que « Maison et Jardin ». Après avoir examiné les maisons représentées, chercher les détails qui les rendent différentes des maisons américaines. Faites une liste de ces détails.

2. Transformer la classe en agence immobilière. Les étudiants se sont préparés en découpant des maisons et des intérieurs dans des revues ou des journaux. Ils ont fait des listes des traits caractéristiques qui devraient attirer les clients. La moitié de la classe vend et l'autre achète. On renverse les rôles.

3. Écrire un dialogue entre un jeune homme et une jeune femme qui ne sont pas du même avis sur leurs rôles respectifs à la maison.

EXPRESSIONS IMAGÉES ASSOCIÉES À LA MAISON

Il existe de nombreuses expressions imagées associées à la maison. En voici quelques unes :

1. « On ne mélange pas les torchons avec les serviettes » si l'on évite d'inviter des personnes d'un rang social différent.

2. « Le torchon brûle » s'il y a dispute entre deux époux ou deux amis.

3. « On est dans de beaux draps » lorsqu'on est dans une situation difficile.

4. « On arrose » sa promotion ou son succès quand on les fête en offrant un verre à ses amis.

5. « On montre de quel bois on se chauffe » quand on se montre sévère avec quelqu'un.

6. « On lave son linge sale en famille » c'est-à-dire qu'on garde secret les problèmes de la famille.
7. « On donne un tuyau » à quelqu'un quand on lui donne un renseignement utile.
8. « On est bâti comme une armoire à glace » quand on est grand et fort.
9. « On fait tapisserie » quand on reste assis(e) sans participer à un bal ou à une soirée.
10. « On remet quelque chose sur le tapis » quand on reprend une conversation que l'on avait laissé tomber.
11. « On jette une pierre dans le jardin de quelqu'un » quand on fait une remarque qui intentionnellement ou non attaque un interlocuteur.
12. « On trie sur le volet » quand on choisit avec soin.

Employez ces expressions dans des phrases appropriées.

Ex : Il n'a pas invité ses cousins parce qu'il ne voulait pas mélanger les torchons avec les serviettes.

CONSEILS PRATIQUES DE PRONONCIATION
Les Liaisons obligatoires

La syllabe française caractéristique commence par une consonne.

Ne-ré-pé-tez-pas-la-con-ver-sa-tion.

Lorsqu'un mot commence par une voyelle, toutes sortes de changements peuvent avoir lieu pour remédier à la situation. Un de ces changements est la liaison. Si un mot qui commence par une voyelle est précédé d'un mot qui se termine par une consonne muette, il emprunte cette consonne et la prononce avec la voyelle.

Un petit animal un-pe-ti-ta-ni-mal

Dans une liaison, le **s** et le **x** se prononcent comme un **z**. Le **d** se prononce comme un **t**.

Elle est très aimable. Elle est trè-zai-mable. Un grand homme. Un gran-t(h)omme.

La liaison n'est pas automatique. Il y a des liaisons obligatoires, des liaisons interdites et des liaisons facultatives. Pour simplifier les nombreux cas de liaisons obligatoires, on peut suivre les principes suivants :

I. Tous les déterminants et les adjectifs placés **devant** le nom se lient entre eux et avec le nom.

Un excellent enfant, ses autres amis, trois exceptions

II. Tous les **pronoms** placés **devant** ou **après** le verbe se lient entre eux et avec le verbe.

Vous en apportez. Allez-y. Il nous en a acheté.

III. Les prépositions et les adverbes d'une seule syllabe se lient avec le mot qui suit.

Il l'a mis dans une boîte. C'est très amusant.

IV. Les expressions impersonnelles **c'est** et **il est** se lient avec le mot qui suit.

C'est un beau voyage. Il est impossible.

Lecture

Lisez à haute voix.

Dans l'architecture française, l'ancien et le moderne se côtoient souvent ; l'ancien étant situé au centre de la ville et le moderne dans la périphérie. Le moderne reste plus ou moins uniforme dans les diverses régions françaises, mais l'ancien reflète toujours un style régional. Les maisons alsaciennes à colombages, fleuries de géraniums rouges, ne ressemblent pas aux maisons bretonnes en pierre blanche, d'aspect sombre et austère. Dans le nord, région très industrielle, les maisons aux toits d'ardoises, séparées les unes des autres par un mur unique, diffèrent des maisons du sud avec leurs toits de tuiles rouges et leurs jardinets.

Pourtant il y a certaines choses que toutes ces maisons possèdent en commun. D'abord ce sont les volets qui le soir protègent les propriétaires des regards des indiscrets, et le jour garantissent l'ameublement des rayons du soleil. Ensuite ce sont les murs et les haies qui clôturent tout jardinet ou toute cour. Il est impératif pour un Français de pouvoir sauvegarder son intimité.

L'intérieur d'une maison française est rarement conçu pour le confort et si les meubles sont généralement beaux, ils invitent peu à se délasser. Les pièces sont souvent encombrées d'objets d'art, de bibelots, de souvenirs de voyage, de tableaux, etc. En général, la plomberie laisse beaucoup à désirer. Après tout, il n'a pas été facile d'installer les commodités modernes dans une maison qui n'avait pas été construite pour cela. Le génie français, cependant, a réussi à inventer des appareils spéciaux qui s'adaptent aux circonstances. Un exemple est le chauffe-eau qui est placé au-dessus de l'évier ou de la baignoire et qui fournit de l'eau chaude instantanément.

Comme on ne démolit guère en France, les nouvelles maisons restent dans la minorité. L'amour des vieilles pierres est encore bien ancré dans le cœur des Français. Ceci, plus le coût de la vie, explique la dernière vogue qui consiste à acheter de vieilles fermes, de vieux manoirs, des bergeries, pour les restaurer et en faire des maisons de campagne.

On voit très peu de maisons en bois en France. Tout Français est très surpris et légèrement désappointé lorsqu'il arrive aux États-Unis. Il considère ces maisons en bois, pourtant si attrayantes et si diverses, peu solides et il ne peut absolument pas comprendre qu'on ne clôture pas sa propriété.

VOCABULAIRE À SAVOIR

l'agence immobilière

le déménagement	les impôts fonciers
le propriétaire	louer ou acheter une maison
le locataire	déménager
le loyer	emménager

la maison

la maison en briques, en bois, en pierres	les volets
le toit en ardoises, en tuiles	le premier étage

le rez-de-chaussée
le grenier *attic*
le nombre de pièces *rooms*
les fenêtres
le survitrage *storm window*
draft
les courants d'air *curtains*
les rideaux

les doubles rideaux *drapes*
le chauffage
les plafonds en plâtre *drop ceiling?*
les poutres *beam (f)*
le parquet *wood floor*
la plomberie
les prises de courant *wall plugs*

les appareils électriques
brancher *plug in*
se chauffer *warm oneself*
avoir de l'espace
meubler une pièce *furnish*
faire les travaux ménagers

le salon

le divan *couch*
le canapé neuf *davenport (?)*
le fauteuil en cuir *fireplace* *rocking chair (?)*
la table branlante *shaky*
le tapis *rug*

la moquette *w-to-w carpet*
la bibliothèque
la cheminée
les coussins *pillows*
le briquet *lighter*

le cendrier *ashtray*
les bibelots *statues*
les plantes vertes
brûler des bûches *burn the logs*

la salle de bains

la baignoire *bathtub*
le pommeau de la douche *showerhead*
le lavabo *washbowl*

les toilettes
le chauffe-eau

la savonnette *bar of —*
les serviettes de toilette

le jardin

le jardin potager
le tuyau d'arrosage *hose*
la tondeuse *lawnmower*

les rosiers
mettre de l'engrais *fertilize*

arroser l'herbe *water the grass*
tondre la pelouse *mow the lawn*

la cuisine

la cuisinière *stove*
le four *oven*
les plaques électriques *e. burner*

le réfrigérateur
les placards *cupboard*
le lave-vaisselle *dishwasher*

l'évier *sink*
le robinet qui fuit *leaky fixture*
la poubelle *wastebasket*

la salle à manger

le buffet
le lustre *chandelier*

la nappe *tablecloth*

les serviettes de table

la chambre

le lit
le matelas *mattress*
les draps *sheets*

l'oreiller *pillow*
les couvertures *blanket*

l'armoire *wardrobe*
la penderie *closet*

les corvées

faire les poussières
épousseter avec un chiffon
passer l'aspirateur

faire les lits
mettre la table

faire la vaisselle
faire la lessive

le sous-sol *basement*

la machine à laver
le séchoir

les panneaux de bois

le billard

ON S'OCCUPE
DE SON ANIMAL FAVORI

Hier il a trouvé que sa soupe manquait d'un certain quelque chose.

bavoir - bib

MICRO-CONVERSATIONS

Apprenez les dialogues par cœur, puis faites les changements sugérés.

I. On s'amuse avec un chaton

> — Quand tu auras fini de t'amuser avec le chaton, nettoieras-tu l'ap-
> partement ?
> — Oui, aussitôt qu'il sera disposé à ne plus jouer.
> — Surtout, mets-le dehors dès qu'il sautera sur les meubles.
> — Ne t'inquiète pas. Je le dresserai quand il deviendra trop indiscipliné.

A. Employez le vouvoiement.
B. Refaites le dialogue en remplaçant les verbes par ceux qui suivent.

finir de	**être disposé à**
1. cesser de	vouloir bien
2. en avoir assez de	condescendre à
3. se lasser de	consentir à
4. se fatiguer à	accepter de
5. décider de ne plus	se résigner à
6. résoudre de ne plus	prendre son parti de

sauter sur les meubles	**devenir trop indiscipliné**
1. te griffer	se comporter mal
2. mordiller les pieds de la table	se conduire mal
3. aiguiser ses griffes sur mon divan	s'en approcher
4. miauler	faire trop de bruit
5. virer dans la pièce	se montrer turbulent
6. courir dans la maison	ne pas se tenir bien

II. On admire la perruche de sa voisine

> — Voilà un bel oiseau ! Qu'est-ce que c'est ?
> — C'est une jeune perruche.
> — Ah bon ! J'ai rarement vu des plumes aussi magnifiques.
> — C'est vrai. Mais le ramage ne ressemble pas au plumage.
> Écoutez cette voix rauque.

Refaites le dialogue en remplaçant les adjectifs par ceux qui suivent.

beau	**jeune**	**magnifique**	**rauque**
1. splendide	vieux	vert	déplaisant
2. formidable	apprivoisé	brillant	grinçant
3. joli	petit	lumineux	laid
4. intéressant	impertinent	remarquable	criard

5. nouveau ✗   ✗bavard   ✓long   ✓vilain
6. ✓chouette (fam).   ✗adorable   ✗coloré   ✗désagréable

RAPPEL GRAMMATICAL

Les Pronoms indéfinis

Les pronoms indéfinis ne sont pas exactement des pronoms au sens exact du mot. Ils désignent de façon indéterminée les personnes et les choses.

I. Certains pronoms indéfinis représentent seulement les personnes : autrui, on, personne, quelqu'un, quiconque, n'importe qui, l'un l'autre, qui que.

II. Certains pronoms indéfinis représentent seulement les choses : quelque chose, grand-chose, n'importe quoi, n'importe où, n'importe quand, n'importe comment, n'importe quel, n'importe lequel, quoi que, où que, quel que, tout.

III. Certains pronoms indéfinis peuvent représenter les personnes ou les choses : aucun (aucune), certains (certaines), chacun (chacune), pas un (pas une), plusieurs.

IV. Certains pronoms indéfinis sont toujours suivis par un sujet et un verbe au subjonctif : qui que, quoi que, où que, quel que.

Où que vous alliez, il vous suivra.

V. Les pronoms indéfinis négatifs (aucun, pas un, personne, rien) sont accompagnés de **ne** devant le verbe.

Il n'a parlé à personne.

VI. Les pronoms indéfinis, personne, quelque chose, quelqu'un, rien, prennent la préposition **de** quand ils sont suivis d'un adjectif ou des adverbes **bien, mal, mieux, plus, moins**.

Il a vu quelque chose d'intéressant. Elle n'a rien fait de mal.

Ils prennent la préposition **à** lorsqu'ils sont suivis d'un verbe.

Je n'ai personne à voir.

III. On a des problèmes avec ses voisins

> — Dites donc ! C'est à vous, ce chien ? Il se promène n'importe où.
> — Quoi que vous en pensiez, mon chien se conduit mieux que le vôtre.
> — Ce sale cabot ? Il est détesté de tout le monde.
> — Ne le prenez pas sur ce ton. Vous n'avez rien à dire.

A. Refaites le dialogue en employant le tutoiement.
B. Refaites le dialogue en remplaçant certaines expressions par celles qui suivent, et faites les changements nécessaires.

Max et Georges, des bons amis

NOUS ne sommes pas de la même race, ni de la même couleur, mais notre entente est parfaite. Nos jeux, nos promenades sont partagés. Nous connaissons une vie tranquille : un fauteuil pour la journée, un autre pour la nuit. La vraie vie de château !

Courir dans le jardin et manger sont nos préoccupations les plus importantes. Nous suivons (par maîtres interposés) le régime ordonné par le vétérinaire.

Petit défaut : nous sommes jaloux des enfants.

Nous aussi, on a droit à un article sur « L'Aisne Nouvelle ».

il se promène	vous en pensiez	il est détesté de	dire
1. il fait *n'importe quelles* bêtises	vous disiez	il n'est bien vu de *personne*	intelligent à dire
2. il saute sur *n'importe qui*	vous soyez	il irrite toujours	*à* lui reprocher
3. il aboie à *n'importe qui*	vous croyiez	il ne fait jamais *rien* . . de bien	mal à lui reprocher
4. il urine sur . . . pelouse	soit votre avis	il fait toujours . . . de mal	m'ordonner
5. il mord	vous racontiez	il n'est aimé de	craindre de lui
6. il est dehors	soit votre opinion	il se fait envoyer promener par	intéressant à dire

no rules, memorize

RAPPEL GRAMMATICAL

Les Prépositions devant un verbe à l'infinitif

I.   Lorsque l'infinitif est le complément d'un verbe, l'emploi ou non d'une préposition devant l'infinitif dépend du verbe dont il est le complément.

A.   Avec les verbes suivants, on n'emploie pas de préposition : adorer, aimer, aller, désirer, écouter, entendre, penser, préférer, sembler, vouloir, etc.

   Je veux parler.

B. Avec les verbes suivants, l'infinitif complément est précédé de la préposition **à** : aboutir, s'acharner, s'apprêter, chercher, commencer, continuer, être disposé, être prêt, s'évertuer, se fatiguer, se hasarder, hésiter, s'obstiner, se plaire, renoncer, songer, tenir, etc.

> J'hésite à parler.

C. Avec les verbes suivants, l'infinitif complément est précédé de la préposition **de** : s'abstenir, arrêter, avoir besoin, avoir envie, avoir l'air, avoir l'intention, brûler, cesser, se contenter, se dispenser, essayer, être sur le point, éviter, finir, se garder, tâcher, etc.

> J'évite de parler.

II. Lorsque l'infinitif est complément d'un adjectif employé dans une expression impersonnelle, il y a deux cas.

A. Le pronom neutre remplace l'infinitif et ses compléments. Dans ce cas, le pronom neutre est **il** et l'infinitif est précédé de la préposition **de**.

> Il est important de la comprendre.

B. Le pronom neutre remplace quelque chose qui a été mentionné avant. Dans ce cas, le pronom neutre est **ce** et l'infinitif est précédé de la préposition **à**.

> Il n'est pas venu aujourd'hui. C'est facile à comprendre.

III. Lorsque l'infinitif est complément des autres adjectifs, il y a aussi deux cas.

A. L'infinitif est précédé de la préposition **à** quand le nom ou le pronom modifié par l'adjectif subit l'action du verbe à l'infinitif.

> Ce chat est amusant à regarder.

B. L'infinitif est précédé de la préposition **de** quand le nom ou le pronom modifié par l'adjectif fait l'action du verbe à l'infinitif.

> Je suis fatigué de le regarder.

IV. Lorsque l'infinitif est complément d'un nom, il y a deux cas.

A. L'infinitif est précédé de la préposition **à** quand le nom subit l'action du verbe à l'infinitif.

> C'est un film à voir.

B. L'infinitif est précédé de la préposition **de** quand le nom ne subit pas l'action du verbe à l'infinitif.

> Il n'y a aucune raison de pleurer.
>
> Nous avons eu la chance de gagner à la loterie.

IV. On achète une souris blanche

> — Je viens d'acheter une souris blanche. Elle est amusante à regarder.
> — Tu sais, moi, j'aimerais mieux un hamster. Est-ce que c'est elle qui se met à faire ce bruit ?
> — Peut-être. Elle chicote si légèrement que j'ai des difficultés à l'entendre.
> — En tous cas, maintenant il nous est impossible d'avoir un chat.

Refaites le dialogue en remplaçant les expressions par celles qui suivent et faites les changements nécessaires. Avec les remplacements dans la première colonne, il faudra faire attention au sujet **elle** qui pourra devenir **ce** ou **il**.

amusante . . . regarder	se mettre	j'ai des difficultés	il nous est impossible
1. une bête amusante . . . regarder	persister à	j'ai du mal	il nous faut renoncer à avoir
2. amusant . . . la regarder	s'amuser	je ne peux pas	nous devons abandonner l'idée
3. un plaisir . . . la regarder	ne pas arrêter	il m'est difficile	nous ne devons plus songer
4. adorable . . . regarder	ne pas cesser	c'est difficile . . . entendre	nous ne nous hasarderons pas
5. intéressant . . . la regarder	se fatiguer	je suis incapable	nous sommes dans l'impossibilité
6. un animal intéressant . . . observer	ne pas finir	il n'est pas facile	il n'est plus possible

(Note manuscrite dans la marge : « c'est », et « à avoir » ajouté)

AMUSONS-NOUS

A. *Mots croisés. Remplissez cette grille d'après les directions.*

1	2	3		4	5	6		7	8
9			10			11	12		
13				14					
15		16				17	18		
		19				20			
21	22					23		24	
25				26		27			
28			29		30				
31			32						
33		34							

Les accents ne comptent pas.

Horizontalement :

1. Imitation d'objets précieux.
4. Éclatant.
7. Article défini.
9. Composition dramatique chantée.
11. Fleur de la famille des iridacées.
13. Rempli d'habitants de nouveau.
15. Symbole de la tonne.
16. Cadeau.

19. Fourrure de petit-gris.
20. Parcourue des yeux ou énoncée à haute voix (au féminin).
21. Cri d'un chien (verbe).
23. Symbole chimique du soufre.
24. Symbole chimique de l'azote.
25. Gardés (au pluriel).

27. Conjonction qui indique une alternative.
28. Retirer.
29. Organe musculaire.
31. Étendue d'eau.
32. Abasourdie (au féminin).
33. En matière de.
34. Femelle de l'âne (au pluriel).

Verticalement :

1. Ne pas avoir raison.
2. Trou.
3. Pied de vigne.
4. Personne sans scrupules.
5. Symbole chimique de l'iode.
6. Descendant d'un père.
7. Symbole chimique de lithium.
8. Carte à jouer marqué d'un seul point.
10. Acquitter une dette de nouveau.
12. Qui existe vraiment (au pluriel).
14. Oiseau grimpeur de petite taille.
17. Sans vêtements.
18. Terre qui appartenait à un seigneur, mais qu'il laissait cultiver par un autre (au pluriel).
19. Donner sa voix dans une élection.
21. Odeur.
22. Animaux (au pluriel).
26. Ancienne pièce de monnaie (au pluriel). Les Français emploient encore ce mot très souvent.
27. Sens par lequel on entend.
30. Genre de légumineuses comme par exemple la lentille.
32. Durée de douze mois.
34. Symbole de l'are.

B. *Dans les listes suivantes, cinq mots ont quelque chose en commun. Trouvez celui qui n'appartient pas au groupe.*

essayer *de*	museau	finir	nid	exténué	meurt
chercher	œil	mettre fin	maison	épuisé	maire
tenter *de*	patte	terminer	écurie	fatigué	mers
refuser	gueule	achever	niche	reposé	mère
s'efforcer *(de)*	oreille	se mettre	tanière	vanné	maires
tâcher *de*	moustache	aboutir	étable	éreinté	mer

C. *Divisez la classe en deux groupes. Donnez un adjectif et un verbe à l'infinitif à chaque groupe. Le groupe qui peut former le plus de phrases possible avec son adjectif et son verbe est le groupe gagnant. On recommence avec d'autres adjectifs et d'autres verbes.*

> **Ex :** Difficile, lire.
> Il m'est difficile de lire le français. C'est un livre difficile à lire. Ce livre est difficile à lire. J'ai quelque chose de difficile à lire. Il est difficile de lire cette lettre. C'est difficile à lire. Etc.

1. Important, étudier.
2. Fatigant, faire.
3. Fatigué, travailler.
4. Intéressant, écouter.
5. Nécessaire, connaître.
6. Formidable, commencer.
7. Ennuyeux, refuser.
8. Triste, voir.
9. Brutal, dire.
10. Possible, obtenir.

RÉPLIQUES LIBRES

Voir le premier chapitre pour les instructions.

Chez le vétérinaire

1. Depuis combien de temps êtes-vous ici ?
2. Savez-vous combien ce vétérinaire demande pour une vaccination contre la rage ?
3. Qu'est-ce que votre chien a ?
4. De quelle race est-il ?
5. Son poil est brillant. Que faites-vous pour le rendre ainsi ?
6. Mon chat, lui, s'est fait mordre l'oreille. Est-ce que votre chien s'entend bien avec les chats ?
7. Qu'est-ce qu'il est en train de <u>flairer</u> ? *scent*
8. Mon chat <u>hérisse</u> le poil. Vous ne pourriez pas dire à votre chien de rester tranquille ?
    bristle

On admire les poissons rouges — *goldfish*

1. Quel bel aquarium ! Combien de poissons rouges avez-vous ?
2. Qu'est-ce que vous leur donnez à manger ?
3. *goldfish* Est-ce que <u>les carassins dorés</u> deviennent gros ?
4. Faut-il faire attention aux différences de température ?
5. Quelle sorte de poisson est celui qui a de longues nageoires ?
6. Pourquoi est-il nécessaire d'avoir toutes ces plantes dans l'aquarium ?
7. Comment l'eau reste-t-elle si claire ?
8. Regardez votre chat. Il est en train de mettre la patte dans l'eau. En attrape-t-il un quelquefois ?

Un Cavalier inexpérimenté

1. Tu sais, je ne suis pas comme toi. Je n'ai pas l'habitude de monter à cheval. Tu es sûr(e) qu'il ne va pas se cabrer ? *to rear*
2. Après avoir mis les pieds dans l'étrier, comment est-ce que j'arrive sur la selle ?
3. Pourquoi est-ce qu'il hennit ? *neigh*
4. Surtout ne le laisse pas prendre le galop. Tu crois que je pourrai le maintenir au trot ?
5. Regarde-le trépigner. A-t-il un gravier dans son sabot ? *stone in shoe*
6. A-t-il tendance à ruer quand il porte un cavalier qu'il ne connaît pas ?
7. Tu me dis qu'il ne refuse jamais un obstacle. Qu'est-ce que tu penses me faire faire ?
8. Après tout j'aimerais mieux monter sur un mulet. Ils sont peut-être têtus, mais ils sont moins dangereux que les chevaux. Tu en as un ?

feed ~~donner~~ donner un manger

On regarde le serin dans sa cage

1. Tiens ! Vous avez un serin. Est-ce une femelle ?
2. Est-ce que les plumes d'un serin sont toujours jaunes ?
3. Je vois du duvet dans le fond de la cage. Essaie-t-elle de faire un nid ?
4. Un oiseau <u>pond-il</u> quand il est en captivité ? *lay an egg*
5. Que de saletés ! Elle a éparpillé son grain partout. Combien de fois par jour faut-il nettoyer la cage ?

6. Se sert-elle de sa balançoire ?
7. La laissez-vous voler en liberté quelquefois ?
8. J'ai beau siffler pour l'encourager à chanter, elle refuse. L'avez-vous jamais entendue depuis qu'elle est ici ?

On va à la chasse

1. Où vas-tu à la chasse aux faisans cette année ?
2. Es-tu toujours aussi bon tireur ? *still as good*
3. Et ton épagneul ? Il n'a pas perdu son flair ?
4. Moi, j'ai maintenant un jeune chien qui a peur des coups de feu. Sais-tu comment l'en guérir ?
5. Comment as-tu appris à ton chien de s'arrêter devant le gibier ?
6. As-tu acheté un nouveau fusil comme tu en avais l'intention ?
7. Il me reste des cartouches de l'année dernière. Combien coûtent-elles maintenant ?
8. Donne-moi un coup de fil quand tu iras à la chasse. Ça ne te dérangerait pas si je t'empruntais ton chien ?

✱ FAUTES À ÉVITER

Dans les cas qui suivent, un adverbe anglais est traduit par un verbe français :

fixed — J'ai beau étudier, . . . *(even tho I study..)*   *No matter how much I study, . . .*

Je viens d'étudier.   *I just studied.*

J'ai failli tomber.   *I almost fell.*

J'ai manqué de tomber.   *I almost fell.*

J'ai fini par manger.   *I finally ate.*

Refaites les phrases suivantes sans changer leur signification, mais en employant un des verbes ci-dessus.

1. Quoi que je fasse, il ne cesse d'aboyer.
2. Il est parti il y a quelques secondes.
3. Finalement le cheval a refusé l'obstacle.
4. Son chien de chasse a presque perdu la trace du lièvre.
5. Il ne grossit jamais quoi qu'il mange.   *il a beau manger - present*
6. Ce chat de gouttière venait tous les jours. Je l'ai finalement adopté.
7. Il n'a pas d'appétit parce qu'il a déjà mangé.
8. La perruche s'est presque échappée quand j'ai laissé la porte ouverte.
9. Allez-vous finalement acquérir un chiot ?
10. Vous téléphonez juste à temps. Il est revenu.
11. Quoi que tu dises, je ne le crois pas.   *Tu as beau dire, je ne le crois pas*
12. Il a sauté sur mes genoux et il m'a presque griffé.   *il a failli me griffer*
13. J'ai étudié les instructions, mais je les ai déjà oubliées.
14. Le chat ne bouge pas quoique le chien aboie férocement.

SUJETS DE CONVERSATION POUR GROUPES DE TROIS OU QUATRE ÉTUDIANTS

1. Avez-vous un animal familier chez vous ? Parlez de lui.
2. Quelles sont les responsabilités que l'on prend lorsqu'on acquiert un animal familier ?
3. Pensez-vous que les animaux familiers soient les miroirs de leurs maîtres ? Donnez des exemples.
4. Quels dégats un chiot ou un chaton peuvent-ils faire dans une maison ?
5. Aux États-Unis il existe des lois qui restreignent la liberté des animaux domestiques. On leur interdit l'entrée des restaurants et des bars et ils ne sont pas souvent les bienvenus dans les hôtels. Les chiens doivent être tenus en laisse et dans les grandes villes, il faut nettoyer derrière eux. Qu'en pensez-vous ? Défendez votre opinion.
6. Que pensez-vous de l'apprivoisement d'un animal sauvage, un lion, un boa, un raton laveur, etc. ? Quels en sont les dangers pour l'animal aussi bien que pour le maître ?
7. Préférez-vous les chiens ou les chats de pure race à ceux d'une race incertaine ? Pourquoi ? Y a-t-il des avantages et des inconvénients avec les grands chiens tels que les danois, les saint-bernard, les terre-neuve ? Préférez-vous les plus petits tels que les caniches et les pékinois ?
8. Que peut-on faire pour protéger les animaux perdus ou abandonnés ?
9. Pourquoi, d'après vous, les hamsters, les souris blanches, les cochons d'Inde sont-ils souvent les animaux familiers des enfants ?
10. Avez-vous jamais eu ou connaissez-vous quelqu'un qui a eu des ennuis avec ses voisins à propos d'un animal familier ? Racontez ce qui s'est passé.
11. Faites-vous de l'équitation ou aimeriez-vous en faire ? Pourquoi ?
12. Êtes-vous allé(e) chez un vétérinaire ? Pourquoi ?

LES GESTES EXPRESSIFS

Quand un Français veut exprimer que ce qui s'est passé n'est pas sa faute ou bien qu'il n'en a jamais entendu parler, il hausse les épaules et présente les mains en disant : « Moi, je n'y peux rien », ou « Moi, je n'en sais rien ».

Cherchez d'autres expressions françaises qui pourraient être dites avec ce geste.

DÉBATS

Toute la classe participe.

1. Discutez certains phénomènes modernes qui sont le résultat d'une tendresse quelquefois excessive envers les animaux : les dentistes pour chiens, les cimetières pour animaux, les vêtements, les bijoux, les opérations sophistiquées, etc. Discutez-en le coût. En sommes-nous arrivés au point où il faudra acheter une assurance-maladie ou une assurance-vie pour les animaux ?

2. La chasse n'est plus une nécessité vitale et pourtant elle reste un sport populaire. Considérez-vous la chasse comme la manifestation d'un instinct meurtrier chez l'être humain ? Défendez votre opinion. Donnez des exemples. Quelles autres explications possibles pouvez-vous proposer ?

3. Discutez le dressage des animaux dans les cirques, les spectacles aquatiques, les films, etc. Y voyez-vous un manque de considération pour la dignité des animaux ? Quand vous regardez un éléphant se tenir sur ses pattes de derrière ou un épaulard sauter après un ballon, qu'en pensez-vous ?

4. Discutez les cas, trop fréquents hélàs, où les animaux sont maltraités : l'abandon, le manque d'humanité dans les recherches, les chevaux de course drogués, les courses de taureaux, les conditions inhumaines dans l'élevage des poulets et de la volaille en général, etc.

ACTIVITÉS POSSIBLES

1. Apprendre par cœur une des fables de La Fontaine ou lire « Sept Dialogues de bêtes » de Colette. Discutez les techniques littéraires qui consistent à prêter aux animaux des traits caractéristiques humains ou à interpréter leurs pensées du point de vue humain.

2. Écrire un court dialogue où le maître d'un animal se trouve en conflit avec son entourage. Refaire le dialogue sur trois tons différents : conciliant, fâché, ironique.

3. Écrire un acrostiche sur son animal favori.

CRIS DES ANIMAUX

Chaque animal a son cri particulier. En français un chien aboie quand il voit quelqu'un, mais il gronde s'il est prêt à mordre. Le chat miaule quand il réclame à manger et il ronronne s'il est content. Le cheval hennit, mais s'il s'effraie, il s'ébroue. L'âne et le mulet braient. L'oiseau chante ou gazouille et le pigeon roucoule. La chèvre bêle. Le cochon grogne. La poule glousse lorsqu'elle appelle ses petits et les poussins piaulent. La cigale et le grillon stridulent. La grenouille et le crapaud coassent. Le cerf et le daim brament. Le serpent siffle. Le lion rugit. Le chameau blatère. L'éléphant et le rhinocéros barrissent.

Trouvez, si possible, les noms formés avec les verbes ci-dessus et mettez-les dans des phrases.

Ex : Aboyer, l'aboiement.
Les aboiements continuels de ce chien me font perdre patience.

CONSEILS PRATIQUES DE PRONONCIATION
Les Liaisons interdites

Comme nous avons vu dans le chapitre précédent, la liaison n'est pas automatique. La liaison est interdite dans les cas suivants :

I.   Entre un nom singulier et le mot qui le suit, que ce soit un verbe, une préposition, un pronom ou un adjectif.

> C'est un feuilleton à voir. Le divertissement est populaire.
> C'est un chat énigmatique. L'enfant en a voulu.

Si le nom est au pluriel, la liaison est facultative mais rarement faite en conversation.

II.   Entre un pronom qui se termine par une voyelle nasale et le mot qui le suit, que ce soit un verbe ou une préposition.

> J'ai quelqu'un à voir. Chacun a parlé.

Les pronoms **on** et **en** sont des cas spéciaux. Ils se lient obligatoirement avec le mot qui suit.

> Il y en a. On est venu hier.

Cependant si **on** et **en** sont placés après le verbe, la liaison est interdite.

> Va-t-on au cinéma ? Parles-en à son maître.

III. Entre les pronoms **elles, ils, les**, placés après le verbe, et le mot qui les suit.

> Donne-les aux chiens. Vont-elles à l'université ?

IV.   Entre **et** ou les conjonctions de plusieurs syllabes et le mot qui les suit.

> Il y va en été et en hiver. Alors il a refusé.

V.   Entre un adverbe interrogatif et le mot qui le suit.

> Quand iras-tu à la chasse ? Comment as-tu trouvé cet oiseau ?

L'expression « Comment allez-vous ? » est une exception.

Lorsque **quand** est une conjonction, la liaison est obligatoire.

> Il le fera quand il viendra.

Lecture

Lisez à haute voix.

De tout temps et dans tous les pays, il a existé de nombreux cas où des liens profonds attachent un homme ou une femme à son animal favori. C'est spécialement vrai en France où cette relation est reflétée dans la littérature, la peinture et dans certaines chansons folkloriques.

Au Moyen Âge, dans le vieux roman de Tristan et Iseut, un chien nommé Husdent illustre cet attachement. Séparé de son maître, le chien pleure, refuse de manger et se meurt. Libéré de ses chaînes, il court rejoindre Tristan qui est caché dans le bois avec Iseut. Quoique Tristan craigne d'être trahi par les aboiements du chien, il ne peut se résoudre à le tuer et entreprend de le dresser à rester muet. Au vingtième siècle, Colette consacre plusieurs de ses romans à ses animaux favoris, spécialement aux chats. Dans « Sept Dialogues de bêtes », un chat, Kiki-la-doucette, et un chien, Toby, discutent leurs émois et leur attitude envers leurs maîtres.

Un visiteur qui passe un après-midi au Louvre est certain de voir des peintures où les animaux, en particulier des chiens de toutes tailles et de toutes races, participent soit à un festin, soit à une guerre, soit à une soirée familiale. Sur beaucoup de portraits, les grandes dames des siècles passés tiennent sur leurs genoux un joli toutou.

Pendant leur enfance, les Français apprennent à chanter une très vieille chanson.

> C'est la mère Michel qui a perdu son chat.
> Elle crie par la fenêtre qui c'est qui lui rendra.
> C'est le père Lustucru, qui lui a répondu :
> « Allez, la mère Michel, votre chat n'est pas perdu. »
> Sur l'air du tra, tra, la, la
> Sur l'air du tra, tra, la, la
> Sur l'air du tra, de, ri, de, ra, et tra, la, la.

Malheureusement cette vieille histoire finit mal.

La société française est beaucoup plus tolérante envers les animaux que la société américaine. On ne s'étonne pas dans les restaurants français ou dans les cafés de voir les chiens assis à côté de leur maître. Il y a toujours bien un voisin pour leur donner un morceau de viande ou un os. Il existe même des restaurants où, pour attirer la clientèle, on sert un bol de soupe aux chiens.

Dans les villes, cependant, le problème pour les piétons est devenu si sérieux qu'on commence à faire une campagne : il faut apprendre à son chien à employer le caniveau plutôt que le trottoir pour les besoins quotidiens. En fait, s'il y a un accident, il est préférable d'en faire disparaître les traces pour ne pas avoir à payer une amende. Il faut bien dire malgré tout que cela n'a pas résolu le problème.

Un chat de gouttière.

Quoiqu'il y ait certains individus qui pendant la période des vacances préfèrent abandonner leurs bêtes dans les campagnes plutôt que d'en être embarrassés, la plupart des Français comme la plupart des Américains traitent avec amour leurs animaux favoris et veillent à ne pas maltraiter les animaux en général.

VOCABULAIRE À SAVOIR

les animaux domestiques

le maître *master*
le dressage *training*
la bête *beast*
la gueule *mouth*

le museau *mussel*
les pattes *paws*
la queue *tail*
le poil *hair, fur*

le vétérinaire *veterinarian*
abandonner *to leave uncared for*
apprivoiser *to tame*
dresser *to train*

les chiens

le toutou *doggie*
le chiot *puppy*
le cabot (fam.) *dog*
le caniche *poodle*
le danois *Great Dane*
l'épagneul *spaniel*
le pékinois *Pekinese*

le saint-bernard *St. Bernard*
le terre-neuve *Newfoundland*
la niche *doghouse*
l'aboiement *bark*
la vaccination contre la rage *rabies*
les crocs *fangs*
la morsure *bite*

aboyer *to bark*
japper *to yap*
gronder *to growl*
mordre *to bite*
être tenu en laisse *leash*
rester sur le caniveau *to stay in the gutter*

la chasse

le chasseur *hunter*
le tireur *marksman*
le fusil *gun*
la cartouche *cartridge*
le coup de feu *shot*

le gibier *game*
le faisan *pheasant*
le lièvre *hare*
le daim *deer*

le cerf *red deer, stag*
le chien de chasse *hunting dog*
flairer *to scent, nose out*
s'arrêter devant le gibier *to point to the game*

les oiseaux

l'oiseau *bird*
la perruche *parakeet*
le pigeon *pigeon*
le serin *canary*

les plumes *feathers*
le plumage *feathers*
le ramage *warbling*
la cage *cage*

le duvet *down*
le nid *nest*
éparpiller le grain *scatter seed*
pondre des œufs *to lay eggs*

les poissons

l'aquarium *aquarium*
les poissons rouges *goldfish*
les nageoires *fins*

les chats

le chaton *kitten*
un chat siamois *Siamese*
un chat de gouttière *alley cat*
les moustaches *whiskers*

les griffes *claws*
le miaulement *meowing*
le ronronnement *purring*
griffer *to claw*

miauler *to mew*
ronronner *to purr*
hérisser le poil *to bristle up hair*

les chevaux

le pur sang *thoroughbred*
la jument *mare*
le poulain *colt*

le cheval de course *racehorse*
une course de chevaux *horse race*
l'équitation *riding, horsemanship*

le cavalier inexpérimenté *inexperienced rider*
le flanc *flank*
le sabot *hoof*

l'étrier *stirrup*
la selle *saddle*
l'écurie *stable*
hennir *to neigh*

la volaille *poultry*
la poule *hen*
le poussin *chick*

l'éléphant *elephant*
le chameau *camel*

s'ébrouer *to snort*
se cabrer *to rear*
ruer *to kick*
prendre le galop *to gallop*

les animaux de ferme

une chèvre *goat*
un âne *ass, donkey*
le lapin *rabbit*

les animaux sauvages

le serpent *snake*
le lion *lion*

aller au trot *to trot*
monter à cheval *to ride a horse*
refuser un obstacle

un cochon *pig*
une vache *cow*
l'élevage *breeding, raising*

le tigre *tiger*

ON MANGE

Ce qu'ils ont de la veine les Américains avec leur fast food.

MICRO-CONVERSATIONS

Apprenez les dialogues par cœur, puis faites les changements suggérés.

I. Devant la Cafétéria de la résidence universitaire

Wed

> *à manger*
> — J'ai une faim de loup. Y a-t-il quelque chose de bon à la cafétéria ?
> — Oh, tu sais, il n'y a jamais rien d'extraordinaire.
> — Hélas ! Qu'on y aille n'importe quand, c'est toujours la même histoire.
> — Écoute-moi. Où que nous allions, le repas ne vaudra pas celui que nous pourrions nous préparer.

Refaites le dialogue en remplaçant certaines expressions par celles qui suivent et faites les changements nécessaires.

bon	extraordinaire	qu'on y aille	nous allions
1. à manger	trouver là	qu'on aille	nous décidions
2. bon à manger	succulent	*Quoi que* qu'on choisisse	soit la cafétéria
3. d'appétissant	savoureux	qu'on choisisse . . . plat	*Qui que* ce soit qui travaille dans la cuisine
4. de pas trop grossissant	choisir	qu'on prenne	*quelle que* soit ta répugnance pour le travail
5. à déguster	spécial	qu'ils préparent les plats	tu en penses
6. bourratif (fam.)	nouveau à manger	qu'on arrive à . . . heure	en soit la qualité

II. Chez Soi

se mettre

> — Qu'est-ce que tu as décidé de nous cuisiner pour ce soir ?
> — Du poulet rôti. Ce n'est pas difficile à faire.   *à diger os*
> — Tu es chic de te donner tant de peine.
> — Mais non. Aide-moi donc et prépare la salade.

Refaites le dialogue en remplaçant certaines expressions par celles qui suivent et faites les changements nécessaires.

avoir décidé	dificile . . . faire	chic . . . te donner tant de peine
1. aller	difficile _le_ préparer ce plat	une fille . . . connaître
2. se mettre	un plat difficile . . . faire	un chic garçon _de_ faire cela pour moi
3. avoir commencé	difficile . . . le mettre au four	jolie . . . croquer avec ton tablier . . . _good enough to eat_
4. avoir l'intention	difficile . . . digérer	gentil (gentille) . . . t'en occuper
5. être en train	un plat difficile . . . digérer	chouette fille . . . y penser
6. avoir choisi	difficile . . . le cuire	gentil (gentille) . . . ne pas croire

RAPPEL GRAMMATICAL

La Transformation des prépositions en conjonctions

En français comme en anglais, certaines prépositions peuvent devenir conjonctions. En anglais, elles changent rarement de forme. Il n'en est pas de même en français.

I. Pour la plupart des conjonctions, il s'agit simplement d'ajouter **que** à la préposition : après, après que ; depuis, depuis que ; malgré, malgré que ; pendant, pendant que ; pour, pour que ; sans, sans que.

> Je suis parti sans lui. Je suis parti sans qu'il ne me voie.

II. Pour les locutions prépositives qui se terminent par **de**, le **de** se transforme en **que** : afin de, afin que ; à moins de, à moins que ; au lieu de, au lieu que ; de crainte de, de crainte que ; de peur de, de peur que.

> Je suis parti de bonne heure de crainte de ne pas arriver avant le soir.
>
> Je suis parti de bonne heure de crainte qu'il ne m'attende pas.

III. Pour les locutions prépositives qui se terminent avec **à**, on ajoute **ce que** : jusqu'à, jusqu'à ce que ; quant à, quant à ce que.

> J'ai dormi jusqu'à midi.
>
> J'ai dormi jusqu'à ce qu'il arrive.

IV. Il y a deux cas spéciaux. La préposition **avant** devient **avant de** lorsqu'elle est suivie d'un verbe à l'infinitif et **avant que** lorsqu'elle devient conjonction.

> Je suis parti avant lui. Je suis parti avant de faire la vaisselle. Je suis parti avant qu'il n'arrive.

La préposition **à cause de** devient la conjonction **parce que**.

> Il ne fait pas la cuisine à cause de son handicap.
>
> Il ne fait pas la cuisine parce qu'il est paresseux.

V. On n'emploie pas le subjonctif après cinq des conjonctions citées ci-dessus : après que, depuis que, parce que, pendant que, quant à ce que.

> Elle a fait la vaisselle pendant que je lisais.

On emploie le subjonctif dans tous les autres cas.

> Elle a lu jusqu'à ce que nous revenions.

III. Au Restaurant

> — Où est ce garçon ? Je ne veux pas attendre jusqu'à demain.
> — Calme-toi. Il a déjà apporté des canapés pour te faire plaisir.
> — Eh bien, non. Afin de lui montrer mon mécontentement, je partirai sans lui laisser de pourboire.
> — Je te connais. Tu seras amadoué après le dîner.

Refaites le dialogue en remplaçant certaines expressions par celles qui suivent et faites les changements nécessaires.

demain

1. il soit d'humeur à me servir
2. minuit
3. le restaurant ferme
4. je perde mon appétit
5. la saint-glinglin (fam.)
6. il se rappelle que nous sommes ici

te faire plaisir

toi
tu patientes
tu restes tranquille
accompagner ton cocktail
te faire prendre patience
tu ne meures pas de faim

lui montrer mon mécontentement

1. il sache que je suis mécontent
2. lui donner une leçon
3. me venger
4. il ne recommence plus
5. il ne m'oublie pas
6. lui faire voir qui je suis

le dîner

avoir mangé
le digestif
il t'aura servi le dîner
ton appétit sera satisfait
avoir fini ton dîner
il t'aura apporté l'addition

RAPPEL GRAMMATICAL

La Position des adverbes

Quoique la position de l'adverbe français soit assez variable, il est préférable pour un étudiant étranger de suivre quelques règles générales qui lui éviteront de faire des fautes.

I.   Certains adverbes de temps sont placés au début ou à la fin de la phrase : aujourd'hui, auparavant, autrefois, bientôt, enfin, hier, jadis, quelquefois, maintenant, soudain, etc.

      Hier je suis allé au marché. Je suis allé au marché hier.

II.   Certains adverbes de temps sont placés au début de la phrase : alors, ensuite, puis, etc.

      Puis il est parti.

III. Certains adverbes de lieu sont placés à la fin de la phrase : ailleurs, arrière, avant, dedans, dehors, derrière, dessous, dessus, devant, ici, là, partout, etc.

      J'ai cherché des échalottes partout.

IV.   Les adverbes de manière, de quantité, de négation, etc. qui modifient un verbe sont en général placés *après* le verbe.

Il dort tranquillement sur sa chaise.

Dans les temps composés, les adverbes les plus courts ont tendance à être placés après le verbe auxiliaire et les plus longs après le participe passé.

Nous avons trop mangé.

Ils ont ri constamment pendant le spectacle.

Cependant c'est souvent une question de style.

Il a malheureusement trop bu.

V. Les adverbes qui modifient un verbe ne sont *jamais* placés entre le sujet et le verbe comme ils le sont en anglais.

I finally left. Je suis parti finalement. Je suis finalement parti.

VI. Les adverbes de doute et d'assurance comme apparemment, assurément, peut-être, probablement, sans doute, sûrement, vraisemblablement, peuvent être placés au début de la phrase, mais ils sont souvent suivis de **que**.

Sans doute qu'ils ne viendront pas. Peut-être qu'il fera beau demain.

Il en est de même pour l'adverbe **heureusement**.

Heureusement qu'il n'est pas trop fatigué.

VII. Certains adverbes comme **peut-être** et **à peine** peuvent être employés au début de la phrase si l'on emploie l'inversion du sujet.

Peut-être viendra-t-il demain.

VIII. Les adverbes qui modifient un adjectif ou un autre adverbe sont placés devant l'adjectif ou l'adverbe.

C'est une saveur assez délicate.

IV. Le Pique-nique

> — On dit qu'il va faire beau aujourd'hui. Toi et moi, nous avons peu pique-niqué cette année.
> — Écoute. Je vais te parler franchement. Je déteste les sandwiches.
> — Mais, voyons. On peut toujours faire autre chose.
> — Ah, oui ? Je me souviens de ta salade de pommes de terre dans laquelle tu as accidentellement vidé la salière.

Refaites le dialogue en remplaçant les adverbes par ceux qui suivent.

peu	**franchement**	**toujours**	**accidentellement**
1. rarement	carrément	peut-être	malheureusement
2. pas beaucoup	directement	fort bien	fréquemment
3. moins . . . que d'habitude	sincèrement	bien sûr	stupidement
4. peu souvent	maintenant	certainement	hier
5. pas tellement	enfin	alors	bêtement
6. même pas	finalement	facilement	presque

AMUSONS-NOUS

A. *Trouvez pour chaque verbe les deux mots qui conviennent et qui sont dans les deux autres colonnes. Faites-en une phrase.*

      Ex : servir, amuse-gueule, apéritif.
            Ils ont servi des amuse-gueule avec l'apéritif.

1.	servir	a.	plat	aa.	torchon
2.	déboucher	b.	petits pains	bb.	réfrigérateur
3.	pulvériser	c.	glaçons	cc.	apéritif
4.	flamber	d.	poulet	dd.	tournebroche
5.	dorer	e.	bouteille	ee.	cognac
6.	découper	f.	amuse-gueule	ff.	tire-bouchon
7.	chauffer	g.	crêpes	gg.	mixer
8.	rôtir	h.	recette	hh.	couteau
9.	essuyer	i.	la bonne chère	ii.	verre d'eau
10.	ouvrir	j.	oignons	jj.	Alsace
11.	demander	k.	amandes	kk.	boulangerie
12.	aimer	l.	dinde	ll.	sœur
13.	acheter	m.	porte	mm.	chauffe-assiettes
14.	mettre	n.	vaisselle	nn.	poêle à frire

B. *Les phrases suivantes sont dites soit par un Américain, soit par un Français. D'après les différences entre les deux cultures, identifiez le narrateur.*

1. À l'université, ce week-end-ci, on fête le retour des anciens élèves.
2. Mon frère et sa fiancée ont fait publier les bans à la mairie.
3. Voudrais-tu bien me sortir un livre quand tu iras à la bibliothèque ?
4. Il me faut acheter quelque chose de noir pour aller à l'enterrement de mon père.
5. Je n'ai pas de voiture, mais tu sais, avec les trains, je peux aller n'importe où.
6. Il est impensable de servir du vin rouge avec du poisson.
7. Il commence à faire sombre. Ferme les volets.
8. L'équipe de l'université a gagné aujourd'hui.
9. Ce chien est toujours dans les jambes des serveuses.
10. J'espère que le prof du département de français ne mentionnera pas mes absences à l'entraîneur.
11. Tiens ! Ce soir on se réunit tous chez le prof.
12. On ramène le corps du mort à la maison aujourd'hui.
13. Est-ce que le chauffe-eau marche ?
14. Tu sais ce que c'est qu'une échalotte, toi ?

C. *Divisez la classe en groupes. Donnez une phrase à chaque groupe. Le groupe y ajoute autant d'adverbes que possible tout en préservant la logique. Le groupe gagnant est celui qui a su employer le plus d'adverbes.*

      Ex : Les vins de Bourgogne sont prisés.
            Les vins de Bourgogne sont très prisés. Sûrement que les vins de Bourgogne sont

prisés. Actuellement les vins de Bourgogne sont prisés. Les vins de Bourgogne sont souvent prisés. Etc.

1. Il a eu une indigestion.
2. Les légumes ont attachés à la marmite.
3. Vous avez fait sauter les champignons.
4. Il faut tourner.
5. Vous avez poivré la salade de tomates.
6. Le lait a débordé de la casserole.
7. Je vais perdre ma ligne.
8. Il est passé chez le pâtissier.
9. Elle a oublié de mettre le bouquet garni.
10. Tu verses un verre de vin.
11. Tu as assaisonné la salade.
12. Le congélateur est grand.
13. J'ai branché la poêle à frire.
14. Elle a coupé les échalottes.

RÉPLIQUES LIBRES

Voir le premier chapitre pour les instructions.

On va au marché

1. Quels beaux fromages ! C'est combien le camembert ?
2. Lesquels préfères-tu pour ce soir ?
3. Où est la marchande de volaille ?
4. Regarde ces grosses cerises. En voudrais-tu une livre ?
5. Il me faut un gigot. Dois-je en acheter un petit ou un gros ?
6. Les légumes, je les achète toujours ici aussi. Qu'est-ce qui serait bon avec le gigot ?
7. De quoi avons-nous encore besoin ?
8. Tous les mercredis et samedis, à cinq heures du matin, j'entends les marchands assembler leurs étals. Pourquoi commencent-ils de si bonne heure ?

On prépare un grand dîner

1. Puisque tu fais un grand dîner, je serai ton marmiton aujourd'hui. Qu'est-ce que tu veux que je t'épluche pour les crudités ?
2. Je viens de casser ton mixer. Vas-tu en avoir besoin ?
3. Où est-ce que tu ranges tes marmites et tes casseroles ?
4. As-tu besoin que je te râpe du gruyère pour tes coquilles Saint-Jacques ?
5. Qu'est-ce que tu vas servir comme apéritif ?
6. Et comme digestif ?
7. Quels fromages vas-tu mettre sur ton plateau ?
8. Moi, pour l'instant, je suis en train d'essayer tes amuse-gueule. À quelle heure va-t-on se mettre à table ?

Un supermarché.

On met la table

1. Il faudrait mettre des rallonges à la table. En as-tu ?
2. Quelle nappe veux-tu sur la table ?
3. Combien de couverts dois-je mettre ?
4. Je suppose que tu vas mettre les petits plats dans les grands, aujourd'hui. Te sers-tu de ta porcelaine de Limoges ?
5. De quel côté met-on les cuillères, les fourchettes et les couteaux ?
6. Ta mère t'a payé de jolis cristaux. Veux-tu employer les verres pour vin rouge ou les verres pour vin blanc ?
7. Je sais qu'il y a plusieurs manières de plier les serviettes. Mais toi, comment plies-tu les tiennes ?
8. Voilà ! Tout est prêt. Où sont les chandeliers ?

On se passe une recette

1. Tiens ! Vous faites un coq au vin. Est-ce la recette de Raymond Oliver ?
2. Après avoir fait frire le porc salé, qu'en faites-vous ?
3. Employez-vous des champignons frais ou en boîte ?
4. Qu'allez-vous faire avec les petits oignons blancs qui sont dans l'évier ?
5. Combien de bouillon de poulet ajoutez-vous au vin ?
6. Combien de cuillerées de farine employez-vous pour la sauce ?
7. Avec quoi allez-vous le servir ?
8. Ça demande combien de temps pour faire ce plat ?

On va au restaurant

1. Garçon ! Savez-vous si ce restaurant est mentionné dans le guide Gault-Millau ?
2. Comme hors-d'œuvre, j'hésite entre le foie gras et les escargots. Comment est-ce que les escargots sont préparés ?
3. Quel est le plat du jour ?
4. Que me recommandez-vous comme entrée et comme plat de résistance ?
5. Je pourrais facilement avaler une douzaine d'huîtres. D'où viennent les vôtres ? *oysters*
6. J'aimerais un petit bordeaux sec. Où est le sommelier et sa carte des vins ?
7. Pour le dessert, je raffole de crêpes Suzette. Votre chef les flambe-t-il devant nous ?
8. L'addition, s'il vous plaît. Est-ce que le pourboire est compris ?

FAUTES À ÉVITER

En anglais « you bring a book » ou bien « you bring a boyfriend » ; en français il faut distinguer entre « apporter un livre » et « amener un petit ami ». Le verbe « amener » peut quelquefois remplacer « apporter » mais jamais l'inverse : on entend dire « amener un livre », mais jamais « apporter un petit ami ». On apporte seulement ce qu'on peut porter avec soi : on amène donc une voiture, mais on apporte des légumes. Le même problème existe avec les autres verbes de la famille de « porter » (to carry) et de « mener » (to lead) : « emporter », « emmener » (to take with you) ; « rapporter », « ramener » (to bring back or again) ; « remporter », « remmener » (to take back).

Employez les verbes appropriés dans les phrases suivantes.

1. Quelles sortes de fruits nous avez-vous _____ ?
2. J'espère bien que tu _____ ta sœur à la boum chez moi.
3. Jean me demande son livre. Je lui _____ demain.
4. Demain je vais _____ ma mère au marché.
5. Je vais la _____ en voiture ici et après je la _____ chez elle.
6. Je ne veux pas les oignons que vous avez _____. _____ -les.
7. Il ne me _____ jamais mon journal à une heure régulière.
8. Je lui ai donné ce plat et elle l'a _____ chez elle.
9. Quand est-ce que vous allez me _____ au cinéma ?
10. Tu as ma marmite depuis une semaine. _____ -la-moi tout de suite.
11. Elle a dû, sans faire attention, le _____ avec elle.
12. Tu m'as _____ des pommes hier et tu m'en _____ encore aujourd'hui.
13. Restez donc un peu plus longtemps. Je vous _____ plus tard.
14. Elle part maintenant, mais Lucien la _____ ici plus tard.

SUJETS DE CONVERSATION POUR GROUPES DE TROIS OU QUATRE ÉTUDIANTS

1. Où prenez-vous vos trois repas tous les jours ? Changez-vous de routine pendant le week-end ?

2. Donnez une de vos recettes favorites.
3. Quels sont d'après vous les ustensiles indispensables pour faire la cuisine ?
4. Décrivez un restaurant que vous fréquentez et expliquez pourquoi vous l'avez choisi ?
5. Beaucoup d'établissements américains se spécialisent dans la préparation rapide de la nourriture. Ils sont très fréquentés et leur nombre continue à se multiplier. Quelle est votre attitude à cet égard ? Fréquentez-vous ces établissements et pourquoi ?
6. Vivez-vous pour manger ou mangez-vous pour vivre ? Donnez vos raisons.
7. Mangez-vous comme quatre quand vous avez des ennuis ou, au contraire, perdez-vous l'appétit ? Si vous mangez, quelle sorte de nourriture choisissez-vous ? Par quels autres signes extérieurs reconnaît-on que vous êtes inquiet(e) ?
8. Essayez-vous de gardez votre ligne ? Quel régime amaigrissant suivez-vous ? Faites-vous des exercices ? Lesquels ?
9. Pique-niquez-vous quelquefois ? Réchauffez-vous vos plats sur un feu de bivouac et faites-vous cuire votre viande sur la braise ou préférez-vous prendre des plats froids ? Quelle nourriture vous semble appropriée pour un pique-nique ? Quels conseils donneriez-vous à tout pique-niqueur ? Par exemple, lainage pour le soir, produits contre les moustiques, etc.
10. Décrivez un repas et des plats typiquement américains.
11. Y a-t-il des traditions observées pendant les repas dans votre famille ? Si votre famille est d'origine étrangère, sert-on des plats étrangers chez vous ? Lesquels ?
12. Y a-t-il une différence marquée dans l'attitude envers la nourriture entre la génération précédente et la vôtre ? Peut-on dire la même chose des habitudes ?

LES GESTES EXPRESSIFS

Un Français dit d'une personne ivre qu'elle a un verre dans le nez. Il peut illustrer cette remarque en mettant le poing sur le nez et en le tournant vers le bas. La tête se penche du côté opposé.

Cherchez d'autres expressions imagées qui emploient le mot « nez » et mettez-les dans une phrase.

DÉBATS

Toute la classe participe.

1. Le repas joue-t-il un rôle important dans la vie familiale ? Est-ce un moyen de resserrer les liens avec la famille et les amis ? Un repas bien ou mal préparé reflète-t-il une attitude psychologique de la part du cuisinier ou de la cuisinière ? Donnez des exemples.
2. Comment expliquez-vous qu'aux États-Unis il y a un intérêt croissant pour la bonne cuisine ? Pourquoi peut-on de plus en plus facilement trouver les produits nécessaires à une cuisine exotique ? Ceci se reflète-t-il dans les restaurants ?
3. Notre santé est-elle en danger à cause des aliments que nous mangeons ? Discutez les découvertes et leurs contradictions. Discutez l'empoisonnement de notre environnement.

4.   Discutez la famine et la pénurie de nourriture dans le monde. La pénurie existe-t-elle seulement dans le tiers monde ou la trouve-t-on aussi dans les pays américains et européens ? La nourriture est-elle employée comme arme politique ?
Existe-t-il des gens qui ont faim aux États-Unis ? Qui ? Pourquoi ?

ACTIVITÉS POSSIBLES

1.   Chercher des plats français dans un livre de cuisine français ou américain et établir un menu pour chaque jour de la semaine.
2.   Trouver des réclames sur tout ce qu'on peut manger ou boire dans les revues et les journaux français. Comparez avec celles que l'on trouve dans les revues et les journaux américains.
3.   Dans ce chapitre, nous avons rencontré, encore une fois, de faux amis. En français une casserole est un ustensile de cuisine ; un plat peut être ou un mets ou une pièce de vaisselle employée pour servir la nourriture ; un hors-d'œuvre est le premier plat servi au dîner ; une entrée est le plat qui suit les hors-d'œuvre et précède le plat de résistance.
Écrire une petite histoire dans laquelle il y a des malentendus entre un Français et un Américain à cause de ces faux amis.

EXPRESSIONS IMAGÉES ASSOCIÉES À LA NOURRITURE

Les expressions associées à la nourriture sont nombreuses en français. Ainsi, « avoir du pain sur la planche », c'est avoir du travail à faire. « Avoir la moutarde qui vous monte au nez », c'est commencer à se fâcher. « Être une soupe au lait », c'est se fâcher facilement. « Faire avaler quelque chose à quelqu'un » (fam.), c'est abuser de sa crédulité. « Faire le poireau » (fam.), c'est attendre longtemps debout. « Faire ses choux gras de quelque chose », c'est tirer profit de quelque chose. « Manger de la vache enragée », c'est passer à travers un moment de privations. « Manger sur le pouce », c'est manger debout et rapidement. « Mettre de l'eau dans son vin », c'est se radoucir. « Mettre les pieds dans le plat », c'est intervenir en disant ce qu'on n'aurait pas dû dire. « Mettre tous ses oeufs dans le même panier », c'est mettre tous ses espoirs dans la même affaire. « Se noyer dans un verre d'eau », c'est ne pas savoir se tirer d'affaire devant les moindres obstacles.

Employez ces expressions dans des phrases.

Ex : Il est grand temps que je me mette à travailler car j'ai du pain sur la planche.

CONSEILS PRATIQUES DE PRONONCIATION
L'Enchaînement

L'enchaînement, comme la liaison, lie les mots français entre eux et renforce la tendance française à commencer une syllabe par une consonne.

Les différences entre l'enchaînement et la liaison sont :

I. La consonne liée à la voyelle initiale du mot qui suit est une consonne prononcée.

notre apéritif	no-tra-pé-ri-tif
la belle enfance	la-be-llen-fance

II. L'enchaînement est automatique. Il n'y a pas d'exceptions.

III. La consonne ne change pas de son.

la grande image	la-gran-di-mage
le fils unique	le-fi(l)-su-nique

Exceptions: neuf heures (neu-v(h)eure), neuf ans (neu-vans)

Lecture

Lisez à haute voix.

Pendant des siècles, depuis le Moyen Âge jusqu'à nos jours, les cuisiniers français ont joui d'une réputation mondiale et ont donné à la gastronomie une place primordiale en France. La Varenne, Carême, Escoffier et d'autres apôtres du goût non seulement élevèrent la cuisine française à une grandeur insurpassée, mais propagèrent dans les pays étrangers le plaisir de manger. Au dix-huitième siècle, un célèbre gastronome, Brillat-Savarin, écrivit un livre plein d'humour intitulé *La Physiologie du goût*. C'est une suite de descriptions de mets succulents, d'appétits gargantuesques, de repas gigantesques. La quantité d'huîtres, de gigots, de poulets, de gâteaux, etc. dont se gavaient les aïeux des Français affole les estomacs modernes. Cependant le Français du vingtième siècle est fier de son héritage et si sa digestion semble être plus fragile que

oysters, lamb
ancestors

lire ce classique

Chez le boucher.

celle de son grand-père, il recherche quand même toujours la qualité de la grande cuisine.

A l'heure actuelle, un simple repas comprend un hors-d'œuvre, un plat de résistance, du fromage ou un fruit. Comme hors-d'œuvre, on peut avoir des crudités, des œufs à la mayonnaise, de la charcuterie, des sardines, etc. Pour les grands dîners, on a encore tendance à suivre l'exemple des ancêtres. Après les hors-d'œuvre vient l'entrée qui peut être du poisson, des fruits de mer, une quiche lorraine ou autre chose de ce genre. Ensuite vient le plat de résistance, c'est-à-dire une viande ou une volaille accompagnée d'un légume. Ceci est suivi d'une salade, puis d'un plateau de fromages et finalement d'un dessert. Pour aider la digestion, les gens de Normandie et ceux de certaines parties du nord de la France prennent un petit calvados après l'entrée. C'est ce qu'ils appellent un trou normand. Avec chaque plat, on sert, bien entendu, le vin approprié.

Le choix des plats peut quelquefois sembler étrange à un Américain qui, en général, ne prise pas les escargots ou les cuisses de grenouilles. Par contre, c'est en France que l'on trouve le foie gras et les truffes, mets très recherchés par tous les gourmets du monde entier.

Ce n'est pas seulement dans ce qu'il mange que le Français diffère de l'Américain, mais aussi dans sa manière de manger. Il s'esclaffe en voyant le jeu de mains continuel de l'Américain. Ce dernier s'assure, après avoir coupé sa viande, que la fourchette est replacée dans la main droite. Le Français, lui, n'en voit pas la nécessité, et mange de la main gauche tandis que la main droite tient fermement le couteau.

La nouvelle génération semble s'intéresser beaucoup moins à la cuisine. On suit les recettes de la nouvelle cuisine ou de la cuisine-minceur. On boit même quelquefois de l'eau ou du Coca-Cola au lieu de vin. Le déjeuner est pris sur le pouce ou bien on va dans un de ces nouveaux restaurants qui se spécialisent dans les tartines, l'équivalent des fast food américains. Il faut admettre cependant que sur la tranche de pain on sert du foie gras, du saumon fumé, du jambon, des fromages forts, du pâté de homard, etc. Après tout le Français n'a pas complètement oublié la maxime de ses ancêtres qu'il est préférable de vivre pour manger que de manger pour vivre.

VOCABULAIRE À SAVOIR

le restaurant

la cafétéria	la serveuse	une addition
la carte	le marmiton	service compris
le menu	le sommelier	le pourboire
le garçon	le chef	

le pique-nique

le sandwich	la braise	le feu de bivouac

les repas

un aliment	un mets	amaigrissant
la nourriture	un plat	appétissant
les comestibles	la nouvelle cuisine	bourratif (fam.)

gargantuesque *gluttonous*
grossissant *fattening*
avaler *to swallow*
déguster *to taste*
digérer *to digest*
se gaver *to gorge oneself*
se nourrir *to feed oneself*

raffoler de *to be very fond of*
aimer la bonne chère *to be fond of good eating*
avoir une faim de loup *to be very hungry*
manger comme quatre *to eat like four*
manger sur le pouce *to eat fast while standing*
un gourmand n'est pas un gourmet *a glutton isn't a gourmet*

les hors-d'œuvre

le canapé *canapé*
les crudités *raw veggies seasoned*

la charcuterie — *cold cuts*
le foie gras *liver of fat geese*

la truffe *truffle*
les amuse-gueule (fam.) *appetizer*

les entrées

les cuisses de grenouilles *frogs legs*
le poisson *fish*
la coquille Saint-Jacques *scallop*

la crevette *shrimp*
les fruits de mer *seafood*

le homard *lobster*
une huître *oyster*

les plats de résistance

la viande *meat*
le gigot *leg of lamb*

la volaille *poultry*
le coq au vin *chicken w/ wine onions + mushrooms*

la poule au riz *hen + rice*
découper le poulet *to carve a chicken*

les légumes

le champignon *mushroom*
le chou *cabbage*
une échalotte *shallot small onion*

le haricot *bean*
le poireau *leek*
la pomme de terre *potato*

l'oignon *onion*
les légumes frais *fresh vegetables*

les desserts

une amande *almond*
la cerise *cherry*
la pomme *apple*
le fromage *cheese*

le camembert *French cheese*
le gâteau *cake*
le gruyère *Swiss cheese*
la tarte *tart*

la crêpe Suzette *flaming pancake*
savoureux *tasty*
succulent *succulent*

les boissons

un apéritif *before dinner drink*
le bordeaux *wine Bordeaux*
le bourgogne *Burgundy*
le calvados *apple wine*

le cocktail
le digestif *after dinner drink*
le glaçon *ice cube*

ivre *drunk*
boire comme un trou *hole*
déboucher une bouteille *to uncork a bottle*

on cuisine

assaisonner *to season*
brûler *to burn*
chauffer *to warm, heat*
cuire à feu doux *to cook over a slow fire*
couper la viande *to cut meat*

dorer *to brown*
éplucher *to peel*
flamber *to flame*
fondre *to melt*
frire *to fry*

poivrer *to pepper*
pulvériser *to grind*
réchauffer *to warm up*
rôtir *to roast*
faire sauter *to fry*

les recettes

le beurre *butter*
le bouillon *broth*
le bouquet garni *bunch of parsley, thyme & bay leaves*

la cuillerée *spoonful*
la farine *flour*
le lait *milk*

l'œuf *egg*
le pain *bread*
le petit pain *roll*

la moutarde *mustard*   le porc *pork*   la dinde *turkey*

les magasins d'alimentation

la boucherie *butcher shop*   la charcuterie *pork butcher shop*   l'étal *stand*
la boulangerie *bakery (bread)*   le marché *market*   la pâtisserie *bakery (cakes a pies)*

la cuisine

le chauffe-assiettes   la rallonge   le réfrigérateur
le congélateur   le mixer   le tournebroche
la cuisinière   le placard   éteindre le four
l'évier   la plaque électrique

les ustensiles

la casserole   le panier   la nappe
la corbeille à pain   la poêle à frire   brancher la cafetière
la marmite   le tire-bouchon

la vaisselle *silverware*

une assiette   la fourchette   la salière
le couteau   la porcelaine   essuyer la vaisselle
le cristal   le verre   plier les serviettes
la cuillère

chapitre
9

ON PART
EN VACANCES

Quel plaisir d'être loin de la vie ahurissante de Paris!

MICRO-CONVERSATIONS

Apprenez les dialogues par cœur, puis faites les changements suggérés.

I. On fait des projets de vacances

> — Figure-toi que je vais en France pendant les vacances.
> — Sans blague. Toi qui as peur de l'avion, vas-tu le prendre sans inquiétudes ?
> — Il le faut bien. D'ailleurs, demain je vais à l'agence pour mon billet.
> — Eh bien, moi, quelque temps après la fin des classes, j'irai au Canada.

Refaites le dialogue en remplaçant certaines expressions par celles qui suivent et faites les changements nécessaires.

	les vacances	inquiétudes	mon billet	la fin des classes
1.	mes parents seront à Londres	t'inquiéter	demander des renseignements	ton retour
2.	deux mois	avoir le mal de l'air	on me réserve mon billet	tu seras rentré(e) aux États-Unis
3.	quelques semaines	on ne doive t'y mettre de force	ma réservation	avoir fini mon boulot (fam.)
4.	tu boulonneras (fam.)	problèmes	chercher mon billet	tu seras revenu(e)
5.	les prix sont encore abordables	il n'y ait de problèmes	on me trouve un vol direct	être retourné(e) chez mes parents
6.	l'été	tomber dans les pommes (fam.)	ma place soit réservée	mes examens

II. À l'Agence de voyage

> — J'hésite constamment entre la mer et la montagne. Avez-vous des dépliants ?
> — En voici. N'avez-vous pas aimé spécialement une plage sur le Golfe du Mexique l'année dernière ?
> — C'est vrai. Mais sûrement qu'il y a des endroits intéressants en montagne aussi.
> — Bien sûr. Je peux facilement vous réserver une chambre à Vail.

Refaites le dialogue en remplaçant les adverbes par ceux qui suivent.

	constamment	**spécialement**	**sûrement**	**facilement**
1.	toujours	beaucoup	forcément	ainsi
2.	assez	bien	évidemment	maintenant
3.	malheureusement	fort	peut-être	aujourd'hui
4.	souvent	plutôt	quelquefois	volontiers
5.	tellement	follement	certes	précisément
6.	alors	particulièrement	réellement	tout de suite

RAPPEL GRAMMATICAL

L'Emploi des prépositions de lieu devant une adresse

I.   On n'emploie pas de préposition :

    A. Quand l'adresse est un complément d'objet direct.

        Il connaît bien le boulevard Saint-Michel. *He knows Saint-Michel Boulevard well.*
        Il faut noter qu'en français on emploie l'article défini.

    B. Quand l'adresse commence avec un numéro.

        Je demeure 80 rue de Rivoli. *I live at 80 Rivoli Street.*

    C. Quand l'adresse est un complément circonstanciel, mais que l'article défini est omis.

        Je vais rue Émile Zola. *I am going to Emile Zola Street.*
        Je travaille place de la Concorde. *I am working on Concord Square.*

II. On emploie la préposition **dans** pour traduire **on** ou **to** devant les mots **rue** et **impasse** si l'on emploie un article, un adjectif démonstratif ou un adjectif possessif.

        Je vais dans cette impasse tous les jours. *I go on that dead-end street every day.*
        Le magasin se trouve dans la rue Émile Zola. *The store is on Émile Zola Street.*
        Il demeure dans ma rue. *He lives on my street.*

III. On emploie la préposition **sur** pour traduire **on** ou **to** devant les mots **avenue, boulevard, place, rond-point**, etc. si l'on emploie un article, un adjectif démonstratif ou un adjectif possessif.

        Le bâtiment est situé sur cette avenue. *The building is situated on this avenue.*
        Il a perdu sa montre sur le boulevard. *He lost his watch on the boulevard.*

IV. Les expressions **donner sur** et **déboucher sur** emploient toujours la préposition **sur**.

        Cette fenêtre donne sur la rue. *This window faces the street.*

V.   Une adresse peut être précédée de prépositions autres que **dans** et **sur**.

        J'habite près de la place de la Madeleine. *I live near Madeleine Square.*
        Il a couru jusqu'à ma rue. *He ran as far as my street.*

III. On retient une chambre

> — Nous avons retenu une chambre à deux personnes dans un hôtel sur la Cinquième avenue.
> — En as-tu demandé une qui donne sur le parc ?
> — Non. Il y a trop de bruit dans cette rue-là.
> — Pourtant c'est beaucoup plus calme que dans la Quarante-deuxième rue.

Refaites le dialogue en remplaçant les adresses par celles qui suivent et faites les changements nécessaires.

	la Cinquième avenue	le parc	cette rue-là	la Quarante-deuxième rue
1.	l'avenue du Michigan	le lac	cette avenue	la rue où je suis
2.	boulevard Monroe	la place	cette place	les autres rues
3.	la côte Atlantique	la mer	cette côte	la côte Pacifique
4.	65 avenue du Connecticut	l'avenue du Massachusetts	le rond-point Dupont	n'importe quelle rue
5.	la rue que tu m'as recommandée	la rivière	la rive	l'avenue où tu restais avant
6.	rue de l'Indépendance	la rue	le carrefour	boulevard Franklin

RAPPEL GRAMMATICAL

Les Adjectifs et les pronoms démonstratifs

I.   Les adjectifs démonstratifs sont **ce, cet, cette, ces**.
   A. **Ce** devient **cet** devant un nom masculin qui commence avec une voyelle ou un **h** muet, à l'exception de certains mots comme **ce onze** et des mots qui commencent par un **y**.
       cet avion, cet homme, ce yacht
   B. On peut ajouter **ci** après le nom pour indiquer le rapprochement et **là** pour indiquer l'éloignement.
       Cet hôtel-ci est meilleur que cet hôtel-là.
II. Les pronoms démonstratifs sont **celui-ci, celui-là, celle-ci, celle-là, ceux-ci, ceux-là, celles-ci, celles-là**. Ils prennent le genre et le nombre du nom qu'ils remplacent.
       Regardez ces dépliants. Celui-ci est plus intéressant que celui-là.
   On laisse tomber le **ci** et le **là**.
   A. Quand le pronom démonstratif est suivi d'un complément prépositionnel.
       Regardez ce parasol. Je préfère celui de ma mère.
   B. Quand le pronom démonstratif est suivi d'une proposition relative.
       Regardez ces lunettes. Je préfère celles que vous m'avez achetées.

III. Les pronoms démonstratifs neutres sont **ceci, cela, ce. Cela** peut s'abréger en **ça**.

> Je n'aime pas cela. Ceci vous va bien. Ça te plaît.

Le pronom démonstratif neutre **ce** n'est employé que devant le verbe **être** et l'expression **devoir être**.

A. On emploie **ce** quand le verbe **être** est suivi d'un nom.

> C'est un professeur intéressant. C'est mon chien.

B. On emploie **ce** quand le verbe **être** est suivi d'un adjectif qui qualifie toute la phrase précédente.

> Il n'a pas plu beaucoup. C'est étonnant.

C. On emploie **ce** quand il est suivi d'un adjectif impersonnel et d'un verbe à l'infinitif et qu'il remplace quelque chose qui a été mentionné avant.

> Il n'a pas plu beaucoup. C'est difficile à croire.

D. **Ce** est remplacé par **il, elle, ils, elles** dans les cas suivants :

1. Quand le verbe **être** est suivi d'un adjectif qui qualifie un nom.

> J'aime beaucoup ce bateau. Il est rapide.

2. Quand le verbe **être** est suivi d'un nom qui représente une profession, un rang, une nationalité, une religion et que ce nom n'est modifié d'aucune façon.

> Elle est hôtesse de l'air.

E. **Ce** est remplacé par le pronom neutre **il** :

1. Quand le verbe **être** est suivi d'un adjectif impersonnel et d'un verbe à l'infinitif et que le sujet remplace le verbe à l'infinitif.

> Il est difficile de croire cette histoire.

2. Quand le verbe **être** est suivi d'un adjectif impersonnel et d'une proposition subordonnée.

> Il est étonnant que vous acceptiez cela.

IV. On se délasse sur la plage

> — Tu ferais bien de te garantir du soleil. Allonge-toi sous ce parasol.
> — C'est un parasol de taille.
> — Bien sûr. C'est celui que j'ai acheté spécialement pour les vacances.
> — Cela me surprend.

Refaites le dialogue en remplaçant les expressions par celles qui suivent et faites les changements nécessaires.

allonge-toi sous . . . parasol	est un parasol de taille	me surprend
1. mets . . . lunettes noires	sont à toi	sont de belles lunettes
2. mets . . . chapeau	est ravissant	est trop grand pour moi
3. assieds-toi sur . . . chaise longue	me ferait plaisir	est gentil de ta part

4. mets . . . crème   est une crème que   doit être bonne
    protectrice   je connais
5. mets . . . vêtements   sont confortables   sont des vêtements
                                      très chers
6. viens à l'intérieur de   est un yacht impo-   m'étonnerait
    . . . yacht   sant

AMUSONS-NOUS

A. *Répondez affirmativement ou négativement aux phrases suivantes. Dans chaque groupe, il peut y avoir plusieurs réponses affirmatives.*

1. Si un navire coule, est-ce qu'il fait naufrage ? / est-ce qu'il navigue ? / est-ce qu'il s'arrête ?
2. Si l'on marche sur la passerelle, est-ce qu'on monte dans un train ? / est-ce qu'on monte sur un bateau ? / est-ce qu'on monte dans un avion ?
3. Si l'on grimpe, est-ce qu'on est sur un montagne ? / est-ce qu'on est sur un arbre ? / est-ce qu'on est sur une pente ?
4. Si l'on voit des épaves, est-ce qu'on est sur la mer ? / est-ce qu'on est au milieu de ruines ? / est-ce qu'on est dans le désert ?
5. Si l'on trouve des coquillages, est-ce qu'on est sur la rive d'une rivière ? / est-ce qu'on est sur une plage ? / est-ce qu'on est dans les champs ?
6. Si l'on parle au syndicat d'initiative, est-ce qu'on veut des renseignements sur une certaine ville ? / est-ce qu'on s'intéresse au sort des ouvriers ? / est-ce qu'on veut trouver des noms d'hôtels dans la ville ?
7. Si l'on traverse la France en voiture, est-ce qu'on a besoin du guide Michelin ? / est-ce qu'on a besoin de cartes routières ? / est-ce qu'on peut le faire en une journée ?
8. Si l'on veut visiter une ville et se débarrasser de ces valises, est-ce qu'on les met à la consigne ? / est-ce qu'on les met dans un filet ? / est-ce qu'on les laisse à l'hôtel ?
9. Si un avion est secoué par des perturbations atmosphériques, est-ce qu'on attache ses ceintures ? / est-ce qu'on saute en parachute ? / est-ce qu'on se tient debout ?
10. Si l'on est dans un canot de sauvetage, est-ce qu'on espère qu'il ne prendra pas l'eau ? / est-ce qu'on doit porter une ceinture de sauvetage ? / est-ce qu'on attend qu'un vaisseau passe ?
11. S'il y a une tempête, est-ce que l'hôtesse de l'air peut servir le repas ? / est-ce que l'avion peut s'écraser à terre ? / est-ce que le vol dure plus longtemps ?
12. Si quelqu'un fume dans un compartiment de non-fumeurs, est-ce qu'on laisse la portière ouverte ? / est-ce qu'on lui demande de changer de compartiment ? / est-ce qu'on descend du train ?

B. *Les mots qui suivent ont trois sons. Inversez l'ordre des sons, épelez le nouveau mot et donnez-en la signification.*

> **Ex :** tache, chatte, C H A T T E, female cat
> sur, russe, R U S S E, Russian

1. pouce   2. patte   3. malle   4. cor   5. rame   6. rousse   7. mur   8. par
9. tare   10. jarre   11. tour   12. mort   13. rouge   14. gêne   15. rêve   16. lard
17. sort   18. val

C. *Certaines villes ou régions françaises sont renommées pour certains produits. Associez la ville ou la région avec son produit.*

Ex : Dijon, la moutarde

1. Vichy
2. Arcachon
3. Agen
4. Limoges
5. Roubaix
6. Montélimar
7. Reims
8. Bordeaux
9. la Bresse
10. la Normandie
11. la Beauce
12. Lens
13. Saint-Gobain
14. Cambrai
15. Arques

a. les pruneaux
b. la houille
c. les cristaux
d. les glaces
e. les bêtises (sorte de bonbons)
f. l'eau
g. les huîtres
h. le calvados
i. la porcelaine
j. le blé
k. le champagne
l. la laine
m. le nougat
n. le vin
o. les poulets

RÉPLIQUES LIBRES

Voir le premier chapitre pour les instructions.

On attend l'avion à l'aéroport Charles-de-Gaulle

1. Notre ligne aérienne est Air France. Où est le comptoir ?
2. À quelle heure devons-nous décoller ?
3. J'espère qu'il n'y aura pas trop de trous d'air. As-tu facilement le mal de l'air ?
4. Sais-tu à quelle altitude on va voler ?
5. À quel aéroport va-t-on atterrir ?
6. Où allons-nous mettre nos bagages à main ?
7. Je n'ai pas eu le temps de manger beaucoup. Sert-on une collation pendant ce vol ?
8. Voici les hôtesses de l'air qui prennent le tapis roulant. Vers quelle porte doit-on se diriger ?

On passe à la douane

1. Tu en as une sale tête sur ta photo de passeport ! Quand a-t-elle été prise ?
2. Tu n'as pas oublié ton visa cette fois-ci. Pour combien de temps est-il valable ?
3. As-tu quelque chose à déclarer ?
4. À combien de bouteilles de boisson alcoolisée a-t-on droit ?
5. Regarde ce douanier qui fouille tous les bagages de cette dame blonde. En as-tu repéré un qui ne fasse pas trop d'histoires ?
6. Celui-là a du toupet. Il regarde même dans les sacs à main. Tu crois que nous allons avoir des problèmes avec nos bouteilles de parfum ?
7. As-tu nos clefs de valise ?
8. Mince ! Je n'arrive pas à refermer ma valise. Tu peux appuyer dessus ?

On part en croisière

1. C'est ma première croisière sur la Méditerranée. Et vous ?
2. Il y a des chaises longues sur le pont. Faut-il les louer ?
3. Combien de hublots avez-vous dans votre cabine ?
4. Les repas doivent être très bien. Qui est-ce qui va être invité à la table du capitaine ?
5. Ce vaisseau est différent des bateaux-mouches de Paris. Est-ce qu'il va y avoir beaucoup de tangage et de roulis ?
6. Je sens que je vais avoir le mal de mer. Où peut-on acheter des comprimés de dramamine ?
7. Est-ce que cette mer est souvent agitée ?
8. J'ai peur des naufrages. Combien de canots de sauvetage y a-t-il ?

On se délasse sur la Côte d'Azur

1. Je n'aime pas les plages de galets de Nice. Où pourrait-on aller pour trouver du sable ?
2. Est-il vrai que la mer Méditerranée n'ait pas de marée ?
3. Connais-tu quelqu'un ici avec qui nous pourrions faire du ski nautique ?
4. Aimes-tu faire de la planche à voile ?
5. Quelles sortes de poissons peut-on pêcher ici ?
6. Je reçois facilement un coup de soleil. Le soleil est-il chaud en Provence ?
7. Qu'est-ce que tu mets sur ta peau pour te bronzer si bien ?
8. L'eau est froide. Vas-tu te baigner quand même ?

On admire les Alpes

1. C'est un miracle que ces alpinistes ne se cassent pas le cou. As-tu déjà grimpé en cordée ?
2. Moi, je suis plutôt le genre à monter le pic du Midi en téléphérique. Veux-tu venir avec moi un de ces jours ?
3. Ce que la mer de glace est belle ! L'as-tu déjà vue de plus près ?
4. Crois-tu qu'il y ait assez de neige pour faire du ski cet après-midi ?
5. Où est le chalet que tu viens de louer ?
6. Je vois que tu as tes patins avec toi. Traces-tu toujours des figures sur la glace ?
7. Où est la patinoire à Chamonix ?
8. Quand penses-tu passer sous le tunnel du Mont-Blanc pour aller en Italie ?

FAUTES À ÉVITER

Le verbe anglais « to leave » peut être traduit en français par « laisser », « partir », « quitter », « s'en aller ». Si le verbe n'a pas de complément, on le traduit toujours par « partir » ou « s'en aller ».

Je ne sais pas quand il est parti. Il faut que je m'en aille.

Le verbe « partir » indique un point de départ. Il est intransitif.

Il est parti de la maison à huit heures et il est arrivé à l'université à huit heures et demie.

Le verbe « quitter » indique une séparation provisoire ou définitive. Il est transitif.

Elle a quitté l'université parce qu'elle avait besoin de travailler.

Le verbe « laisser » veut dire ne pas emmener avec soi. Il est transitif.

Il laisse toujours son chien à la maison.

Les Alpes.

Employez les verbes appropriés dans les phrases suivantes.

1. À quelle heure pense-t-il _____ ?
2. Je parie que j'ai _____ mes livres dans la salle de classe.
3. Elle veut _____ son mari et ses enfants.
4. Il ne savait pas s'il _____ de Paris ou de Rome.
5. Je me demande où j'ai _____ mon manteau.
6. _____ (impératif).
7. Il va _____ Chicago pour aller travailler à New York.
8. Elle a dit qu'elle doit _____ demain.
9. _____ -le ici.
10. Nous ne voudrions jamais _____ les régions du sud pour celles du nord.
11. Si tu ne te dépêches pas, je _____ sans toi.
12. Les trains français _____ toujours à l'heure.
13. Depuis qu'elle a la télévision, elle ne _____ jamais la maison.

14. Ne me _____ pas ici toute seule.
15. Surtout _____ -moi de l'argent.

SUJETS DE CONVERSATION POUR GROUPES DE TROIS OU QUATRE ÉTUDIANTS

1. Quel moyen de transport préférez-vous pour voyager ? Quels en sont les avantages et les inconvénients ?
2. Un voyage nécessite certaines préparations. Que considérez-vous essentiel quand vous faites vos valises pour partir ?
3. Quelles ont été vos meilleures vacances ? Décrivez-les.
4. En quelle saison vous semble-t-il préférable de prendre les vacances ? Parlez des avantages de chaque saison.
5. Préférez-vous la montagne ou la mer ? Donnez vos raisons.
6. Quelles sortes de choses peut-on faire pour se distraire quand on a une villa sur un lac ?
7. Emportez-vous un appareil photographique quand vous allez en vacances ? Quelles sortes de photos prenez-vous ?
8. Les métiers d'hôtesse de l'air, de pilote, de capitaine ou de commissaire de bateau vous attirent-ils ou non ? Pourquoi ?
9. Si vous aviez l'argent et le temps, quel pays aimeriez-vous visiter cet été ? Pourquoi ?
10. Quelles sont toutes les démarches à faire pour partir à l'étranger ?
11. Avez-vous déjà eu des problèmes à la douane ? Qu'est-ce qui s'est passé ?
12. Quelle sorte de croisière aimeriez-vous faire ? Imaginez les activités sur le bateau.

LES GESTES EXPRESSIFS

Quand une personne est inoccupée, on dit qu'elle se tourne les pouces. Le geste est connu dans beaucoup de pays. Il consiste simplement à se croiser les doigts et à se tourner les pouces.

Pensez à des situations dans votre vie journalière où quelqu'un pourrait facilement vous accuser de vous tourner les pouces.

DÉBATS

Toute la classe participe.

1. Les Français disent que les voyages forment la jeunesse. S'instruit-on autant en voyageant qu'en étudiant ? Apprend-on des choses que l'on ne peut apprendre dans les livres ? Donnez des exemples.

2. Discutez le proverbe français « partir, c'est mourir un peu. » Êtes-vous d'accord ? Dans quelles circonstances vous êtes-vous senti plutôt mélancolique en quittant un lieu ?
3. Il y a un choix varié de vacances. On peut partir en voyage organisé, louer une villa sur le bord de la mer, sur le bord d'un lac, louer un chalet en montagne, faire du camping, voyager en pays étrangers, rester dans un centre récréatif comme le Club Méditerranée, partir à l'aventure, etc. Le choix dépend-il de l'âge ? Nommez les activités qui plaisent spécialement aux jeunes. La situation économique des jeunes joue-t-elle un rôle dans le choix ? Discutez les vacances que vous ne pourriez absolument pas tolérer.
4. Pensez-vous qu'il y ait dans l'être humain une curiosité qui le pousse à faire des expéditions lointaines ou au contraire que l'être humain soit fondamentalement casanier ? Donnez des exemples historiques ou autres pour illustrer votre opinion.

ACTIVITÉS POSSIBLES

1. Choisir une ville française où l'on aimerait passser ses vacances. Écrire au syndicat d'initiative de cette ville et consulter le guide Michelin vert et rouge pour avoir le plus de renseignements possible. Écrire un compte rendu.
2. Montrer des diapositives prises au cours d'un voyage et expliquer ce qu'elles représentent.
3. Chaque groupe écrit une petite pièce d'un acte dans laquelle le vocabulaire étudié jusqu'à présent est employé. Le groupe en donne la représentation devant la classe.

LES SIGLES

On ne peut lire les journaux français sans être bombardé par les sigles. Dans la politique, le P.C. est le parti communiste, le P.S. le parti socialiste, la C.G.T. un syndicat représentant les ouvriers, la C.G.C. représente les cadres ; dans les sports, le C.I.O. est le comité international olympique, la F.I.T. la fédération internationale du tennis, etc. C'est à y perdre son latin.

Il faut, cependant, pour acquérir une meilleure compréhension de la langue française, connaître les sigles les plus employés.

Les P. et T. représentent les postes et les télécommunications.

La S.N.C.F., c'est la société nationale des chemins de fer français.

le C.A.P., c'est le certificat d'aptitude professionnelle, certificat nécessaire à tout jeune Français qui n'a pas l'intention de poursuivre de hautes études et qui veut travailler.

S.V.P. est l'abréviation de « S'il vous plaît ».

R.S.V.P. est l'abréviation de « Répondez, s'il vous plaît ». Sigle qui a été adopté dans la langue anglaise.

La B.N. est la Bibliothèque nationale.

Une B.D. est une bande dessinée.

La S.F. est la science-fiction.

La P.J. est la Police judiciaire.

La R.N. est la Route nationale.

Téléphoner en P.C.V., c'est donner un coup de téléphone à percevoir.

Le L.E.P. est le lycée d'enseignement professionnel.

Les Français ont adopté aussi quelques sigles de la langue anglaise tels que S.O.S. et V.I.P.

Écrivez des phrases en employant ces sigles.

Ex : On m'a dit qu'il est employé aux P. et T.

CONSEILS PRATIQUES DE PRONONCIATION

Les Voyelles nasales

Il y a quatre voyelles nasales en français et leur timbre n'a pas d'équivalent en anglais.

I.   Le **on** est prononcé approximativement comme la voyelle du mot anglais **phone** si l'on s'arrête avant de prononcer le **n**. **On** devient **om** devant un **b** ou un **p**.

     ton, accomplir

II.   Le **an** et le **en** sont prononcés approximativement comme la voyelle du mot anglais **lawn** si l'on s'arrête avant de prononcer le **n.** An et en deviennent **am** et **em** devant un **b** ou un **p**.

     enfer, embellir, lanterne, ample

    Aon et **aen** sont prononcés de la même façon.

     Laon, Caen

III.   Le **in** est prononcé approximativement comme la voyelle du mot anglais **hand** si l'on s'arrête avant de prononcer le **n**. In devient **im** devant un **b** ou un **p**.

     intérêt, timbre

    Yn, ym, ain, aim, ein sont prononcés de la même façon.

     syndicat, symphonie, terrain, faim, teindre

    Le **en** se prononce comme un **in** dans la combinaison **ien**.

     bien

IV.   Le **un** est prononcé par la plupart des Français comme le **in** ; cependant, dans le français châtié, on arrondit les lèvres comme pour dire **u**, ce qui change le timbre. **Un** devient **um** devant un **b** et quelquefois en position finale.

     chacun, humble, parfum

    Parfois **um** n'est pas prononcé comme une voyelle nasale quand il est en position finale.

     maximum

V.   Les voyelles nasales se dénasalisent lorsqu'elles sont suivies d'une voyelle ou lorsque le **n** ou le **m** se double.

     plan, plane, bon, bonne

    Cependant **en** et **em** ne se dénasalisent pas lorsqu'ils sont employés comme préfixes.

     ennuyer, emmener

Lecture

Lisez à haute voix.

En juillet et en août, la France est en mouvement : les Français partent en vacances. La circulation sur les routes est intense et elle devient intolérable à la fin du mois de juillet quand ceux qui partent rencontrent ceux qui reviennent. Le problème est ac-

Promenade sur le quai dans l'île d'Oléron.

centué par le fait que les autoroutes ne sont pas nombreuses en France. Quoique l'on commence à en construire davantage dans les régions les plus populaires, leur nombre reste insuffisant. Le gouvernement essaie, sans grand succès, d'encourager les Français à prendre leurs vacances au printemps, mais tant que l'enseignement durera jusqu'à la fin juin, les Français résisteront à ce changement.

Ce n'est pas seulement avec la circulation que l'on a des problèmes. Il faut s'y prendre bien à l'avance pour trouver un logement ; les hôtels sont bondés, les villas louées. On ne trouve pas de places à réserver dans les trains ou dans les avions qui se dirigent vers les pays ensoleillés.

Ce sont en effet les régions du sud qui sont les plus envahies : la Côte d'Azur, la côte Atlantique, les Alpes, les Pyrénées. Les plages de Nice, Cannes, Saint-Tropez sont noires de monde ; de même celles de Biarritz, de Saint-Jean-de-Luz. Le tourisme est encouragé non seulement par le climat, mais par les diverses distractions, festivals, danses folkloriques, concerts, défilés, etc. La Bretagne et la Normandie, elles aussi attirent des Français, en dépit de leur temps généralement maussade. L'une offre ses calvaires, ses menhirs, ses dolmens et sa côte sauvage, l'autre ses longues plages sablées et son cidre doux et sec. L'Alsace et la Bourgogne sont spécialement prisées par les gourmets.

Le seul endroit où les étrangers peuvent trouver un hôtel pendant cette période, c'est Paris, ville complètement désertée par les Parisiens. Malheureusement, ils trouvent aussi beaucoup de magasins fermés, peu de spectacles, peu d'animation. Ils doivent se contenter de visiter les musées.

Étant données les circonstances dans lesquelles un Français doit voyager, il n'est pas étonnant que les voyages organisés soient extrêmement populaires. Tous les ans leur nombre augmente. On a d'excellentes occasions d'aller au bout du monde sans être fatigué par de nombreuses démarches. Le Club Méditerranée est aussi très apprécié. La nourriture est excellente ; l'esprit de camaraderie règne ; les sports abondent. Dans les deux cas, cependant, il est nécessaire de retenir ses places longtemps à l'avance.

Comment les Français peuvent-ils résoudre leur problème ? On ne peut s'empêcher de frémir à la pensée que maintenant il va y avoir cinq semaines de vacances au lieu de quatre. Heureusement, il est question actuellement que la cinquième semaine soit prise en hiver.

VOCABULAIRE À SAVOIR

l'agence de voyage

les dépliants
les voyages organisés
réserver une place

retenir une chambre
les logements
louer une villa

le syndicat d'initiative
le guide Michelin

les bagages

les bagages à main
une malle
une mallette légère
un sac à dos
une valise lourde

la clef
un appareil photographique
le matériel photographique
les diapositives
les souvenirs

le train

le compartiment de non-fumeurs
la consigne
le filet
la portière
monter et descendre du train
défense de fumer
défense d'ouvrir la portière quand le train est en marche
le train est bondé

la voiture

l'autoroute
la carte routière

la circulation

déboucher sur une rue

l'avion

l'aéroport
le billet
la ceinture
la collation
le comptoir
l'hôtesse de l'air
la ligne aérienne
les perturbations atmosphériques
la piste d'atterrissage

le tapis roulant
les trous d'air
le vol
atterrir
avoir le mal de l'air
décoller
sauter en parachute
s'écraser à terre
voler

le bateau

le vaisseau
le navire
la cabine
le canot de sauvetage
la ceinture de sauvetage
la chaise longue
le commissaire

la croisière
l'épave
le garçon de cabine
le hublot
la passerelle
le roulis
le tangage

la tempête
avoir le mal de mer
avoir une mer agitée
couler
faire naufrage
naviguer

la montagne

un alpiniste
la cordée
la glace
les glaciers
la mer de glace

le Mont-Blanc
le patin
le patinage
la patinoire

le téléphérique
faire du ski
grimper
tracer des figures sur la glace

la douane

le douanier
le passeport

le visa
déclarer quelque chose

fouiller les valises

la mer

la Côte d'Azur
les coups de soleil
la crème protectrice
des lunettes noires
la marée
le parasol
les planches à voile

le poisson
le sable
un temps ensoleillé
un temps maussade
les vagues
un yacht
se baigner

se bronzer
se délasser
faire du ski nautique
se garantir du soleil
pêcher
ramasser des coquillages

ON SE DIVERTIT

C'est une Américaine. Elle voulait connaître une distraction bien française.

MICRO-CONVERSATIONS

Apprenez les dialogues par cœur, puis faites les changements suggérés.

I. On choisit une discothèque

> — Dis donc. Est-ce qu'on va à la discothèque qui est située sur l'avenue de Lexington ?
> — Ça va prendre un temps fou pour y arriver. Allons plutôt à la boîte dans la rue à côté d'ici.
> — Ça non alors ! Moi, j'estime que la boîte sur l'avenue a plus d'entrain.
> — Tu sais, le soir, c'est un peu dangereux de marcher dans les rues.

Refaites le dialogue en remplaçant certaines expressions par celles qui suivent et faites les changements nécessaires.

	l'avenue de Lexington	la rue à côté d'ici	l'avenue	les rues
1.	avenue de Lexington	le boulevard qui traverse notre rue	cette avenue	les avenues
2.	le boulevard à côté de ton bureau	cette rue-ci	le boulevard	les boulevards
3.	la rue de Santa-Cruz	le rond-point	rue de Santa-Cruz	cette rue
4.	place du Temple	l'impasse ici	la place	cette place
5.	la Troisième rue	le carrefour	la rue dont je te parle	des rues sombres
6.	80 boulevard Roosevelt	une avenue près d'ici	ce boulevard	un boulevard si peu fréquenté

II. Le film était moche

> — Eh bien, moi, je n'ai pas aimé cette vedette.
> — Moi non plus. Celle du western hier était bien meilleure.
> — Ça c'est sûr. Et c'était une nouvelle venue.
> — C'est difficile à croire.

Refaites le dialogue en remplaçant les expressions par celles qui suivent et faites les changements nécessaires.

	vedette	était une nouvelle venue	est difficile à croire
1.	acteurs	étaient magnétiques	est vrai
2.	réalisateur	était le premier film qu'il a tourné	est sensationnel

3.	prises de vue	étaient plus grandioses	doit être un bon caméraman qui les a prises
4.	scénario	était tiré d'un livre que j'ai lu	était une histoire qui m'a tenu en suspens
5.	actrices	étaient des actrices qui ont commencé sur les planches	aide beaucoup
6.	décor	était un décor spectaculaire	se passait dans l'Arizona

RAPPEL GRAMMATICAL

L'Emploi de « depuis » et « pendant »

I.   « Depuis » se traduit en anglais soit par « for », soit par « since », c'est-à-dire qu'il s'agit soit d'une durée, soit d'un point de départ.

   A.   On emploie le présent quand il est employé dans des phrases dont l'action a commencé dans le passé et se continue dans le présent.

      Elle joue aux cartes depuis une heure. *She has been playing cards for an hour.*

      Elle joue aux cartes depuis l'arrivée de son ami. *She has been playing cards since the arrival of her friend.*

      Elle joue aux cartes depuis que la télévision est en panne. *She has been playing cards since the television stopped working.*

   B.   On emploie le passé composé quand l'action de la phrase est négative.

      Elle n'a pas joué aux cartes depuis une heure. *She has not been playing cards for an hour.*

      Elle n'a pas joué aux cartes depuis que la télévision remarche. *She has not been playing cards since the television is working again.*

   C.   On emploie le passé composé quand l'action s'est terminée dans le passé, fait qui ne peut exister que dans le cas où « depuis » indique un point de départ.

      Il est allé souvent à la discothèque depuis la mort de sa femme. *He has often gone to the disco since the death of his wife.*

   D.   On emploie l'imparfait quand l'action a commencé dans le passé et a été interrompue dans le passé.

      Il jouait aux cartes depuis deux heures quand son père est arrivé.

   E.   Quand « depuis » indique une durée, il peut être remplacé par d'autres expressions.

      Il joue ce disque depuis plusieurs heures.

      Voilà plusieurs heures qu'il joue ce disque.

      — Il y a plusieurs heures qu'il joue ce disque.

      Ça fait plusieurs heures qu'il joue ce disque.

      He has been playing this record for several hours.

   F.   Dans une question, « depuis » est suivi par « combien » lorsqu'il s'agit d'une durée, et par « quand » lorsqu'il s'agit d'un point de départ.

      Depuis combien de temps joue-t-elle ce disque ? *How long has she been playing this record?*

when placed at end, (il y a) means ago

Depuis quand joue-t-elle ce disque ? *Since when has she been playing this record?*

II. « Pendant » se traduit en anglais soit par « for », soit par « during », c'est-à-dire qu'il s'agit soit d'une durée, soit d'un moment où quelque chose d'autre se passe. « Pendant que » se traduit par « while ».

A. L'action du verbe dans la phrase peut être achevée soit dans le passé, soit dans le présent, soit dans le futur.

Nous avons regardé la télé pendant deux heures. *We watched television for two hours.*

Nous regardons la télé pendant l'heure du déjeuner. *We watch television during our lunch hour.*

Nous regarderons la télé pendant que tu prépareras le déjeuner. *We will watch television while you prepare lunch.*

B. On peut supprimer la préposition « pendant » quand elle indique une durée, spécialement si elle est placée directement après le verbe.

Vous avez travaillé pendant deux heures. Vous avez travaillé deux heures. *You worked for two hours.*

C. Dans une question, « pendant » est suivi par « combien de temps » lorsqu'il s'agit d'une durée. On peut laisser tomber la préposition « pendant » et dire simplement « combien de temps ». Lorsqu'il s'agit d'un moment où quelque chose d'autre se passe, on commence la question avec « quand ».

Pendant combien de temps a-t-il joué du piano ? Combien de temps a-t-il joué du piano ? *How long has he played piano?* Depuis combien ... means since when (age) Quand a-t-il joué du piano ? *When did he play piano?*

III. On regarde la télé

> — Je n'ai pas regardé ces feuilletons pendant toute la semaine.
> — Tu te rattrapes aujourd'hui. Depuis quand as-tu les yeux fixés sur le petit écran ?
> — Depuis que tu es parti(e).
> — Moi, pendant que tu t'es relaxé(e), j'ai travaillé.

Refaites le dialogue en remplaçant les expressions par celles qui suivent et faites attention aux changements de temps. Avec le changement de la troisième réplique, il y a automatiquement un changement dans la deuxième.

	toute la semaine	**tu es parti(e)**	**tu t'es relaxé(e)**
1.	la semaine dernière	une heure	ce temps-là
2.	longtemps	ton départ	toute la journée
3.	nous avons une télévision en couleurs	la plus grande partie de la matinée	hier
4.	le début de la semaine	toute l'après-midi	huit heures du matin

5. les classes ont   ce matin   je me suis levé(e)
   commencé
6. avant-hier   trois longues heures   huit longues
   heures

RAPPEL GRAMMATICAL

Les Adjectifs et les pronoms possessifs

I. Les adjectifs possessifs sont **mon, ton, son, notre, votre, leur, ma, ta, sa, mes, tes, ses, nos, vos, leurs**. Ils prennent le genre et le nombre du nom qu'ils modifient. **Notre, votre** et **leur** et les formes au pluriel peuvent être masculins ou féminins. **Ma, ta, sa** deviennent **mon, ton, son** devant une voyelle ou un **h** muet.

> ton violon, notre amie, son habitation

En français on ne fait pas de distinction entre **his** et **her**.

> Il n'a pas écouté son disque. *He did not listen to his (her) record.*

II. Les pronoms possessifs sont **le mien, le tien, le sien, le nôtre, le vôtre, le leur, la mienne, la tienne, la sienne, la nôtre, la vôtre, la leur, les miens, les tiens, les siens, les nôtres, les vôtres, les leurs, les miennes, les tiennes, les siennes**. Ils prennent le nombre et le genre des noms qu'ils remplacent. **Les nôtres, les vôtres, les leurs** peuvent être masculins ou féminins.

> Voici mes disques. Où sont les tiens ? Où sont les vôtres ?
> Voici mes photos. Où sont les tiennes ? Où sont les vôtres ?

IV. On s'intéresse à la musique

> — Passe-moi ton nouveau disque.
> — C'est mon frère qui l'a. Mais ma camarade de chambre te prêtera le sien.
> — Je préférerais le tien.
> — Que ce soit le mien ou le sien, ça n'a aucune importance.

A. Employez le vouvoiement.
B. Refaites le dialogue en remplaçant le nom « disque » par ceux qui suivent et faites les changements nécessaires.
   1. disques   2. microsillons   3. trompette   4. tourne-disque   5. baguettes de tambour   6. guitare

AMUSONS-NOUS

A. *Jouons au poker. Divisez la classe en groupes de quatre ou cinq élèves. Donnez un jeu de cartes à chaque groupe. Les quatre couleurs d'un jeu de cartes sont le carreau, le cœur, le trèfle, le pique. Les figures sont l'as, le roi, la dame, le valet.*

Les nombres sont le dix, le neuf, etc. Ainsi, on peut avoir un roi de trèfle et un dix de carreau. D'abord, on bat les cartes, on les coupe et on les donne. Ensuite, dans une partie de poker, on mise, on passe, on tient la dernière mise faite, on relance. Finalement, on peut ou gagner ou perdre son enjeu. Quand les joueurs doivent montrer leurs cartes, ils les nomment séparément puis disent s'ils ont une main pleine, une séquence, un flush, une quinte royale, un carré, un brelan, une paire.

B. *Ayez une conversation d'après le modèle qui suit en montrant du doigt la chose et la personne dont il s'agit.*

Étudiant no.1 (s'adressant au no.2) : Est-ce que ce livre est à toi ?
Étudiant no.2 (s'adressant au no.1) : Non, ce n'est pas le mien. C'est le sien.
Étudiant no.3 (s'adressant au no.4) : Ce n'est pas le mien non plus. C'est le tien.
Étudiant no.4 (s'adressant au no.3) : Ce n'est ni le mien, ni le tien, ni le sien. Alors maintenant, c'est le nôtre.

Recommencez la conversation en remplaçant « ce livre » par :

1. ces chaises   2. ces craies   3. cette table   4. ce cahier   5. ces crayons   6. ce stylo   7. ce tableau   8. cette montre   9. ce sac   10. ce gilet   etc.

Chaque élève qui fait une erreur reçoit un point. L'élève avec le moins de points gagne.

C. *Anagrammes. En arrangeant les lettres des mots qui suivent dans un ordre différent, on peut former un mot. Ne faites pas attention aux accents. L'étudiant ou le groupe qui peut trouver le plus de mots est le gagnant.*

Ex : partie, pirate

1. marcher	6. rigole	11. crédit
2. magie	7. aimer	12. saper
3. décor	8. chéri	13. oser
4. palme	9. réduit	14. repu
5. sachet	10. niche	15. cas

RÉPLIQUES LIBRES

Voir le premier chapitre pour les instructions.

On écoute la musique

1. Avez-vous acheté ce disque de rock dont vous aviez envie ?
2. Qui est le chanteur ?
3. En quelle langue sont les paroles des chansons ?
4. Les avez-vous entendues à la radio ou à la discothèque ?
5. Quelle sorte de tourne-disque avez-vous ? Un mono ou un stéréo ?
6. Avez-vous essayé de les jouer sur votre piano ?
7. Je vous ai entendu fredonner les airs. Chantez-vous aussi ?
8. Moi, j'ai un magnétophone. Pourriez-vous me prêter le disque pour que je puisse l'enregistrer ?

On va au cinéma

1. Avez-vous vu ce film que l'on passe en ce moment au cinéma de la Madeleine ?
2. C'est un film étranger. Était-il doublé ou avec sous-titres ?
3. Où ont-ils tourné le film ?
4. Est-ce que c'est une science-fiction ou un film policier ?
5. Le dénouement est-il inattendu ?
6. Moi, personnellement, je préfère un bon film de Truffaut ou de Godard. Qui est le réalisateur ?
7. Ont-ils montré un dessin animé pour commencer ?
8. À quelle heure commence la première représentation ?

On regarde un tournoi d'échecs

1. Regarde où ce joueur a son roi. Crois-tu qu'il va être mis en échec ?
2. Ne devrait-il pas roquer maintenant ?
3. C'est un retournement de situation spectaculaire. Quelle tactique a-t-il employée ?
4. A-t-il fait tomber son fou pour défendre la tour ?
5. Le cavalier et la dame blanche ne protègent pas ce pion. Est-ce qu'il va y avoir un sacrifice ?
6. Qui a maté hier soir ?
7. Crois-tu qu'il va y avoir partie nulle ce soir ?
8. Où a eu lieu le dernier championnat du monde ?

On regarde la télévision

1. Allume la télé. Y a-t-il une émission intéressante ce soir ?
2. J'en ai ras le bol de la publicité. Est-ce que c'est bientôt le moment pour les informations ?
3. Je n'entends pas très bien. Qu'est-ce que la speakerine vient d'annoncer ?
4. Pourrais-tu faire marcher la télé plus fort ?
5. À quelle heure est-ce que le programme de variétés commence ?
6. C'est sur quelle chaîne ?
7. Il va falloir éteindre le poste pendant l'heure du dîner. Quelle heure est-il ?
8. Est-ce que tes parents commencent à se faire au petit écran ?

On assiste à une représentation

1. Il paraît qu'à la représentation d'hier, certains ont applaudi et d'autres ont sifflé. Est-ce une pièce d'avant-garde ?
2. Je n'ai pas lu la critique dans les journaux. Que disent-ils de cette pièce ?
3. Tu as un ami qui joue dans la pièce. Es-tu allé(e) à une des répétitions ?
4. Je me demande si les acteurs ont le trac avant d'entrer en scène. As-tu jamais joué toi-même ?
5. Le rideau va se lever. J'entends les trois coups. Où sont nos fauteuils ?
6. La rampe s'allume. D'où viennent les spots ?
7. Le souffleur est dans son trou. Y en a-t-il un aussi dans les coulisses ?
8. Sais-tu combien de temps va durer l'entracte ?

Une affiche de spectacle à Paris.

FAUTES À ÉVITER

En français les quatre verbes « apprendre », « enseigner », « instruire », « éduquer », peuvent donner quelques difficultés aux étudiants de langue anglaise. On apprend et on enseigne quelque chose à quelqu'un, et on instruit et on éduque quelqu'un.

Il y a peu de différence entre « apprendre » (qui veut dire « to teach » aussi bien que « to learn ») et « enseigner ». Cependant lorsque le verbe anglais « to teach » est employé sans complément, il est traduit par « enseigner ».

Ça fait plusieurs années que j'enseigne.

On emploie « apprendre » quand il s'agit d'une technique et « enseigner » quand il s'agit d'une matière.

Mon ami enseigne les mathématiques.

Son père lui a appris à compter.

Il n'y a pas de différence entre « instruire » et « éduquer » sinon que le dernier est plus général et peut inclure l'acquisition de principes moraux.

Ces verbes peuvent être réfléchis et leur participe passé peut être employé comme adjectif.

Il faut instruire (ou éduquer) les enfants très jeunes.

C'est une personne éduquée (ou instruite).

Employez les verbes appropriés dans les phrases suivantes.

1. Qu'est-ce que tu fais pour gagner ta vie ? Je _____.
2. Si on veut réussir dans la vie, il est nécessaire de _____.
3. S'il avait été _____, il n'aurait pas fait cela.
4. Ma pauvre sœur s'est évertuée à me _____ l'alphabet.
5. Il est impossible de _____ si on n'a pas les diplômes nécessaires.
6. Ses parents lui ont _____ le français quand elle était petite.
7. Lui as-tu _____ à se laver les mains avant de manger ?
8. Il a assez de livre pour _____.
9. Le professeur voulait nous _____ à tout prix.
10. Je ne sais pas qui lui a _____ à écrire comme cela.
11. Son père lui a _____ à être poli.
12. Je ne crois pas qu'elle soit très _____.
13. Il est possible qu'il _____ cet automne.
14. Une langue est plus facile à _____ que la littérature.

SUJETS DE CONVERSATION POUR GROUPES DE TROIS OU QUATRE ÉTUDIANTS

1. Que faites-vous pour vous distraire ?
2. Discutez un film que vous avez vu dernièrement. Est-ce un drame ou une comédie ? Un film qui vous tient en suspens ou un western ? Un vieux film ou un film actuel ? Quelle en est l'intrigue ? Est-ce un film distrayant ou y a-t-il une signification profonde ? Sa popularité dépend-elle des acteurs ou de l'histoire ? Y a-t-il des moments égrillards ou est-ce toujours très sérieux ?
3. Discutez les différences entre les films américains et les films européens.
4. Quelles sont vos émissions favorites à la télé ? Comment expliquez-vous la popularité des feuilletons ? Quels changements voudriez-vous voir dans les émissions actuelles ?
5. Discutez la publicité à la télé.
6. Quelle sorte de pièce préférez-vous ? Les pièces classiques ou les pièces d'avant-garde ? Les comédies ou les tragédies ? Les opérettes ou les opéras ? Expliquez pourquoi. Avez-vous déjà vu une pièce qui était un four ? Avez-vous jamais joué dans une pièce ?
7. Quelle sorte de musique préférez-vous ? La musique classique ou l'opéra ? Le rock ou le jazz ou le reggae ? Qu'est-ce qui vous a influencé vers cette préférence ?
8. Jouez-vous un instrument de musique ? Lequel ? Jouez-vous pour vos amis ? Vous faites-vous prier ou jouez-vous sans hésitation ? Pourquoi avez-vous choisi cet instrument ?

9. La danse est-elle toujours un divertissement populaire ? Si oui, où ? Donne-t-on encore des soirées dansantes où l'on invite les amis ? Y a-t-il une différence d'attitude à ce sujet entre les diverses générations ? Quelle sorte de danse préférez-vous ?

10. Jouez-vous aux cartes ? À quel jeu ? Savez-vous jouer aux dames, aux échecs, etc. ? Préférez-vous les jeux qui demandent un certain effort intellectuel ou les jeux de chance ?

11. Allez-vous à la foire ? Aimez-vous les manèges (les chevaux de bois, les balançoires, les grandes roues, les montagnes russes), les tirs, les spectacles divers ?

12. Avez-vous vu un carnaval ou un défilé ? Décrivez les costumes, les chars, les fanfares, etc. Aimez-vous cette sorte de divertissement ? Pourquoi ?

LES GESTES EXPRESSIFS

Le pied de nez est un geste bien connu utilisé pour railler les gens. Il est souvent fait derrière leur dos. Il s'agit de mettre le pouce sur le nez et d'écarter légèrement les doigts tout en les faisant marcher comme si on jouait de la trompette. On peut employer une main ou deux ; avec la deuxième, le pouce touche l'auriculaire (le petit doigt) de la première. On accompagne ce geste d'une grimace ou bien on tire la langue.

Imaginez des situations où vous seriez tenté d'utiliser ce geste.

DÉBATS

Toute la classe participe.

1. Discutez l'influence de la télévision sur la vie familiale. Les rapports entre les membres de la famille ont-ils changé ? La télévision est-elle responsable quand « Johnny » ne sait pas lire ou au contraire ses émissions sont-elles instructives ? A-t-elle une influence sur le comportement des enfants ?

2. Les films et les émissions doivent-ils être censurés ? Défendez votre opinion.

3. Le droit de jouer de l'argent dans les établissements publics n'existe que dans quelques États. Devrait-il exister partout ou devrait-il être dénié partout ? Donnez vos raisons.

4. Quelle influence ont l'éducation et la culture sur le choix des distractions ? Donnez des exemples.

ACTIVITÉS POSSIBLES

1. Lire plusieurs critiques de films et de pièces dans les journaux français ou dans les revues telles que « L'Express ». Écrire un essai où l'on tente de cerner ce qui plaît et ce qui ne plaît pas à la critique française. L'essai peut être remplacé par une discussion.

2. Choisir une journée d'émissions à la télé. Traduire les titres en français. Une interprétation, même humoristique ou sarcastique, est préférable à une traduction littérale. Lorsque les Français traduisent les titres de films américains, ils essaient d'en interpréter la signification profonde ; ainsi « All That Jazz » devient « Que le spectacle commence ».

3. Écouter une chanson française. La mettre sur cassette au laboratoire et encourager les étudiants à apprendre la chanson en imitant aussi parfaitement que possible la prononciation. Un concours de chants pourrait être organisé.

LES ABRÉVIATIONS

C'est un des phénomènes des langues qu'un mot assez long et employé régulièrement finit par s'abréger en laissant tomber les syllabes finales. En français les abréviations établies depuis longtemps sont acceptées dans le langage châtié. En voici quelques unes :

l'art déco (l'art décoratif)   la photo (la photographie)
l'auto (l'automobile)   le pneu (le pneumatique)
les maths (les mathématiques)   le pull (le pull-over)
la météo (la météorologie)   la stéréo (la stéréophonie)
le métro (le chemin de fer   la télé (la télévision)
métropolitain)

D'autres plus récentes ou d'origine estudiantine font partie du langage familier :

le bac ou le bachot (le baccalauréat)   le prof (le professeur)
le ciné (le cinéma)   les sciences po (les sciences
l'écolo (l'écologie)   politiques)
le micro (le microphone)   sensa (sensationnel)
la philo (la philosophie)   sympa (sympathique)

Employez ces abréviations dans des phrases appropriées.

Ex : A-t-il un pneu de rechange dans son coffre ?

CONSEILS PRATIQUES DE PRONONCIATION
Le Yod

Le yod est une semi-voyelle, c'est-à-dire qu'il ne peut pas se prononcer seul. En anglais on le trouve dans le son initial de « yet », « year », « yes ». Le yod peut s'écrire de différentes manières.

I. Avec un **i** ou un **y** suivi d'une voyelle.

vient, avion, pyorrhée

S'il est précédé d'une voyelle ou de deux consonnes dont la dernière est **l** ou **r**, le **i** ou le **y** sera prononcé d'abord puis deviendra un yod.

prier   pri-ier
essayer   essai-ier

II. Avec **il** en position finale et précédé d'une voyelle.

soleil, fauteuil, ail

Le **i** n'est pas prononcé.

III. Avec **ille**.

bille, feuille, paille, fouiller

Le **i** est prononcé seulement s'il n'est pas précédé d'une voyelle.

Lecture

Lisez à haute voix.

Les temps ont changé en France et les distractions aussi. On aime peut-être encore s'installer à la terrasse d'un café, regarder les gens passer ou discuter politique en prenant l'apéritif, mais le bistrot du coin n'a plus la même atmosphère. Le billard traditionnel a été remplacé par les jeux électroniques ; le claquement des queues sur les billes a fait place aux sons des oscillations électriques. On sort moins d'ailleurs, surtout si on est d'un certain âge, car la télévision a envahi les foyers français.

La télévision française est différente de la télévision américaine. Un Français n'a pas l'occasion de rester les yeux fixés sur le petit écran depuis tôt le matin jusqu'à tard le soir. En France, aucune chaîne n'émet le matin et il n'y a en général plus rien à regarder après onze heures ou minuit. Le téléspectateur français peut choisir entre trois chaînes. Ces chaînes sont nationalisées et diffusées de Paris. Il y a assez peu d'émissions régionales. Le niveau culturel des émissions est souvent plus élevé que celui de beaucoup d'émissions américaines. On y voit des reportages, des débats, des en-

On s'amuse en famille.

quêtes littéraires et historiques, des concerts en direct, des opéras, des ballets. En jetant un coup d'œil sur le programme de la semaine, on peut noter des pièces de Racine, de Shakespeare, de Brecht, de Salacrou, etc. Il y a quelques années, on présentait beaucoup de programmes américains doublés en français. Leur nombre a diminué. Cependant les films américains sont encore populaires quoique les films européens leur fassent une forte concurrence. À ses débuts, la télévision française ne présentait pas de publicité ; maintenant il y a des périodes qui lui sont réservées.

Si l'influence américaine est moindre dans les émissions françaises, il n'en est pas de même avec la musique. Les jeunes Français dansent encore beaucoup et les discothèques sont très fréquentées. Là, la musique est strictement américaine ou anglaise ; le rock et le reggae l'emportent sur tous les autres styles. On y danse sur une petite piste, dans une salle sombre éclairée seulement par les jeux de lumières phosphorescentes. Il existe encore, dans les campagnes, de vieux bals où un orchestre joue de la musique française et où l'on danse encore des valses et des tangos. C'est là que, par nostalgie, les Français plus âgés vont goûter de nouveau le charme des plaisirs passés.

VOCABULAIRE À SAVOIR

les divertissements

un amusement	se divertir	se distraire
s'amuser	divertissant	distrayant
amusant	la distraction	

le cinéma

l'acteur (l'actrice)	un film censuré
le caméraman	un film égrillard
le cinéaste	un film policier
le réalisateur	un western
la vedette	tourner un film
l'écran	le scénario est tiré d'un roman
l'intrigue	c'est un film doublé
les prises de vue	c'est un film avec sous-titres
un dessin animé	tenir en suspens

la musique

le concert	le rock
l'orchestre	le reggae
la chanson	une cassette
le chant	le magnétophone
le chanteur	le tourne-disque
le micro	le bal
la baguette de tambour	le ballet
un opéra	écouter en stéréo, en mono
une opérette	enregistrer sur une bande magnétique
la discothèque	jouer du piano
le disque	fredonner l'air
le microsillon	

la télévision

la chaîne	le reportage	diffuser
une émission en direct	la speakerine	allumer la télé
le feuilleton	le téléspectateur	éteindre la télé
les informations	le petit écran	faire marcher plus fort
le programme de variétés	un poste	

le bistrot

une boîte	la bille	les jeux électroniques
le billard	la queue	il y a de l'entrain

le poker

l'as de pique	la main pleine	une partie
le roi de cœur	la séquence	battre les cartes
la dame de trèfle	le brelan	couper les cartes
le valet de carreau	une paire	mettre un enjeu
la quinte royale	le joueur	miser
le carré	le partenaire	tenir la dernière mise faite
le flush	le jeu de cartes	relancer

le théâtre

l'auteur	la scène
le comédien	le décor
le dramaturge	le trou du souffleur
le metteur en scène	la rampe
le souffleur	le spot
la tragédie	une pièce avant-garde
la comédie	assister à une représentation
un four	frapper les trois coups
le dénouement	lever le rideau
l'entracte	avoir le trac
la répétition	interpréter
les coulisses	commencer sur les planches

les échecs

le pion	la tour	un sacrifice
le roi	le championnat	une partie nulle
la dame	le tournoi	mater
le cavalier	un échec et mat	mettre en échec
le fou	un retournement	roquer

la foire

le manège	les montagnes russes	le défilé
la balançoire	le tir	le char
les chevaux de bois	le carnaval	la fanfare
la grande roue		

chapitre 11

ON TOMBE MALADE

Ce bordeaux est un peu vert. Ça ne donne pas une bonne réputation à votre clinique.

MICRO-CONVERSATIONS

Apprenez les dialogues par cœur, puis faites les changements suggérés.

I. On attrape un rhume

> — Mon camarade a de la fièvre depuis deux jours.
> — Ça ne m'étonne pas. Moi, j'ai été enrhumé(e) pendant une semaine.
> — C'est la saison. Le prof de français a une extinction de voix depuis quelques jours.
> — Quel hiver ! Combien de temps allons-nous rester dans cette région ?

Refaites le dialogue en remplaçant certaines expressions par celles qui suivent et faites les changements nécessaires.

deux jours	**une semaine**
1. ce matin	toute la semaine
2. toute la journée	tout le mois de décembre
3. il est rentré de ses cours	les premières semaines de classe
4. hier	mon retour de France
5. toute la nuit	j'étais chez mes parents
6. tout le temps que j'étais parti(e)	je suis revenu(e) de France

quelques jours	**allons-nous rester dans cette région**
1. son arrivée ici	êtes-vous dans cette région
2. nous passions l'examen	allons-nous supporter ce climat
3. le début du semestre	habitez-vous ici
4. il faisait sa conférence	êtes-vous rentré(e) de Floride
5. avant-hier	va-t-il durer
6. la tempête de neige	avez-vous l'intention de séjourner ici

II. On prend des médicaments

> — Mes pilules m'ont beaucoup soulagé(e).
> — Dans ce cas-là, les tiennes sont plus efficaces que les miennes.
> — C'est le médecin qui me les a prescrites.
> — Eh bien ! Il va donc falloir que j'essaie les tiennes.

A. Refaites le dialogue en employant le vouvoiement.
B. Refaites le dialogue en remplaçant le nom « pilules » par :
   1. médicaments 2. piqûre 3. sirop 4. comprimés 5. gouttes
   6. ampoule

tablets

RAPPEL GRAMMATICAL

Le Remplacement de l'adjectif possessif par un pronom personnel devant les noms désignant les parties du corps

En français on évite l'emploi de l'adjectif possessif devant les noms désignant les parties du corps.

I. On le remplace par un pronom réfléchi quand l'action du verbe est subie par le sujet.

>   Elle se brosse les cheveux. *She is brushing her hair.*

II. On le remplace par un pronom complément d'objet indirect quand l'action du verbe est subie par quelqu'un d'autre que le sujet.

>   Je lui brosse les cheveux. *I am brushing his hair.*

III. Peut-on éviter les accidents ?

> *sling*
> — On t'a mis le bras en écharpe. Qu'est-ce qui t'est arrivé ?
> — Je me le suis <u>foulé</u>. *sprained*   *dislocated*
> — Tu n'as vraiment pas de chance. Le mois dernier tu t'es déboîté l'épaule.
> — Oui, hélas, et voici qu'encore une fois il *lui* m'est impossible de me coiffer.

A. Refaites le dialogue en employant le vouvoiement.
B. Refaites le dialogue en remplaçant **je** par les pronoms qui suivent et en faisant les changements nécessaires :
    1. il 2. elle 3. nous
C. Refaites le dialogue en remplaçant les verbes et leurs compléments par ceux qui suivent.

mettre le bras en écharpe
1. mettre la jambe dans un plâtre   *cast*
2. bander la cheville   *bandage ankle*
3. mettre le bras en attelle   *splint*
4. mettre un désinfectant au doigt
5. bander le thorax
6. appliquer un pansement au front

se le fouler
se la casser   *break*
se faire une entorse   *sprain*
se le fracturer
se l'écorcher   *— scratch, scrape*
s'abîmer une côte   *break a rip (r min)*
se le fendre   *cracked*

se déboîter l'épaule
1. se tordre le pied   *twist*
2. se couper l'orteil   *cut toe*
3. se brûler la main
4. se pincer le doigt dans la porte
5. s'étirer les ligaments du poignet   *pull ligaments in wrist*
6. se cogner la tête contre la porte

se coiffer
se chausser   *≠ put shoes on*
se mettre des chaussures aux pieds
s'enrouler les cheveux sur des bigoudis   *- rollers*
se maquiller
se brosser les cheveux
se peigner   *comb*

RAPPEL GRAMMATICAL

Les Pronoms et les adjectifs interrogatifs

Les pronoms interrogatifs remplacent soit un nom représentant une personne, soit un nom représentant une chose. En anglais ils sont traduits par **who, whom, what, which one, which ones**.

Les adjectifs interrogatifs sont traduits par **what** or **which**.

I.   On traduit **who** et **whom** par **qui**, quelle que soit la fonction du pronom.

   > Qui est tombé malade ? Qui a-t-elle vu ? Pour qui le médecin a-t-il prescrit les médicaments ?

   Lorsque le pronom est sujet, **qui** peut être remplacé par **qui est-ce qui**.

   > Qui est-ce qui est tombé malade ?

II. On traduit **what** par :

   A. **Qu'est-ce qui** quand le pronom est sujet.

   > Qu'est-ce qui est arrivé ?

   B. **Que** quand le pronom est complément d'objet direct.

   > Que veux-tu faire ? Qu'est-ce que l'infirmière a dit ?

   C. **Quoi** quand le pronom est complément prépositionnel.

   > Avec quoi vous a-t-il ausculté ? À quoi est-ce que vous pensez ?

   D. **Quel, quelle, quels, quelles** quand il est adjectif interrogatif.

   > Quelles ampoules avez-vous prises ? À quel hôpital est-il allé ?

III. On traduit **which one** par **lequel** ou **laquelle**, et **which ones** par **lesquels ou lesquelles** quelle que soit la fonction du pronom. Ce pronom prend le genre du nom qu'il remplace.

   > Il y a deux hôpitaux ici. Lequel préférez-vous ?

   Lequel, lesquels et **lesquelles** se contractent avec les prépositions **à** et **de**.

   > Auquel êtes-vous allé ? Duquel avez-vous besoin ?

IV. Tous les pronoms interrogatifs compléments peuvent être suivis par n'importe quelle forme interrogative.

   > À qui est-ce que l'infirmière a parlé ? Que faites-vous ?
   >
   > À quoi pense le médecin ? Lequel votre ami aimerait-il ?

   Cependant on ne peut pas employer la répétition du sujet par le pronom **il (ils)** ou **elle (elles)** lorsque le pronom interrogatif est **que**.

IV. Il faut aller chez le dentiste

> — Une de mes dents de sagesse me cause des ennuis. Que devrais-je faire ?
>
> — Il faut la faire arracher. Qui est ton dentiste ?
>
> — Je ne connais pas de chirurgien-dentiste. Lequel parmi ceux d'ici emploie un bon anesthésique ?
>
> — Tu me sembles un peu nerveux. De quoi as-tu peur ?

Refaites le dialogue en remplaçant les expressions par celles qui suivent. Les prépositions, s'il y en a, ne sont pas données.

devrais-je faire	**est ton dentiste**
1. me recommandes-tu	peux-tu t'adresser
2. il vaudrait mieux faire	dentiste vas-tu
3. prend-on pour cela	téléphones-tu quand tu as mal aux dents
4. souris-tu	dit ton dentiste
5. conseil peux-tu me donner	peut s'en charger
6. devrais-je parler	te soigne d'habitude

parmi ceux d'ici emploie un bon anesthésique	**as-tu peur**
1. a une bonne réputation	crains-tu
2. me conseilles-tu	peut te rassurer
3. peut arracher les dents sans douleur	te fait peur
4. autre remède y a-t-il	raison hésites-tu
5. as-tu entendu dire de celui de l'université	te méfies-tu
6. ferais-tu dans mon cas	t'inquiète

AMUSONS-NOUS

A. *Rébus et devinettes. Les réponses seront toujours des noms représentant certaines parties du corps.*

> **Ex :** Elle est pensive parce qu'elle a remplacé son geai.
> Réponse : la gencive
> En anglais c'est un soutien-gorge.
> Réponse : le bras

1. Mettez tout l'or et la moitié d'une bouteille.
2. Inversez les syllabes de « s'il est sourd » et laissez-les tomber.
3. Les enfants le font beaucoup.
4. Elle doit être supprimée dans un édifice consacré au culte.
5. Sa première partie peut devenir cuir et sa deuxième est dure et solide.
6. Ajoutez deux à cou.
7. Il prend l'air avec sa canne.
8. Venu au monde.
9. Le poids est lié à nier.
10. Le pronom « je » le fait et il le fait avec nous.
11. En anglais c'est une silhouette.
12. Les « Paule » portent quelquefois des fardeaux.
13. Mettez le verbe pouvoir au subjonctif. Ne lui laissez pas de paix. Il lui faut un cas.
14. Ne le laissez pas choir. Ajoutez-y un mât.

B. *Les Mots croisés. Remplissez cette grille d'après les directions.*

1	2	3		4	5	6	7	8	9	10	11
12			13					14			
15			16				17				
18		19						20		21	22
23	24					25					
26			27	28	29	30				31	
32		33						34			
	35						36			37	
38				39				40			
	41		42				43				
44				45				46			
47				48		49	50				

Les accents ne comptent pas.

Horizontalement :

1. Éclat de voix.
4. Qui a les nerfs sensibles (au féminin).
12. Qui n'a pas les cheveux coiffés.
14. Ecchymose.
15. Personne qui excelle (fam.).
16. Animal de basse-cour.
17. Récipient de terre.
18. Symbole du mètre.
19. Ciment.
20. Vase.
23. De courte durée.
25. Odorat d'un animal.
26. Note de musique.
27. Voiture tirée par des chevaux.
31. Petit cube marqué de points servant à jouer.
32. Mettre de la viande sur une tige de fer pour faire rôtir (à la troisième personne du singulier).
34. Le verbe « être » à la deuxième personne.
35. Civières (au pluriel).
37. Symbole chimique de l'azote.
38. Mamifère habitant les bois.
39. Arbre tel que l'olivier, le frêne, etc.
41. Personne qui vit de manière austère pour atteindre la perfection spirituelle (au pluriel).
43. Voie publique.
44. Condition confortable.
45. Conjonction.
46. Métal précieux.
47. Petite élevation pour surélever la balle au golf.
48. Pétrole.

Verticalement :

1. Pièce où l'on dort.
2. Le thymus du veau.
3. Symbole chimique de l'iridium.
4. Obscurité.
5. Saison.
6. Symbole chimique de rhénium.
7. Symbole du volt.
8. Faire tomber (à la troisième personne du singulier).
9. Professant des opinions extrêmes.
10. Pronom réfléchi.
11. Participe passé du verbe « avoir ».
13. Douleur.
17. Symbole chimique du phosphore.
19. Article défini.
21. Habitation de certains animaux (au pluriel).
22. Époque.
24. Remettre des matériaux en place pour combler (à la troisième personne du singulier).
25. Nés de mêmes parents (au pluriel).
28. Atome ayant gagné un électron.
29. Appuyer par un côté (participe passé au pluriel).
30. Habitations dans les montagnes (au pluriel).
33. Mesure.
34. Personne qui commet une fraude.
36. Particule qui parfois renforce « oui ».
37. Venue au monde (au féminin).
38. Symbole de l'électron.
40. Département français.
42. Symbole de exa.
44. Symbole chimique de l'astate.
48. Nom de la note mi en anglais.
49. Cinquième lettre de l'alphabet.
50. Symbole du Newton.

C. *Donnez une des phrases suivantes à chaque groupe. Le groupe qui peut trouver le plus de questions possible sur la phrase est le groupe gagnant. Les questions avec des erreurs ne comptent pas.*

Ex : Mon frère aîné n'arrive pas à se débarrasser de son rhume de cerveau.

Réponses possibles : Qui n'arrive pas à se débarrasser de son rhume ? De quoi votre frère n'arrive-t-il pas à se débarrasser ? Quelle sorte de rhume a votre frère ? À quoi n'arrive-t-il pas ? Lequel de vos frères n'arrive pas à se débarrasser de son rhume ? Etc.

1. L'infirmière m'a fait prendre du sirop pour calmer cette mauvaise toux.
2. Après avoir joué au football, mon ami est revenu à l'université avec des ecchymoses sur tout le corps et une dent cassée.
3. Le médecin a conseillé à Jean de mettre de la glace sur la bosse qu'il a au front.
4. Quand ma mère commence à se moucher beaucoup à cause de son rhume des foins, elle avale des pilules.
5. Quoiqu'elle prenne des comprimés d'aspirine, ma copine continue à avoir des maux de tête qui la rendent folle.
6. Comme Marie se plaignait d'un rhume de poitrine, le médecin lui a donné un rendez-vous pour l'ausculter.
7. Ma sœur suit un régime amaigrissant que je lui ai recommandé, mais elle a du mal à contrôler son appétit.
8. Après s'être battu avec son camarade, mon petit frère est revenu avec un œil au beurre noir et un saignement de nez difficile à arrêter.
9. Le fils de ma voisine a attrapé ma rougeole quand il est venu me rendre visite la semaine dernière.

10.   Le médecin m'a fait des piqûres de pénicilline qui ont enrayé la pneumonie que j'ai eue après mon rhume.

RÉPLIQUES LIBRES

Voir le premier chapitre pour les instructions.

Les Maladies d'enfants

1.   Quand j'étais jeune, j'ai eu presque toutes les maladies d'enfants. Et toi ?
2.   As-tu eu beaucoup de taches rouges quand tu as eu la rougeole ? *measles*
3.   J'ai souffert le plus avec les oreillons. Est-ce que tes glandes étaient très enflées aussi ? *mumps*
4.   As-tu eu des complications ?
5.   Es-tu resté(e) au lit la plupart du temps ?
6.   Ce que j'ai eu de démangeaisons avec la varicelle ! Et toi ? *chicken pox*
7.   Est-ce que les boutons t'ont laissé des cicatrices ?
8.   Je suis content(e) d'en avoir terminé avec tout cela. Quel âge avais-tu quand tu as attrapé ta dernière maladie ?

Dans une pharmacie.

On est enrhumé

1. Tu as éternué toute la journée et tu as la voix enrouée. Depuis quand as-tu un tel rhume ?
2. Où l'as-tu attrapé ?
3. Crois-tu que ce soit un rhume de cerveau ou un rhume de poitrine ?
4. Tousses-tu beaucoup ?
5. Je vois que tu as des boutons de fièvre. As-tu pris ta température ?
6. Passes-tu des nuits blanches ?
7. Qu'est-ce que tu fais pour ce rhume ?
8. Prends un bon grog. As-tu ce qu'il te faut chez toi ?

On est blessé

1. J'ai entendu parler de votre accident. Étiez-vous évanoui(e) quand on vous a trouvé(e) ?
2. A-t-on dû vous transporter sur une civière ?
3. Qu'est-ce qu'on a découvert quand on vous a passé(e) à la radio ?
4. Je vois des béquilles près de votre lit. En avez-vous besoin pour vous déplacer ?
5. Votre jambe est-elle dans un plâtre ?
6. A-t-on suturé la coupure sur votre joue ?
7. Qu'est-ce qui vous a coupé(e) ainsi ?
8. Qui vous soigne ?

On doit aller à l'hôpital

1. Il paraît que ton frère va être opéré. Est-il à l'hôpital ou à la clinique ?
2. Combien de temps va-t-il y rester ?
3. On va lui retirer les amygdales. Pourquoi n'a-t-il pas été opéré beaucoup plus tôt ?
4. Va-t-on lui faire une anesthésie locale ou générale ?
5. Il ne va pas être heureux les premiers jours quand on ne lui apportera pas de plateau. Aime-t-il la glace ?
6. Il n'aime pas être dérangé. Comment va-t-il s'entendre avec les infirmières ?
7. J'aimerais aller lui remonter le moral. Quelles sont les heures de visite ?
8. Quand est-ce que le médecin lui permettra de se lever ?

Il faut se faire plomber une dent

1. Mon pauvre vieux (ma pauvre vieille), tu reviens de chez le dentiste. Quelle dent t'es-tu fait plomber ? Une molaire, une incisive ou une canine ?
2. Avais-tu un abcès ?
3. Moi, je déteste la roulette. Et toi, ça te gêne quand le dentiste te creuse une dent ?
4. Te fait-il une piqûre avant ?
5. Est-ce que ta gencive te fait mal ?
6. Pense-t-il devoir te mettre une couronne ?
7. Moi, j'ai beau essayer toutes les pâtes dentifrices possibles, j'ai toujours des dents cariées. Toi, as-tu beaucoup de plombages ?
8. Te reste-t-il encore des dents de sagesse ?

FAUTES À ÉVITER

Le mot **mal** en français peut être un nom ou un adverbe. Son emploi est multiple et très souvent idiomatique.

I. Il est employé avec le verbe **avoir**.

Il a mal au pied.	*His foot hurts.*
Il a mal à la tête.	*He has a headache.*
Il a un mal de tête terrible.	*He has a terrible headache.*
Il a des maux de tête.	*He has headaches.*

Lorsqu'une partie du corps nous fait souffrir, on emploie le plus souvent l'expression **avoir mal à**. Quand le nom **mal** est modifié, **avoir mal à** devient **avoir un mal de** ; quand il est au pluriel, il devient **avoir des maux de**.

Si le nom **mal** est précédé de l'article **du** ou **de**, sa signification change.

J'ai du mal à apprendre le français.	*I have difficulty in learning French.*
J'ai beaucoup de mal à apprendre le français.	*I have a lot of difficulty in learning French.*

II. Il est employé avec le verbe **faire**.

Son pied lui fait mal.	*His foot hurts.*
Ses chaussures lui font mal.	*His shoes hurt his feet.*
Il a fait mal à son copain.	*He hurt his friend.*

Lorsqu'une chose ou une personne nous fait souffrir, on emploie l'expression **faire mal à**. Notez que lorsqu'il s'agit d'une partie du corps, on a le choix entre deux expressions.

J'ai mal à la gorge. Ma gorge me fait mal.	*My throat hurts.*

Lorsqu'on se fait souffrir soi-même, on emploie l'expression **se faire mal à**.

Je me suis fait mal au pied.	*I hurt my foot.*

III. Il est employé avec le verbe **être**.

Il est bien mal.	*He is close to death.*
Il est mal avec eux.	*He is on bad terms with them.*

IV. Il est employé avec le verbe **donner**.

Il se donne du mal.	*He works hard.*

Employez les expressions qui conviennent dans les phrases suivantes.

1. Ça ne vaut pas la peine de _____ tant de _____ pour cela.
2. Quelle migraine ! Je _____ tête intenable.
3. Quand il _____ gorge, il prend des pilules.
4. Nous avons trop bien mangé. Mon foie _____ .
5. Depuis que ma voisine a insulté mon chien, je _____ avec elle.
6. Elle _____ comprendre ce dont il s'agit.
7. Fais attention. Ne te _____ pas _____ .
8. Depuis quelques jours, elle _____ au cœur.

9. Il est très âgé et malheureusement il _____ maintenant.
10. Quelqu'un m'a marché sur le pied et mon orteil _____.
11. Pendant des années, je _____ beaucoup _____ dents.
12. Le dentiste n'a pas l'intention de lui _____.
13. Quoiqu'il _____, il n'est pas arrivé à leur faire plaisir.
14. Si vous avez _____ l'estomac, allez voir un médecin.
15. J'ai eu froid hier et maintenant mes oreilles _____.

SUJETS DE CONVERSATION POUR GROUPES DE TROIS OU QUATRE ÉTUDIANTS

1. Décrivez une personne bien portante : sa vitalité, son appétit, sa joie de vivre. Êtes-vous en bonne santé la plupart du temps ?
2. Suivez-vous un régime ? Pourquoi ? Parlez de certaines conditions où il est nécessaire de le faire.
3. Quelles sont les qualités que vous aimeriez trouver chez un médecin ? Les trouvez-vous chez le vôtre ? Lui avez-vous déjà téléphoné pendant la nuit ? Vient-il chez vous lorsque vous êtes très malade ?
4. Les médecins modernes ont tendance à se diriger vers la spécialisation. Quels en sont les avantages et les inconvénients ?
5. Parlez des responsabilités des infirmières. Que pensez-vous de cette profession ? La trouvez-vous suffisamment rémunérée ?
6. Êtes-vous déjà allé à l'hôpital ? Avez-vous une assurance-maladie ? Qu'est-ce qui arrive si vous n'en avez pas ? Que pensez-vous des prix ? Préférez-vous rester chez vous quand vous êtes malade ?
7. Avez-vous eu une opération ? Laquelle ? Qu'est-ce qui s'est passé ?
8. Pendant votre enfance avez-vous contracté beaucoup de maladies ? Décrivez-les.
9. Quels sont les symptômes d'un rhume ? Quels remèdes employez-vous pour le soigner ?
10. Avez-vous la grippe quelquefois ? Décrivez-la. Est-ce que la vaccination contre la grippe est efficace ?
11. Discutez les différentes causes du rhume des foins ? Avez-vous des allergies ?
12. Allez-vous souvent chez le dentiste ? Pourquoi ? Quelles sont les différentes choses qu'un dentiste peut faire ?

LES GESTES EXPRESSIFS

Un Français qui veut signifier qu'une personne est folle met l'index sur la partie latérale du front et tape légèrement ou bien il tourne l'index comme s'il donnait des tours de vis. Ceci peut être accompagné d'une variété d'expressions : « il est cinglé », « il est dingue », « ça ne tourne pas rond ».

Essayez d'imaginer une explication pour le geste de tourner une vis ou pour l'expression « ça ne tourne pas rond ».

DÉBATS

Toute la classe participe.

1. La radiographie ou radio facilite le diagnostic des maladies. Cependant les rayons X peuvent être extrêmement dangereux et avoir des conséquences qui se déclarent seulement plusieurs années plus tard. Discutez l'emploi de la radio. Est-il excessif ? Les bienfaits reçus balancent-ils toujours les dangers encourus ? Un docteur et un dentiste devraient-ils employer la radiographie de manière routinière quand ils examinent les malades ? Que pouvez-vous faire pour vous protéger des excès ?

2. Discutez les progrès de la médecine : les bébés conçus in vitro, le remplacement des organes vitaux, etc. Quelles sont les possibilités de l'avenir ?

3. Discutez l'euthanasie. Il est illicite d'abréger la vie d'un malade incurable pour lui éviter de trop grandes souffrances. La science, cependant, a fait de tels progrès qu'elle peut prolonger ces souffrances en prolongeant la vie du corps. D'après vous, devrait-on ou non continuer les traitements ? Doit-on garder un corps en vie quand la conscience n'existe plus ? Discutez les cas dont vous avez entendu parler et les problèmes juridiques suscités.

4. Discutez l'usage des stupéfiants, la marihuana, le haschisch, l'héroïne, le L.S.D., etc. Quels en sont les problèmes personnels et sociaux ? Que peut-on faire pour les alléger ?

ACTIVITÉS POSSIBLES

1. Chercher dans les revues françaises des articles traitant de la médecine, de ses problèmes, de ses progrès, etc. En faire un compte-rendu.

2. Trouver dans de vieux livres ou en parlant à des personnes âgées les remèdes que l'on employait dans le bon vieux temps. Ainsi, par exemple, en France, il n'y a pas si longtemps, on posait des cataplasmes ou des ventouses sur le dos des malades pour les difficultés respiratoires. Faire une liste de ces remèdes et les discuter.

3. Écrire une conversation entre une personne âgée qui a des idées bien arrêtées sur la médecine et son petit fils, un médecin, spécialiste très à la page.

EXPRESSIONS IMAGÉES ASSOCIÉES AU CORPS

Il existe de nombreuses expressions imagées associées au corps. En voici quelques unes :

1. **On a le bras long**, quand on peut influencer quelqu'un d'important.
2. **On tient la jambe à quelqu'un** (fam.), quand on le retient en parlant de choses peu intéressantes.
3. **On est sur les genoux** (fam.), quand on est très fatigué.
4. **On n'arrive pas à la cheville de quelqu'un**, quand on lui est inférieur.
5. **Ça fait les pieds à quelqu'un** (fam.), quand ça lui donne une leçon.
6. **On a le cœur sur la main**, quand on est très généreux.
7. **On se tient les coudes**, quand on s'entraide.
8. **On sait quelque chose sur le bout des doigts**, quand on le sait très bien.
9. **On saute au cou de quelqu'un**, quand on l'embrasse avec chaleur.

10. **On n'a rien à se mettre sous la dent**, quand on n'a rien à manger.
11. **On n'en fait qu'à sa tête**, quand on n'écoute les conseils de personne.
12. **On montre le bout de l'oreille**, quand on dévoile son vrai caractère.
13. **On ne fait pas de vieux os**, quand on meurt très jeune.
14. **On a quelqu'un dans la peau** (pop.), quand on l'aime d'une manière obsédante.

Cherchez d'autres expressions associées au corps.

CONSEILS PRATIQUES DE PRONONCIATION
Le É Fermé et le È ouvert

I. Le timbre fermé **é** est comparable à la voyelle **a** dans le mot anglais **date**. Il est employé :
1. Avec les graphies **é, ée, ez**, et la terminaison verbale **er**. Ces graphies sont toujours situées dans une syllabe ouverte c'est-à-dire quand la syllabe se termine par une voyelle ou par une consonne qui n'est pas prononcée.

   médecine, pensée, parlez, manger
2. Avec la graphie **es** quand elle est située dans une syllabe ouverte.

   les, descendre
3. Avec la conjonction **et**.

II. Le timbre ouvert **è** est comparable à la voyelle **e** dans le mot anglais **bevy**. Il est employé :
1. Avec les graphies **è, ê, et, ei** et **ai**.

   après, fête, valet, beige, maison

   Cependant, si la terminaison verbale **ai** n'est pas suivie d'une voyelle ou d'une consonne, elle se prononce avec un timbre fermé.

   Je viendrai.
2. Avec la graphie **e** dans une syllabe fermée c'est-à-dire une syllabe qui se termine par une consonne prononcée.

   fer, restons, bec

Lecture

Lisez à haute voix.

Le Français se méfie de tout et en particulier des médecins et des produits chimiques, et ceci en dépit des découvertes des chercheurs français et des grands progrès de la technologie médicale. Par contre, il croit fermement aux bienfaits des plantes médicinales, de l'eau et de l'acupuncture.

L'herboristerie est un commerce fructueux. Le Français fait des infusions avec des plantes tonifiantes, des plantes pour les maladies de foie (le foie étant l'organe dont on se plaint le plus en France), des plantes dépuratives, des plantes pour les troubles circulatoires, enfin des plantes pour toutes les maladies possibles. Il boit des tisanes régulièrement, simplement par précaution ; après tout, une infusion de tilleul, ou de camomille, ou de verveine ne peut jamais faire de mal.

Siouville, centre de thalassothérapie en Normandie.

Le succès des plantes médicinales n'est surpassé que par celui de l'eau. Il est ironique que ces grands buveurs de vin aient une telle déférence pour l'eau. Les vieilles villes d'eaux comme Vichy, Vittel, Aix-les-Bains, Luchon, etc., étaient dans les temps jadis fréquentées strictement par la haute société. Elles sont maintenant envahies par les curistes de classe moyenne qui se font rembourser partiellement par les assurances sociales (la médecine étant socialisée en France). Leur nombre s'accroît de jour en jour. Chaque ville a d'ailleurs sa spécialité : on peut y aller guérir ses rhumatismes, guérir son foie, ou simplement se faire maigrir. Au traitement par l'eau des montagnes est venue s'ajouter la thalassothérapie. Dans ces nouveaux établissements, on vous met des algues dans l'eau du bain, on vous frotte de pommade faite à base de végétation marine, on vous envoie des jets d'eau de mer sur tout le corps. Vous passez du bain aux mains d'un kinésithérapeute qui vous décontracte des pieds à la tête. Vous faites de la gymnastique, un peu de yoga peut-être, et vous vous reposez dans les salles de relaxation. Tout Français qui retourne chez lui après sa cure se trouve « retapé » grâce à la vertu miraculeuse des eaux.

Le dernier cri de la thérapeutique, c'est l'acupuncture. Le Français s'en croit plus ou moins l'inventeur et déclare que les expériences faites en France n'ont rien à voir avec celle de la Chine et leur sont, en fait, fort supérieures. L'application des aiguilles sur différentes parties du corps peut guérir les rhumes, les névralgies, les douleurs locales, aussi bien que réduire les souffrances des grands malades incurables.

Vu cet engouement du Français pour les traitements qu'il considère « naturels », on pourrait croire que les salles d'attente chez les médecins sont vides. Il n'en est rien. Les visites, les traitements, et les médicaments étant remboursés presque totalement par la sécurité sociale, le Français n'hésite pas à aller voir (ou à faire venir) son médecin au moindre prétexte. Il achète tous les médicaments prescrits même si, parfois, il n'a aucune intention de les employer. Sa pharmacie de poche est souvent impressionnante.

Le Français est fasciné par le processus des maladies. Son passe-temps favori est de parler de sa santé et de celle des autres. C'est sans doute pourquoi il est toujours prêt à conseiller ses amis et connaissances sur l'état de leur organisme et à leur proposer les pilules, les ampoules et les gouttes qu'il a emmagasinées pendant des années.

VOCABULAIRE À SAVOIR

le corps

la tête	le cou	le genou
le crâne	l'épaule	la cheville
le front	la poitrine	le pied
la tempe	le bras	l'orteil
l'oreille	le coude	la gorge
le sourcil	le poignet	l'estomac
le cil	la main	le foie
l'œil (les yeux)	le doigt	le nerf
la paupière	l'ongle	le ligament
la joue	la jambe	la peau
la mâchoire	la hanche	les os
la gencive	la cuisse	le sang

les maladies

la douleur	la grippe	une allergie
la souffrance	la migraine	le rhume des foins
la thrombose coronaire	la rougeole	le rhume de cerveau
la congestion cérébrale	la scarlatine	le rhume de poitrine
le cancer	les oreillons	une mauvaise toux
les troubles circulatoires	la varicelle	une extinction de voix
les rhumatismes	le bouton	la fièvre
les amygdales enflammées	la démangeaison	les boutons de fièvre

les symptômes

éternuer	attraper quelque chose
se moucher	être enflé
tousser	maigrir
avoir une voix enrouée	avoir mal au cœur
passer une nuit blanche	avoir mal à la tête, à la gorge

les accidents

une bosse *kump*
un bleu *braise*
une ecchymose *bruise*
une coupure *cut*
un œil au beurre noir
un saignement de nez
le brancard *stretcher*
la civière "
les béquilles *crutch*
la canne *cane*
tomber en syncope *faint*
être évanoui *unconscious*

tomber dans les pommes (fam.)
mettre dans un plâtre
se blesser
se déboîter l'épaule
se casser la jambe
se fouler le poignet
avoir une entorse
se disloquer le bras
se couper
se brûler
passer à la radio *be X rayed*
les rayons X

l'hôpital

la clinique
l'assurance-maladie
le médecin à la page
le toubib (fam.)
le chirurgien
l'infirmière
l'opération
l'anesthésie

l'anesthésique
la cicatrice
prendre un rendez-vous
ausculter
se faire opérer de l'appendicite
passer sur le billard
suturer
remonter le moral

les remèdes

un médicament efficace
un traitement
une cure
une plante tonifiante
un dépuratif
un régime

l'acupuncture
la pénicilline
les comprimés d'aspirine
la piqûre
les gouttes
les ampoules

avaler une pilule
enrayer une infection
soulager
se soigner
guérir
être bien portant

le dentiste

la dent de sagesse
la canine
l'incisive
la molaire
la pâte dentifrice
une dent cariée

un abcès
un plombage
une roulette - *drill*
une couronne - *crown*
un bridge

un dentier
endormir
arracher une dent
creuser une dent
plomber - *fill a tooth*

ON SOIGNE
SON APPARENCE

On peut dire qu'un rien les habille.

MICRO-CONVERSATIONS

Apprenez les dialogues par cœur, puis faites les changements suggérés.

I. On se prépare le matin

> — Te voilà enfin! Combien de temps te faut-il pour te brosser les dents?
> — Tu peux bien parler toi qui te limes les ongles pendant des heures.
> — Tu sais bien que je dois me faire couper les cheveux à dix heures.
> — Eh bien, laisse-moi donc te les couper ici.

A. Refaites le dialogue en employant le vouvoiement.
B. Refaites le dialogue en remplaçant les **te**, le **je**, le **me** par des pronoms personnels à la troisième personne du singulier. Ils peuvent être sujets ou compléments d'objet directs ou compléments d'objet indirects ou réfléchis. Commencez par : « Le voilà enfin! » ou « La voilà enfin! »
C. Refaites le dialogue en remplaçant les **te**, le **je**, le **me** par des pronoms personnels à la troisième personne du pluriel. Commencez par : « Les voilà enfin! »

II. On ne sait quoi porter

> — Il est temps de s'habiller pour aller en ville. Quel pantalon vas-tu mettre?
> — Ah! Qu'est-ce qui irait avec mon nouveau chandail?
> — C'est difficile à dire. De quelle couleur est-il exactement?
> — Qui sait? Au fait, qui est-ce qui vient avec nous?

Refaites le dialogue en remplaçant certaines expressions par celles qui suivent et en changeant les pronoms ou les adjectifs interrogatifs quand c'est nécessaire. Les prépositions, s'il y en a, ne sont pas toujours données.

pantalon vas-tu mettre	**irait avec mon nouveau chandail**
1. vas-tu mettre	tu préfères
2. de tes robes vas-tu mettre	est ta préférée
3. faut-il porter	temps va-t-il faire
4. de mes pulls veux-tu	est à ma taille
5. allons-nous y faire	as-tu besoin
6. il me reste de propre	tu veux mettre

couleur est-il exactement	**vient avec nous**
1. mets-tu d'habitude	allons-nous retrouver en ville
2. te va le mieux	allons-nous en ville (avec)
3. prédit la météo	y croit de toute manière
4. est ta taille	nous a invités à dîner ce soir

5. nous manque   dois-tu acheter un cadeau (pour)
6. j'ai porté hier   as-tu téléphoné de venir avec nous

RAPPEL GRAMMATICAL

L'Emploi du subjonctif dans les propositions subordonnées substantives

I.   Les règles générales sont :
   A. À part certaines exceptions, on n'emploie le subjonctif que dans une proposition subordonnée.
   B. L'emploi du subjonctif dépend de ce que la proposition principale exprime.
   C. On emploie l'indicatif quand la proposition principale exprime un fait certain et le subjonctif quand la proposition principale exprime une possibilité ou un sentiment.

II. Dans les propositions subordonnées substantives, on emploie l'*indicatif* :
   A. Quand la proposition principale exprime une opinion comme, par exemple, avec les verbes **affirmer, croire, espérer, être sûr, il est probable, il me semble, paraître, penser, prétendre**, etc.
      Je crois qu'il viendra demain.
   B. Quand la proposition principale exprime une constatation comme, par exemple, avec les verbes **apprendre, savoir, voir**, etc.
      J'ai appris qu'elle s'est acheté un manteau de fourrure.
   C. Quand la proposition principale exprime une action décisive comme avec les verbes **arrêter, décider, prendre une décision**, etc.
      Il a décidé que j'irai à l'université.

III. Dans les propositions subordonnées substantives, on emploie le *subjonctif* :
   A. Quand la proposition principale exprime une manifestation de la volonté comme avec les verbes **commander, défendre, demander, désirer, empêcher, interdire, permettre, prier, souhaiter, vouloir**, etc.
      Il veut que je le fasse.
   B. Quand la proposition principale exprime une nécessité ou une possibilité comme avec les verbes **il est nécessaire, il est urgent, il faut**, etc.
      Il faut que nous allions en ville.
   C. Quand la proposition principale exprime un sentiment ou une qualité comme avec les verbes **aimer, c'est dommage, être fâché, être heureux, il est difficile, il est facile, se plaindre, s'étonner**, etc.
      Ça lui a plu que nous sachions le français.
   D. Quand la proposition principale exprime un doute ou a un verbe à la forme interrogative comme **croyez-vous, douter, espère-t-il, êtes-vous sûr, il est impossible, il est possible, il se peut, pensez-vous, s'attendre à**, etc.
      Croit-elle que je puisse le faire ?
   Exception : quand la proposition principale exprime une constatation, la subordonnée reste à l'indicatif même si cette constatation est à la forme interrogative.
      Savez-vous que je pars demain ?

E. Quand la proposition principale a un verbe à la forme négative ou avec un sens négatif comme **nier, ne pas croire, ne pas espérer, ne pas être sûr, ne pas penser**, etc.

> Je ne crois pas qu'elle vienne aujourd'hui.

Exception : quand la proposition principale exprime une constatation, la subordonnée reste à l'indicatif même si la constatation est à la forme négative.

> Nous ne savions pas qu'il était parti.

III. La mode change trop souvent

> — J'espère que les jupes ne se rallongeront pas cette année. Je suis fauchée.
> — Je suis logée à la même enseigne. Il faut que je fasse durer mon manteau une autre saison.
> — Pourtant il me semble que tu as acheté un nouveau tailleur.
> — C'est celui d'une copine. Pensais-tu que je puisse me payer quelque chose d'aussi cher ?

A. Refaites le dialogue en remplaçant les propositions principales par celles qui suivent.

j'espère	il faut	il me semble	pensais-tu
1. je pense	ma mère a décidé	il paraît	il est impossible
2. je souhaite	je suis sûre	j'ai appris	tu crois
3. je suppose	il est nécessaire	on m'a dit	tu crois possible
4. il est probable	il se peut	je m'étonne	tu ne penses pas
5. je suis contente	il est possible	il semble	prétends-tu
6. il est urgent	il est impératif	je suis surprise	crois-tu

B. Refaites le dialogue en faisant les changements suivants :

les jupes s'allongeront ⟶ les cravates s'élargiront

mon manteau ⟶ mon pardessus

un tailleur ⟶ un complet

une copine ⟶ un copain

RAPPEL GRAMMATICAL

Les Pronoms relatifs qui ont un antécédent autre que CE

Ces pronoms relatifs sont traduits en anglais par **who, whom, which**. Quelquefois **which** est remplacé par **that**, et souvent, spécialement en conversation, les pronoms relatifs anglais ne sont pas employés.

> *Do you know the man he is talking to ?*

L'emploi du pronom relatif est obligatoire en français.

> Connais-tu l'homme à qui il parle ?

I. Il n'y a pas de distinction entre un pronom relatif qui remplace un nom représentant une personne et celui qui remplace un nom représentant une chose quand ils sont sujets, compléments d'objet directs ou compléments prépositionnels précédés de la préposition **de**.

A. Quand ils sont sujets, on emploie **qui**.

Voici une jeune fille qui aime les toilettes.

Il a acheté un gilet qui lui va très bien.

B. Quand ils sont compléments d'objet directs, on emploie **que**.

Je ne connais pas la jeune fille que tu regardes.

J'ai vu un pantalon que j'aime beaucoup.

C. Quand ils sont compléments prépositionnels précédés de la préposition **de**, on emploie **dont**.

Je connais l'enfant dont vous parlez.

Elle m'a prêté les gants dont j'avais besoin.

Attention : il ne faut pas confondre les locutions prépositionnelles qui contiennent **de** telles que **à côté de, près de, à cause de** avec la préposition **de**.

Regardez cette femme à côté de qui ma sœur est assise.

Il y a eu un accident à cause duquel elle n'a pas pu aller à l'école.

II. Quand le pronom relatif est un complément prépositionnel précédé par une préposition autre que **de**, on emploie :

A. **Qui** quand il remplace un nom qui représente une personne.

Connais-tu le vendeur avec qui je me suis disputé ?

B. **Lequel, laquelle, lesquels, lesquelles** quand il remplace un nom qui représente une chose. Il prend le genre et le nombre du nom qu'il remplace.

C'est une idée à laquelle je n'avais pas pensé.

C'est un temps auquel je me suis fait.

IV. On va dans les magasins

> — J'ai vu un maillot de bain qui est en solde.
> — Moi, je cherche un rayon où trouver l'eau de cologne que mon copain m'a recommandée.
> — Demande au vendeur qui se tient près de la caisse.
> — D'accord. Mais pour l'instant j'aperçois des cravates qui me plaisent.

Refaites le dialogue en remplaçant les propositions subordonnées par celles qui suivent. Les prépositions, s'il y en a, ne sont pas données.

est en solde	**mon copain m'a recommandée**
1. le prix n'est pas trop exorbitant	on fait tant de réclames
2. je peux me permettre d'acheter	est si populaire
3. n'est pas trop cher	on m'a parlé
4. je n'aurai pas à payer un prix exorbitant	je me suis habitué
5. je cherche depuis longtemps	embaume tout le magasin
6. me va comme un gant	je voudrais acheter

se tient près de la caisse
1. tu as parlé il y a un moment
2. je vois près de la caisse
3. parle à la caissière
4. la mine est si sévère
5. nous venons de rencontrer
6. semble ne rien avoir à faire

me plaisent
j'ai besoin
je m'intéresse
attirent mon attention
j'aimerais regarder de plus près
je me contenterais facilement
feraient mon affaire

AMUSONS-NOUS

A. *Rébus. Les réponses seront toujours des noms représentant des vêtements.*

> **Ex :** Ailleurs on se sert du thé.
> Réponse : le tailleur

1. Le chat y a laissé sa peau.
2. Le contraire de haut.
3. Quand c'est chaud, ajoutez-en sept de plus.
4. Ce qu'on plaît !
5. Les jaloux se sont mis en quête après s'être débarrassés des loups.
6. Il serait sage de mettre le cor par-devant.
7. Elle rime avec savate et elle ne peut se faire sans crabe.
8. Ton vesce est sens dessus dessous.
9. Le pan va jusqu'aux talons.
10. Le son des gens devient gutturale.
11. Il est lié à ses sous.
12. Le beau nez.

B. *Répondez affirmativement ou négativement aux phrases suivantes. Dans chaque groupe, il peut y avoir plusieurs réponses affirmatives.*

1. Est-ce qu'un homme porte un tailleur ? / un manteau ? / un chemisier ?
2. Est-ce qu'une femme porte des gants ? / un veston ? / un complet ?
3. Est-ce qu'une femme porte des bas ? / des collants ? / des chaussettes ?
4. Est-ce qu'un homme porte des chaussettes ? / des chaussures ? / un slip ?
5. Est-ce qu'une femme porte une chemise de nuit ? / une chemise ? / une ceinture ?
6. Est-ce qu'un homme porte une chemise ? / une cravate ? / une robe de chambre ?
7. Est-ce qu'une femme se met du rouge à lèvres ? / du savon à barbe ? / du maquillage ?
8. Est-ce qu'un homme se met du vernis à ongles ? / de la poudre de riz ? / de l'eau de Cologne ?
9. Est-ce qu'une femme se fait faire une mise en plis ? / une permanente ? / une décoloration ?
10. Est-ce qu'un homme se fait faire une coupe de cheveux ? / un shampooing ? / une teinture ?
11. Est-ce qu'une femme s'achète un collier ? / des boucles d'oreilles ? / des bracelets ?
12. Est-ce qu'un homme s'achète une broche ? / des boutons de manchettes ? / une chevalière ?

13. Est-ce qu'une femme porte une combinaison ? / un chapeau ? / un bonnet ?
14. Est-ce qu'un homme porte un corsage ? / une culotte ? / un pyjama ?
15. Est-ce qu'une femme porte des espadrilles ? / des chaussures de tennis ? / des bottes ?
16. Est-ce qu'un homme porte des bottes ? / un soutien-gorge ? / un blue-jean ?

C. Un étudiant sort et le reste de la classe choisit quelque chose que l'on peut porter soit un vêtement, soit un bijou, soit du maquillage. L'étudiant rentre et pose à chaque étudiant de la classe des questions qui commencent avec **quand, où, comment, pourquoi, combien de fois**, ou n'importe quel pronom interrogatif jusqu'à ce qu'il ait trouvé la réponse.

> Quand le porte-t-on ? On le porte le soir et le matin.
> Où le porte-t-on ? On le porte à la maison.
> À quoi est-ce que ça sert ? Ça sert à tenir chaud. Etc.
> Réponse : une robe de chambre

RÉPLIQUES LIBRES

Voir le premier chapitre pour les instructions.

On discute la mode

1. Vous, les femmes, vous êtes des fantoches dans les mains des couturiers. Raccourcit-on ou rallonge-t-on les jupes cette année ?
2. Nous, les hommes, nous ne savons pas toujours si les cols des chemises deviennent plus étroits ou les cravates plus larges. Savez-vous ce que je devrais porter maintenant ?
3. Il paraît que le veston des hommes va être cintré à la taille. Savez-vous s'il sera croisé ou simple ?
4. Je vois que votre nouvelle robe est en tissu à carreaux. Qu'est-ce qui est arrivé au tissu à pois de l'année dernière ?
5. J'aimais beaucoup les vêtements de soie que vous portiez. Pourquoi portez-vous du coton maintenant ?
6. La taille va-t-elle être haute ou basse cet été ?
7. N'avez-vous pas froid avec ce corsage à manches courtes ?
8. Je vous taquine. Vous ne m'en voulez pas, n'est-ce pas ?

On a besoin de vêtements

1. Moi, je porte toujours un béret. Pourquoi avez-vous besoin d'un nouveau bibi ?
2. Allez-vous abandonner les chemisiers et les blue-jeans ?
3. Moi, je ne sais pas si je devrais porter des chaussures ou des bottes. Qu'est-ce qu'on voit dans les vitrines en ce moment ?
4. J'ai besoin d'un nouveau manteau. J'aimerais la fourrure, mais c'est inabordable. Combien sont les manteaux de daim ou de cuir ?
5. J'ai porté des espadrilles pour aller en vacances l'été dernier. Est-ce que les chaussures de tennis seraient plus confortables ?

6. Il faut que j'aille au magasin pour acheter une robe de chambre. D'après vous, qu'est-ce qui serait préférable, le tissu-éponge ou le velours côtelé ?

7. J'espère que j'ai toujours la même taille. Quelle est la vôtre ?

8. Flûte ! Où est-ce que j'ai mis mon sac ?

On va dans les grands magasins

1. Je n'ai pas trouvé ce que je voulais aux Nouvelles Galeries. Allons au Printemps qui est en face. Où peut-on traverser ?

2. Y a-t-il des soldes intéressants en ce moment ?

3. Où est le tableau avec la liste des rayons ?

4. J'ai lu leur réclame pour les gants. À quel étage est le rayon des gants ?

5. Je n'aime pas les escaliers roulants. Vois-tu les ascenseurs ?

6. Vois-tu une vendeuse qui puisse m'aider ?

7. Combien demandent-ils pour un empaquetage-cadeau ?

8. Est-ce qu'on paie à la caisse ?

Les Galeries Lafayette.

On achète des cadeaux chez le bijoutier

1. Il y a un collier d'or et de diamants magnifique chez Cartier. C'est dommage que notre bourse ne nous permette pas de faire nos achats là. Chez quel bijoutier veux-tu aller ?
2. Moi, je dois faire un cadeau à un ami. Est-ce que je peux trouver des boutons de manchettes chez un bijoutier ?
3. Je pourrais peut-être lui acheter une chevalière. Sais-tu s'il y a beaucoup de choix où nous allons ?
4. Pour qui avais-tu acheté le bracelet en argent et les boucles d'oreilles assorties ?
5. J'ai vu une jolie broche chez Cartier. Devine combien elle coûtait.
6. Ma montre retarde toujours. Est-ce que ce bijoutier pourra me la réparer ?
7. J'aimerais une bague avec une grande pierre bleue. Où as-tu trouvé la tienne ?
8. Tu sais, à la vitrine, je ne vois que de la pacotille. Allons ailleurs. Combien de temps avons-nous avant le dîner ?

On va au salon de coiffure

1. J'aime bien ta coiffure. Chez quel coiffeur vas-tu ?
2. Il demande combien pour les mises en plis ?
3. As-tu une permanente ?
4. Je te trouve bien avec les cheveux courts. Quand est-ce que tu te les as fait couper ?
5. Te fais-tu décolorer ou est-ce que c'est naturel ?
6. Mon copain veut se faire raser ce matin. Y a-t-il un coiffeur-hommes au salon où tu vas ?
7. Y vend-on des produits de beauté ?
8. Moi, j'ai besoin d'un manucure. Quelles couleurs de vernis ont-ils ?

FAUTES À ÉVITER

Le verbe **servir** a plusieurs significations.

I.   Quelquefois il est transitif.

La maîtresse de maison a servi un gigot.	*The mistress of the house served a leg of lamb.*
Il faut servir ses amis.	*One must help one's friends.*

II.   Quelquefois il est suivi de la préposition **à**.

Les bigoudis servent à boucler les cheveux.	*Rollers are used to curl one's hair.*
Ça ne sert à rien de s'en faire.	*It is useless to worry.*

III.   Quelquefois il est suivi de la préposition **de**.

Elle sert de vendeuse.	*She acts as the saleslady.*

IV.   Quelquefois il est réfléchi et suivi de la préposition **de**.

Je me sers d'une lime tous les jours.	*I use a fingernail file every day.*
Il se sert de viande.	*He serves himself some meat.*

Employez la forme qui convient dans les phrases suivantes, puis traduisez-les.

1. Ce séchoir à main _____ donner du gonflant aux cheveux.
2. Sa femme lui _____ caissière.
3. Il ne sait pas _____ une fermeture Éclair.
4. _____ quoi _____ cet appareil ?
5. Elle _____ une crème de beauté contre les rides.
6. Qu'est-ce qu'elle va nous _____ ce soir ?
7. _____ quoi _____ -vous pour vous protéger les mains ?
8. Vous _____ légumes, n'est-ce pas ?
9. Les étudiantes _____ mannequins à la présentation des collections de nouvelle mode.
10. Cette lotion ne _____ grand-chose.
11. Ces pantoufles _____ me garder les pieds chauds.
12. Je _____' de ciseaux pour défaire les ourlets.
13. Elle ne sait que faire pour me _____.
14. Ces souliers vernis ne me _____ rien.

SUJETS DE CONVERSATION POUR GROUPES DE TROIS OU QUATRE ÉTUDIANTS

1. Décrivez les soins que vous donnez à votre personne : les cheveux, le visage, les ongles, etc.
2. Aimez-vous lécher les vitrines ? (fam.) Le faites-vous souvent ? Quand vous devez faire des achats, préférez-vous aller dans un grand magasin ou dans une petite boutique ? Pourquoi ? Préférez-vous les vendeurs ou vendeuses qui vous laissent tranquille ou ceux ou celles qui vous guident dans votre choix ?
3. Suivez-vous la mode ? Pourquoi ? Y a-t-il des vêtements qui ne changent jamais de mode ? Lesquels ?
4. Quels vêtements porte-t-on en hiver ? En été ? Quand il pleut ? Quels sous-vêtements porte-t-on à l'époque actuelle ?
5. Faites-vous de la couture ou connaissez-vous quelqu'un qui fasse de la couture ? Préférez-vous porter des vêtements faits par vous ou par quelqu'un de votre famille ou préférez-vous porter des vêtements de confection ? Pourquoi ? Quelle sorte de tissu préférez-vous porter ? Le velours ? Le coton ? La laine ? La soie ? Pourquoi ?
6. Les hommes en France portent des sacs. Cette mode n'est pas aussi répandue aux États-Unis. Pensez-vous qu'elle devrait l'être ? Pourquoi ?
7. Y a-t-il une différence d'opinion entre les hommes et les femmes à propos du maquillage ? Quelle est votre attitude ? Quelles sont les raisons pour lesquelles vous portez ou ne portez pas de maquillage ? Y a-t-il certains fards tels que le fond de teint, les faux cils, le maquillage pour les yeux, les crayons pour les sourcils, etc., que vous trouvez excessifs pour vous ou pour les autres ?
8. Changez-vous de coiffure souvent ? Est-ce pour suivre la mode, pour vous remonter le moral ou pour d'autres raisons ? Faites-vous d'autres choses pour changer votre apparence ?

9. Aimeriez-vous être mannequin ? Que doit-on faire pour s'y préparer ? Quels sont les avantages et les inconvénients de cette profession ?

10. De nos jours, y a-t-il des bijoux qui sont portés par un sexe plutôt que par l'autre ? Portez-vous des bijoux ? Lesquels ?

11. Pour vous, la valeur des bijoux est-elle plus importante que leur beauté ? Préférez-vous avoir un seul bijou de grande valeur ou beaucoup de bijoux de pacotille ? Croyez-vous que les bijoux chers soient un placement ?

12. Quand vous faites un cadeau, que faites-vous pour le rendre plus attrayant ? Décrivez des empaquetages que vous avez faits.

LES GESTES EXPRESSIFS

Quand un enfant français a un certain avantage sur un copain, par exemple, s'il a un nouveau jouet qu'il ne veut pas partager ou une bonne note tandis que le copain en a une mauvaise, et que ce jour-là il n'est pas en très bon rapport avec le dit copain, il le fait bisquer. Faire bisquer quelqu'un, c'est lui faire éprouver de l'envie et du ressentiment. Il accomplit cela en faisant le geste de se frotter le dessous du menton avec le dos des doigts et en disant : « Bisque ! »

Imaginez des situations où un enfant ferait ce geste.

DÉBATS

Toute la classe participe.

1. D'après vous, le choix des vêtements et des bijoux, la manière de se coiffer, etc. expriment-ils une attitude sociale, morale ou politique ? Existe-t-il des préjugés ? Pensez-vous que l'habit fasse l'homme ? La plupart des femmes ont adopté les habits masculins, le pantalon, le jean, le maillot ; quelle est votre réaction envers les hommes, dont le nombre est encore assez restreint, qui préfèrent porter des jupes parce qu'ils les trouvent plus confortables ?

2. La mode a mis beaucoup d'espèces en danger. Que pensez-vous de l'emploi de fourrures, de plumes, d'ivoire, de peaux de crocodile, etc. ? Connaissez-vous des lois qui essaient de protéger ces espèces ?

3. Il existe un grand nombre d'uniformes ; les soldats, les agents de police, les étudiants d'écoles privées, les juges, le corps enseignant, les sportifs, etc., portent des uniformes. Comment expliquez-vous cela ? Sont-ils l'extériorisation d'une philosophie ?

4. La vanité humaine est grandement exploitée par la chirurgie esthétique, les cures amaigrissantes, l'implantation de cheveux, la vente de verres de contact, etc. Pensez-vous que la société actuelle contraigne les individus à rester jeunes et beaux ? Le travail, les relations sociales, le succès en général sont-ils influencés par l'âge ?

ACTIVITÉS POSSIBLES

A. Chercher des revues telles que « L'Officiel », « L'Officiel Hommes », « Elle », etc. où l'on trouve beaucoup d'illustrations sur la mode. Il est souvent facile de reconnaître ce qui a inspiré ces créations. Faire une liste de ces inspirations. Écrire une conclusion.
B. Pour inciter l'achat de quatre ou cinq parties de l'habillement, écrivez quelques slogans publicitaires susceptibles d'attirer la clientèle.
C. Écrire trois petites scènes.
1. Un client ou une cliente téléphone à un coiffeur pour prendre un rendez-vous.
2. Un client ou une cliente difficile choisit un bijou chez un bijoutier.
3. Un client ou une cliente rapporte un vêtement dans un magasin et le vendeur refuse de le reprendre.

EXPRESSIONS IMAGÉES ASSOCIÉES AUX VÊTEMENTS

1. Quand un Français dit que **c'est une autre paire de manches** (fam.), il veut dire que la situation a changé.
2. Quelqu'un **est collet monté** quand il professe des principes rigides et « vieux jeu » qui se manifestent dans ses manières et son langage.
3. **Un col blanc** (fam.) est un employé de bureau.
4. **Une femme porte la culotte** (fam.) quand elle commande dans le ménage.
5. **On ramasse une veste** quand on subit un échec.
6. **On travaille du chapeau** (fam.) quand on est fou.
7. **On a la tête près du bonnet** quand on se fâche facilement.
8. **On traîne la savate** (fam.) quand on est indigent.
9. **On est dans ses petits souliers** (fam.) quand on ne se sent pas à l'aise dans une situation.
10. **On trouve chaussure à son pied** (fam.) quand on trouve quelque chose ou quelqu'un qui convient.
11. **Le bas de laine** (fam.), ce sont les économies.
12. **On se met la ceinture** (pop.) quand on se prive de quelque chose.
13. On dit que **c'est dans la poche** (fam.) quand il n'y a plus à s'inquiéter, que l'affaire est réglée.
14. **On fait patte de velours** quand on cache ses mauvaises intentions sous des dehors aimables.

Employez ces expressions dans une phrase.

Ex : *Je ne veux jamais aller chez ma tante, mais comme elle donne une soirée en mon honneur, c'est une autre paire de manches.*

CONSEILS PRATIQUES DE PRONONCIATION

Le O fermé et le O ouvert

I.   Le timbre fermé **o** est comparable à la voyelle **o** dans le mot anglais **toe**. Il est employé :

1.   Avec les graphies **ô, au, eau** dans une syllabe ouverte ou fermée.

     côté, aube, chapeau

2.   Avec la graphie **o** dans les syllabes fermées par le son **z**.

     chose, pose

3.   Avec la graphie **o** dans les syllabes ouvertes suivies du son **z**.

     oser, rosier

4.   Avec la graphie **o** dans les syllabes ouvertes et finales.

     sot, sabot

II.   Le timbre ouvert **o** est comparable à la voyelle **o** dans le mot anglais **horse**. Il est employé :

1.   Avec la graphie **o** dans les syllabes fermées par un son autre que le son **z**.

     porter, col

2.   Avec la graphie **o** dans les syllabes ouvertes et non finales qui ne sont pas suivies par le son **z**.

     chocolat, notion

Lecture

Lisez à haute voix.

L'apparence a toujours été une chose importante pour les Français et toutes les femmes françaises ont appris dès leur jeune âge qu'il faut souffrir pour être belles. Enfants, elles ont souffert sous les bigoudis des permanentes ; elles ont appris à ne pas se salir, à s'asseoir de manière à ne pas chiffonner leur robe ou leur manteau, à avoir toujours l'air de sortir d'une boîte. Les garçons, même s'ils n'avaient pas eu à s'inquiéter des permanentes, devaient se plier à certaines règles. Eux aussi devaient rester propres, ne pas courir et surtout ne pas tomber pour éviter les déchirures. Les magasins pour enfants offrent aux clients des articles créés plus pour l'élégance que le confort. Adultes, les Français ont continué à se préoccuper de leur apparence. Ceci ne veut pas dire qu'ils s'habillent avec les tout derniers modèles, souvent excentriques, qui sortent des grands couturiers parisiens tels que Christian Dior, Yves Saint-Laurent, Pierre Cardin et autres, mais qu'ils sont très sensibles aux variations de la mode. Si leurs moyens leur permettent, ils se soumettent aux diktats qui imposent la longueur de la jupe, la hauteur des talons, la largeur de la cravate.

Le plus surprenant est le code social qui gouverne le costume. Ainsi, contrairement à l'Américain, le Français ne porte pas de couleurs claires ou vives. Le complet est souvent sombre ou, à l'occasion, gris clair. Les souliers blancs sont plus ou moins tabous. La femme française a des idées bien arrêtées sur ce qu'on doit mettre pour chaque circonstance et les règles de cette étiquette restent quelque peu mystérieuses pour les étrangers ou même les Français expatriés. La chose la plus embarrassante en France est de manquer de goût, et cela pour l'homme aussi bien que pour la femme. Quel est le goût dont il s'agit ? Le Français dira que c'est ce « je ne sais quoi » qui fait l'élégance et il l'a appris à grand renfort de « Tu ne vas quand même pas sortir comme

Deux femmes élégantes sortant de chez un grand couturier de Paris.

cela ? » ou « Où as-tu été chercher ça ? Nous ne sommes pas des barbares ». Pour un Français, l'Américain porte toujours quelque chose de trop : une fleur de trop sur la robe, un ruban de trop sur le chapeau, une boucle de trop sur le soulier. Quoique l'on réprime un sourire devant le manque de tolérance du Français en matière de vêtements, il faut quand même reconnaître que la Française est souvent chic, bien maquillée, bien coiffée et sait tirer avantage de ses imperfections, et que le Français a de l'allure et de l'élégance.

VOCABULAIRE À SAVOIR

les vêtements pour hommes

la chemise et la chemisette
le complet composé d'un pantalon et
  d'un veston croisé ou simple et d'un gilet.
le pardessus
la cravate

les lacets de souliers
les sous-vêtements pour hommes
les chaussettes
le slip
le maillot de corps

les vêtements pour femmes

blouse

le corsage et le chemisier
le tailleur composé d'une jupe et d'une jaquette
le manteau
la robe
les souliers à hauts talons

les sous-vêtements pour femmes
les bas et les collants
la culotte *panties*
slip la combinaison et le soutien-gorge
la chemise de nuit

les vêtements pour hommes et pour femmes

le chapeau
le béret
le bonnet
la veste
le chandail *sweater*
le pull

le gilet
le pantalon
le blue-jean
les souliers vernis
les chaussures de tennis
les bottes

les espadrilles *beach sandals*
le maillot de bain
le pyjama
la robe de chambre
le peignoir
les pantoufles

la couture

le col
la manche
la poche
la taille
l'ourlet *hem*
les ciseaux
la fermeture Éclair *zipper*
les épingles *pins zipper*
le coton

le cuir
le daim
la fourrure
les plumes
la laine
la soie
le tissu à carreaux
le tissu à pois
le tissu à rayures

le tissu-éponge *terry cloth*
le velours côtelé *corduroy*
le couturier
la mode
le mannequin
coudre
cintrer *take in at waist*
raccourcir
rallonger

les bijoux

le bijoutier
la bague
les boucles d'oreilles
le bracelet
la broche
le collier
la montre

les boutons de manchettes
l'épingle de cravate
la chevalière *signet ring*
l'or
le diamant
les pierres précieuses
la pacotille *junk/cheap goods*

les magasins

la boutique
les achats
le rayon *depart.*
l'escalier roulant

les soldes
le vendeur
l'empaquetage-cadeau
paquet-cadeau

la caisse
le caissier
lécher les vitrines (fam.)

le maquillage

le fard *make-up*
la chirurgie esthétique
les verres de contact
les faux cils
le fond de teint *base*

le vernis à ongles
la poudre de riz *face powder*
le rouge à lèvres
le shampooing
le savon à barbe

se brosser
se limer les ongles *file (une lime)*
se maquiller
se raser

la coiffure

le coiffeur
le salon de coiffure
la permanente
les bigoudis
la décoloration

la teinture
la mise en plis
la coupe
la nuque
donner du gonflant aux cheveux

ON FAIT DU SPORT

Moi, je m'en fiche du bouquet, de la fille, des baisers. Qu'on me donne un bon bock de bière!

MICRO-CONVERSATIONS

Apprenez les dialogues par cœur, puis faites les changements suggérés.

I. Un match de football américain

> — Je parie que notre équipe remportera la victoire.
> — Tu sais, il ne faut pas que nous sous-estimions les adversaires.
> — Sans doute. Mais il paraît que leur arrière a dû être transporté au vestiaire après avoir été plaqué.
> — Peut-être bien. Mais nous sommes encore loin de la mi-temps. On m'a dit que leurs attaquants sont spectaculaires dans les passes.

Refaites le dialogue en remplaçant les propositions principales par celles qui suivent et faites les changements nécessaires.

	je parie	**il ne faut pas**	**il paraît**	**on m'a dit**
1.	je souhaite	je ne conseille pas	n'est-il pas vrai	tu ne peux pas nier
2.	il est évident	je crains	leurs fans s'affligent	je trouve dangereux
3.	je sens	je soutiens	je ne suis pas fâché	quelqu'un m'a affirmé
4.	je préférerais	je soupçonne	je suis convaincu	il n'est pas contestable
5.	je prédis	je suis d'avis	je sais	j'estime
6.	tu n'es pas sûr	je m'inquiète	je me réjouis	je m'aperçois

II. Le golf

> — Ce parcours n'est pas mauvais. Je n'aime pas les terrains qui ne sont pas assez accidentés.
> — Nous arrivons au huitième trou. C'est celui qui m'a donné tant de peine hier. Où est ta balle ?
> — Dans la caisse à sable. Je n'ai pas les clubs auxquels je suis accoutumé(e).
> — N'est-ce pas toi qui as gagné la coupe l'année dernière ?

Refaites le dialogue en remplaçant les propositions subordonnées par celles qui suivent et en changeant les pronoms relatifs quand il est nécessaire. Les prépositions, s'il y en a, ne sont pas données.

	ne sont pas assez accidentés	**m'a donné tant de peine hier**
1.	je connais trop bien	je crains le plus
2.	ne présentent pas assez d'obstacles	j'ai peur
3.	la pelouse est mouillée	je n'ai pas aimé hier

4. il n'y a pas assez d'arbres   j'ai dû attendre si longtemps hier
5. se trouvent près d'une autoroute   me semble le plus difficile
6. me sont trop familiers   je te parlais hier

je suis accoutumé(e)   **as gagné la coupe**
1. j'ai l'habitude   on a donné la coupe
2. j'ai besoin   personne ne pouvait battre
3. me conviennent   étais le champion (la championne)
4. je voulais apporter   le total des points était toujours
                                         minimum
5. je voulais me servir   marquais les points
6. je suis habitué(e)   prenais les choses avec philosophie

RAPPEL GRAMMATICAL

L'Emploi du subjonctif dans les propositions subordonnées adjectives

I. On emploie le mode indicatif quand le nom modifié par la proposition subordonnée existe réellement.

> Je connais un étudiant qui sait parler suédois.

II. On emploie le mode subjonctif :
   A. Quand l'existence du nom modifié par la proposition subordonnée n'est pas certaine.
   > Je cherche un étudiant qui sache parler suédois.
   B. Quand la proposition principale est interrogative ou négative.
   > Connaissez-vous un étudiant qui sache parler suédois ?
   > Il n'y a pas d'étudiant ici qui sache parler suédois.
   C. Quand le nom est qualifié par un superlatif, par **le premier, le dernier, le seul, l'unique** ou par une expression analogue.
   > C'est le seul étudiant qui sache parler suédois.
   > C'est l'étudiant le plus intelligent que je connaisse.

III. Rien ne va sur le court de tennis

> — Eh bien, j'ai perdu ! La balle a tangenté sur la ligne. J'ai affaire à un juge de lignes qui est toujours rosse avec moi.
> — N'y a-t-il pas un arbitre de chaise qui puisse corriger la décision ?
> — Il me faudrait des supporters qui sachent manifester leur réprobation.
> — Et puis, de plus, tu as cassé le boyau de ta raquette. Tu devrais en trouver une autre qui ait plus de résistance.

Refaites le dialogue en remplaçant les propositions principales par celles qui suivent et faites les changements nécessaires.

j'ai affaire à un   **n'y a-t-il pas un**
1. j'ai un   il y a un
2. j'ai affaire au seul   il te faut un

3. c'est justement le   tu as besoin d'un
4. c'est le premier   demande un
5. je dois confronter le   tu as un
6. c'est bien ma veine que ce soit le   c'est seulement un

il me faudrait des   **tu devrais en trouver une autre**
1. je ne vois pas de   achètes-en une autre
2. où trouverais-je des   tu en avais une autre avant
3. que faire sans   cherches-en une autre
4. c'est plus faisable quand il y a des   tu en as acheté une autre
5. il ne le fera que s'il voit des   n'en veux-tu pas une autre
6. il n'y a pas de   tu en avais trouvé une autre

RAPPEL GRAMMATICAL

Les Exclamations

Il y a en français comme en anglais plusieurs sortes d'exclamations. Chaque exclamation a sa propre structure.

I. Quand on veut s'exclamer sur une chose ou une personne, on emploie simplement l'adjectif **quel**.

Quel bon disque !   *What a good record!*
Quelle belle femme !   *What a beautiful woman!*

II. Quand on veut s'exclamer sur la quantité d'une chose, on emploie **que de**.

Que de bruit !   *How much noise!*
Que de fois il vient !   *How often he comes!*

III. Quand on veut s'exclamer en employant une phrase complète, on a plusieurs choix. On peut employer **ce que, comme, que**.

Ce qu'il est beau ! Comme il est beau ! Qu'il est beau !   *How handsome he is!*

IV. Des joueurs de baseball très critiqués

> — Quel match ! Notre rattrapeur a raté deux balles.
> — Ce que tu es râleur (râleuse) ! Il nous a gagné un point à notre dernier tour de batte.
> — Grâce à l'autre équipe. Quel lanceur exécrable ils ont !
> — Mais non. C'est la faute de l'arbitre. Que de bévues il fait !

Refaites le dialogue en remplaçant les expressions par celles qui suivent.

match   **tu es râleur (râleuse) (fam.)**
1. je suis horripilé(e) (fam.)   râleur tu es
2. c'est déplorable   tu es injuste
3. sacré idiot   injures tu profères

4.	c'est désappointant	tu peux râler (fam).
5.	points nous avons donnés à l'adversaire	rouspéteur (rouspéteuse) (fam.) tu es
6.	désastre	belle affaire

lanceur exécrable ils ont

1. erreurs fait leur lanceur
2. leur lanceur est mauvais
3. fois le lanceur lance au-dessus des têtes
4. leur lanceur est lent
5. mauvais lanceur
6. lancements abominables

bévues il fait

il juge mal les lancements
mauvais juge
il est incompétent

manque de jugement
fois il juge mal
il est aveugle

AMUSONS-NOUS

A. *Les familles de mots.*

On divise la classe en groupes et on donne un des mots ci-dessous à chaque groupe. Il serait bien d'avoir plusieurs dictionnaires français à la disposition des étudiants à moins que la classe se soit préparée à l'avance. Chaque groupe cherche le plus de mots possible de la famille du mot donné. La connaissance de certains préfixes et suffixes aident dans les recherches. Ainsi le préfixe **bi** *veut dire « deux » ;* **dé**, *« cessation » ;* **dis**, *« séparé de » ;* **manu,** *« main » ;* **micro**, *« petit » ;* **pan**, *« tout » ;* **péri**, *« autour » ;* **pré**, *« avant » ;* **pro**, *« avant », « pour » ;* **quadri**, *« quatre ». Le suffixe* **tion** *veut dire « action » ;* **pède**, *« qui a des pieds » ;* **cide**, *« qui tue ». Pour une liste complète, consultez « Le Petit Larousse illustré ».*

Le groupe gagnant est celui qui trouve le plus de mots.

Ex : pied

pédale, pédaler, pédalo, pédicure, pied-de-poule, empiéter, empiétement, piédestal, piéton, pied-noir, bipède, bipied, trépied, quadrupède, etc.

1. porter 2. mener 3. faire (voir mots avec *fact*) 4. mettre 5. prendre 6. main 7. sphère 8. voir 9. vie 10. dire 11. terre 12. père

B. *Dans les listes suivantes, cinq mots ont quelque chose en commun. Trouvez celui qui n'appartient pas au groupe.*

le manteau	râler	l'arrière
le corsage	rouspéter	le plaquage
le complet	grogner	la passe
le bas	récriminer	le centre
le soutien-gorge	grincheux	le ballon
la jupe	ronchonner	la raquette
air	le chapeau	brosse

mare	le bonnet	crosse
terre	la casquette	drosse
ver	la coiffe	fosse
guère	la permanente	grosse
faire	le béret	rosse

C. *Le professeur choisit un sport. Chaque élève pousse une exclamation à propos de ce sport. Il est éliminé si l'exclamation est incorrecte ou s'il est incapable d'en trouver une.*

> **Ex :** le basketball

Quel avant de gauche ! Comme il dribble bien ! Que d'acclamations ! Quelle victoire ! Comme il sait manipuler ses adversaires ! Comme ils sont handicapés par l'absence de leur meilleur centre ! Quel rebond ! Quel shoot ! Ce qu'il est mauvais rebondeur ! Comme ce gymnase est plein ! Etc.

RÉPLIQUES LIBRES

Voir le premier chapitre pour les instructions.

Les Français aiment le football

1. Dis donc ! Le stade est plein aujourd'hui. Qu'est-ce qui amène tout ce monde ?
2. Notre équipe a eu deux victoires d'affilée. Crois-tu qu'elle essuye un revers aujourd'hui ?
3. Sais-tu pourquoi les Américains appellent ce sport « soccer » ?
4. Nos mouvements offensifs sont de qualité. Qu'est-ce que tu sais sur la défense de l'équipe adverse ?
5. Zut ! Leur gardien de but vient d'intercepter notre centre. Qui est-il ?
6. Voilà un bon tir ! Toi, n'étais-tu pas un bon tireur dans le temps ?
7. Encore un penalty ! C'était pourquoi cette fois-ci ?
8. Ça, c'était un fameux coup de tête. Où est le ballon maintenant ?

On attend le tour de France

1. J'ai des fourmis dans les jambes de rester debout depuis si longtemps. Quand vont-ils arriver ?
2. Qui est arrivé premier à l'étape dernière ?
3. Il paraît que plusieurs coureurs ont été victimes d'une chute. Sais-tu pourquoi ?
4. Ce doit être dur de pédaler en côte. Ont-ils beaucoup de collines à monter avant d'arriver ici ?
5. Les Américains aiment-ils les courses cyclistes ?
6. As-tu amené la carte de France avec toutes les étapes ?
7. Où est la jeune fille qui va embrasser le gagnant et lui donner un bouquet ?
8. Ah, les voilà, baissés sur leur guidon. Le maillot jaune est encore le premier. Combien d'étapes a-t-il déjà gagné ?

Le football est un sport populaire en France.

On discute les courses automobiles

1. Je sais que tu aimes regarder les courses automobiles. Pourquoi ?
2. Où est situé le circuit Grand Prix en France ?
3. Préfères-tu les courses de Grand Prix à celles d'endurance comme celles des vingt-quatre heures du Mans ?
4. Il paraît que Lafitte est formidable au volant. L'as-tu vu piloter ?
5. Y a-t-il beaucoup de femmes pilotes ?
6. Toi, qui est mécanicien, as-tu déjà travaillé au stand ?
7. Leurs engins ressemblent plus ou moins à une auto. Combien de chevaux ont-ils ?
8. Est-ce que le casque étanche et la combinaison ignifugée des pilotes les protègent bien en cas d'accident ?

On fait de la gymnastique

1. D'habitude tu portes un short. Pourquoi as-tu mis un collant aujourd'hui ?
2. Ce que tu me fatigues avec tes sauts en hauteur ! T'entraînes-tu pour les jeux Olympiques ?
3. Vas-tu te servir du cheval d'arçons ?
4. Passe-moi les haltères. Y en a-t-il des moins lourdes que celles que tu as ?
5. Moi, après une dizaine de tractions, j'en ai assez. Toi, combien peux-tu en faire ?
6. Est-ce que tu veux sauter à la corde ?
7. Je suis éreinté(e). Un sauna me conviendrait mieux. Quand veux-tu faire les exercices à la barre ?
8. Achetons un exerciseur et ne parlons plus de gymnastique. Vas-tu bientôt avoir fini ?

Le parachutisme est dangereux

1. Voici un parachutiste qui s'apprête à se lancer d'une montagne. N'est-ce pas un sport dangereux ?
2. Y a-t-il souvent des accidents mortels ?
3. Faut-il que le chuteur suive certaines règles de sécurité ?
4. Est-ce que les conditions atmosphériques sont bonnes aujourd'hui ?
5. Sais-tu s'il y a beaucoup de mauvais atterrissages ?
6. Il me semble que ceux qui se lancent dans un Delta-plane sont mieux protégés. As-tu déjà vu ce sport ?
7. C'est sans doute grisant de se lancer du Mont-Blanc. Aurais-tu assez de connaissances aérologiques et météorologiques pour le faire ?
8. Dans le fond, l'alpinisme est plus dangereux encore. Y a-t-il eu des avalanches ou des chutes de pierres dernièrement ?

FAUTES À ÉVITER

Le verbe anglais **to attend** est un faux ami. Il ne veut pas dire **attendre** qui est la traduction de **to wait for**. S'il est transitif en anglais, on le traduit par **assister à** lorsqu'il y a un spectacle à regarder ou une conférence à écouter et par **aller** ou plus rarement **fréquenter** lorsqu'il s'agit d'aller souvent à un même endroit. Contrairement à l'anglais, en français on emploie **assister à** pour tous les spectacles, même les sports. **To attend to** est traduit par **s'occuper de**.

J'attends l'autobus.	*I am waiting for the bus.*
Nous avons assisté à un concert.	*We attended a concert.*
Vous allez à cette église. Vous fréquentez cette église.	*You attend this church.*
À quelle université allez-vous ?	*What university do you attend ?*
Je vais m'occuper de cela tout de suite.	*I shall attend to it right away.*

Employez le verbe qui convient dans les phrases suivantes.

1. Hier ma sœur et moi _____ un match de football.
2. Ça fait combien de temps que vous _____ cette école ?
3. Il est encore en retard. Je _____ depuis une heure.
4. J'aurais aimé _____ la conférence qui a eu lieu hier soir.
5. Il s'irrite toujours quand il doit _____.
6. Si vous aviez _____ cette discussion, vous auriez compris le problème.
7. Laissez-le donc _____ ces réparations.
8. _____ -vous _____ la réunion de notre comité la semaine dernière ?
9. Ne vous inquiétez pas. Je _____ tout.
10. Il est temps que je _____ en classe.
11. Tant qu'il _____ ces leçons de gymnastique, il ne gagnera pas trop de poids.
12. Il ne se fait jamais _____ quand il sait qu'il y aura un match de baseball à la télé.
13. Il a fallu que je _____ toute la représentation.
14. _____ tes affaires.

SUJETS DE CONVERSATION POUR GROUPES DE TROIS OU QUATRE ÉTUDIANTS

1. Quel est votre sport favori ? Pourquoi ? Préférez-vous les sports individuels ou les sports d'équipe ?

2. Êtes-vous spectateur (spectatrice) ou participez-vous activement aux sports ? Si vous participez, dites auxquels. Quelles ont été les circonstances qui vous ont amené à choisir ce sport ?

3. Êtes-vous bon ou mauvais joueur ? Que faites-vous quand vous perdez ? Donnez des exemples.

4. Y a-t-il des sports auxquels vous aimeriez participer, mais que vos moyens vous interdisent ? Discutez le coût de ces sports et les raisons pour lesquelles ils sont si chers.

5. Quand vous étiez jeune, avez-vous fait partie d'une association sportive pour enfants, comme par exemple les « Little Leagues » ? Décrivez vos souvenirs.

6. Le sport est souvent regardé comme une activité qui trempe le caractère. Êtes-vous d'accord ? Expliquez.

7. Considérez-vous certains sports plus appropriés pour les jeunes que pour les vieux ou vice versa ? Lesquels ?

8. Les Américains sont pris d'une boulimie gymnique. Le jogging, le jazz dance, le body-building, l'aérobic sont des activités très populaires. En connaissez-vous d'autres ? Êtes-vous une de ces personnes qui veulent « dialoguer avec leur corps » ? Comment expliquez-vous ce phénomène ?

9. À l'université, l'entraînement des joueurs d'équipe est rigoureux. Cet entraînement demande beaucoup de temps sans compter les heures perdues en voyage. Ceci tourne-t-il au détriment des études de ces joueurs ? Dans ces conditions, un étudiant joueur reçoit-il une éducation équivalente à celle des autres étudiants ? Par contre, a-t-il une bourse plus intéressante que les autres bourses d'études ? Devrait-il y avoir des bourses pour les sports ?

10. Que pensez-vous du métier de joueur professionnel ? Est-ce le rêve auquel aspirent beaucoup de jeunes Américains ? Qu'est-ce qui arrive quand les joueurs deviennent trop vieux pour jouer ?

11. Le métier d'arbitre peut être très ingrat. Lorsque vous regardez un match, accusez-vous souvent les arbitres d'avoir commis des erreurs ? Vous conduisez-vous quelquefois fort mal sous l'empire des émotions ? Donnez des exemples.

12. Les matchs de football, basketball, baseball, etc. devraient-ils être télévisés ? Défendez votre opinion.

LES GESTES EXPRESSIFS

Pour signifier qu'on a sommeil et qu'on est prêt à aller se coucher, on joint les mains, on les place sur l'épaule et on y appuie la joue. On fait la même chose pour montrer que quelqu'un dort et qu'on ne veut pas le réveiller.

Connaissez-vous d'autres gestes qui ont pour but d'imiter l'action réelle qu'ils évoquent ?

DÉBATS

Toute la classe participe.

1. Les problèmes financiers auxquels les écoles et les universités se heurtent forcent les conseils d'administration à reconsidérer l'inclusion du coût des sports dans le budget scolaire au moment où des matières beaucoup plus fondamentales sont éliminées. Dans les écoles secondaires, le coût des sports devrait-il être payé par les parents des élèves ? Discutez le pour et le contre. Dans certains États, le gouvernement considère la possibilité de ne plus inclure dans leur budget l'aide donnée aux équipes de sport des universités qui ne peuvent payer leurs frais avec les revenus de la vente de tickets et avec des donations privées. Quelles en seraient les conséquences ?
2. Discutez l'entrée des femmes dans le domaine du sport. Il est encore difficile sinon impossible pour une femme de faire partie d'une équipe de football ou de participer à un combat de boxe, etc. Y a-t-il des raisons valables qui interdisent à une femme de participer à certains sports ? Dans les universités, les femmes sont-elles traitées sur un pied d'égalité avec les hommes ?
3. Discutez les dangers du sport. Quels sont d'après vous ceux qui sont les plus dangereux ? Appuyez-vous sur des exemples. Est-ce que les sports de contact comme la boxe, le football américain, le judo, etc. devraient être éliminés ? Devrait-on établir de nouvelles règles pour la protection des joueurs ?
4. Les jeux Olympiques sont-ils la seule activité vraiment internationale ? Expliquez. Les amateurs qui y participent désirent-ils entrer en compétition avec les athlètes du monde entier ou espèrent-ils que les médailles reçues assureront leur avenir ? La politique a-t-elle le droit d'intervenir dans ces jeux ?

ACTIVITÉS POSSIBLES

1. Chercher des articles sur les sports dans les revues françaises. En faire un compte-rendu.
2. Chercher dans les revues ou dans les journaux français des mois de juin ou juillet les diverses étapes du tour de France. Faire un compte-rendu sur la topographie des régions que les cyclistes traversent.
3. Décrire un match quelconque par écrit : les mouvements, les joueurs, les spectateurs, les arbitres, etc.

LES MOTS ANGLAIS DANS LA LANGUE FRANÇAISE

En dépit des efforts de l'Académie française, le franglais continue à être populaire en France et beaucoup de mots anglais sont maintenant acceptés dans les dictionnaires français. Nous en avons déjà rencontré quelques uns dans les chapitres précédents. En voici d'autres : le cocktail, le hamburger, le week-end, le western, la science-fiction, la star, les fans, le flash, le zoom, le sweat-shirt, le sweater, le tweed, une interview, le camping, le bulldozer, le water-closet, le penalty, le sweepstake, etc.

   Certains changent légèrement de signification. Ainsi un businessman est un homme d'affaires très important ; un speaker (une speakerine) est une personne qui annonce les informations et les programmes à la télé ; un smoking est un costume d'homme pour une soirée élégante.

Cherchez d'autres mots anglais dans les revues et dans les journaux français.

CONSEILS PRATIQUES DE PRONONCIATION
Le EU fermé et le EU ouvert

I.   Le timbre fermé **eu** ou **œu** n'est comparable à aucun son anglais. Il est formé en arrondissant les lèvres et en faisant venir le son de la gorge. Il est employé :

1.   Quand **eu** ou **œu** se trouve dans une syllabe ouverte.

> peu, veut, ceux, œufs

2.   Quand **eu** ou **œu** se trouve dans une syllabe fermée par un **t**, un **tr** et par le son **z**.

> émeute, feutre, paresseuse

3.   Avec la graphie **eû**.

> jeûne

II.   Le timbre ouvert **eu** ou **œu** est formé de la même manière que le timbre fermé, mais en écartant davantage la langue du palais. Il est employé :

1.   Quand **eu** ou **œu** se trouve dans une syllabe fermée par une autre consonne que **t, tr** ou **z**.

> peur, veulent, œuf

2.   Avec la graphie **e** ou **œ** suivie du yod **il** ou **ille**.

> œil, cueille

III. Le **e** caduc est prononcé comme le **eu** ou **œu**, mais le timbre n'est pas fixe. Cependant il est plutôt prononcé avec un timbre ouvert.

Lecture

Lisez à haute voix.

Chaque nation a ses sports favoris. En France le football (soccer) et le cyclisme sont depuis des années les sports les plus appréciés ; le rugby et le judo commencent à devenir très populaires aussi. Le Français moyen, cependant, a tendance à être spectateur plutôt que participant. De plus il est surtout téléspectateur ce qui ne remplit malheureusement ni les stades ni les caisses.

Le plus grand événement sportif en France est le tour de France. Il se fait de la fin juin à la fin juillet. Les coureurs cyclistes sont des professionnels payés surtout par la publicité. Ils ont été à l'entraînement pendant toute l'année, tout en participant à d'autres courses de temps à autre. Le tour est divisé en étapes qui changent parfois quand certaines villes ne veulent plus payer les frais. À cette époque, les journaux français impriment une carte de France qui indique toutes les étapes. À chaque arrivée, les coureurs sont accueillis par un grand nombre de spectateurs. Le coureur qui a mis le moins de temps possible pour parcourir l'étape reçoit un maillot jaune. Une jolie jeune fille lui offre un bouquet et l'embrasse. Les amateurs, eux aussi, ont une course que l'on appelle le tour de l'avenir.

La pétanque est le passe-temps favori de beaucoup d'hommes en France.

En France certains sports, qui aux États-Unis sont pratiqués par tous, semblent être du domaine des classes privilégiées. Il en est ainsi du golf et du tennis. Il n'existe d'ailleurs pas de terrain de golf dans la plupart des villes françaises. Le bowling commence à se répandre, mais il est loin d'avoir atteint la popularité dont il jouit aux États-Unis. Dans les petites villes, on lui préfère le jeu de boules, qui est meilleur marché et joué en plein air.

Il existe des sports régionaux comme la pelote dans le pays basque situé sur la frontière espagnole. Là chaque ville a son fronton, mur sur lequel on jette la balle, et chaque enfant son chistera, étroit panier recourbé. En Provence, sur les places, on joue à la pétanque, une sorte de jeu de boules.

Lorsqu'un Français se décide à faire du sport, il est en général très bon, mais le nombre des participants est certainement moindre qu'aux États-Unis. Il est difficile de prédire si les jeunes Français des lycées, qui ont maintenant l'occasion de jouer en équipe et d'entrer en compétition avec les autres écoles, seront plus sportifs que leurs parents.

VOCABULAIRE À SAVOIR

le football américain

le stade	l'entraîneur — *coach*	le plaquage — *tackle*
le vestiaire — *locker room*	le capitaine	la passe
le but — *goal*	les attaquants	la mêlée — *scrimmage*
le match	l'arrière *fullback*	le penalty
la mi-temps — *half-time*	le demi-arrière *half-back*	le ballon ovale
l'équipe adverse — *other team*	le centre	bloquer
les adversaires	la défense	plaquer

le basketball

le gymnase	l'avant gauche	le rebond
le panneau *panel*	l'arrière droit	le rebondeur
le panier *basket*	l'arrière gauche	dribbler
l'avant droit	le centre	

le football

la ligne de but *goal line*	le tireur — *kicker*	la coupe — *cup, trophy*
le rond central	le gardien de but *goal keeper*	le corner
le ballon rond	le coup de tête	intercepter
le tir — *kick*	les acclamations — *cheers*	

le baseball

l'arbitre — *referee*
la planche — *plate (home)*
la batte — *bat*
le tour de batte — *inning*
l'extra-champ — *outfield*
le joueur dans l'extra-champ ou le voltigeur (canadien)
l'arrêt-court (canadien) — *shortstop*
le lanceur — *pitcher*
le rattrapeur ou le receveur (canadien) *S*
le batteur ou le frappeur (canadien)
le frappeur ambidextre *S*
l'amorti-sacrifice *sacrifice bunt*
le but sur balle *walk*
une prise *strike*
lancer

le golf

le terrain de golf	le tee	les fers
le parcours *golf course*	la caisse à sable *sand trap*	la pelouse — *grass, lawn*
les trous — *holes*	les clubs ou les crosses	le champion

le tennis

le court de tennis
la raquette
le boyau *racket string*

le filet — *net*
le juge-arbitre
les juges de lignes

l'overruling
l'arbitre de chaise
tangenter la ligne *be on border line*

les courses

le cyclisme
le vélo
la pédale — *pedal*
le guidon *handlebars*
les coureurs *racers*
le maillot jaune *winning jersey*
l'étape — *lap*

le gagnant
pédaler — *pedal*
monter la colline *go uphill*
les courses automobiles *car races*
le Grand Prix
le circuit
le stand

le mécanicien
le volant — *wheel*
le pilote — *race car driver*
un casque étanche
une combinaison ignifugée
piloter — *drive*

les sports divers

le saut à skis *ski jump*
le ski de fond *cross country*
les avalanches
le moniteur — *coach*
le jogging
le jogger
la gymnastique
le collant — *tights*
le short

les sauts en hauteur *high jumps*
les sauts en longueur *long jumps*
le cheval d'arçons —
les haltères *dumbells*
la traction — *push up*
la barre
l'exerciseur *exercise bike*
sauter à la corde *jump rope*
le parachutisme

les accidents mortels
l'atterrissage — *take off*
le Delta-plane
le ski nautique
le combat de boxe
le bowling
le jeu de boules
la pelote *jai alai*

ON A DES
DEVOIRS JURIDIQUES

Un informateur nous avait prévenus qu'il y aurait une manifestation d'étudiants ici.

MICRO-CONVERSATIONS

Apprenez les dialogues par cœur, puis faites les changements suggérés.

I. Au tribunal

> — J'ai un ami qui paraîtra à la barre des témoins la semaine prochaine.
> — C'est un procès qui fera du bruit. Quand ont-ils envoyé les sommations de se présenter devant le tribunal ?
> — Assez tôt. Maintenant il leur faut trouver un jury qui sache décider en toute équité.
> — Y a-t-il un cautionnement que l'inculpé puisse donner pour être mis en liberté provisoire ?

Refaites le dialogue en remplaçant les propositions principales par celles qui suivent. Les verbes des propositions subordonnées seront soit au présent du subjonctif soit au futur de l'indicatif.

j'ai un ami
1. je suis la seule personne
2. je connais quelqu'un
3. c'est moi
4. je suis l'unique témoin
5. j'ai parlé à quelqu'un
6. je suis la dernière personne

c'est un procès
c'est un détournement de fonds
ce n'est pas le seul procès
il y aura des témoignages
il n'y a pas souvent d'affaire
ce ne sera pas le premier procès
c'est un jugement

il leur faut trouver un jury
1. il s'agit de trouver un jury

2. ils ont choisi un jury
3. ils ont trouvé un jury
4. leur problème est d'avoir un jury

5. ils viennent de former un jury
6. il veulent trouver un jury

y a-t-il un cautionnement
le juge s'est-il prononcé sur le montant du cautionnement
quel est le montant du cautionnement
il y a peut-être un cautionnement
le juge s'est prononcé sur le montant du cautionnement
il n'y a pas de cautionnement
connaissez-vous le montant du cautionnement

II. Il faut être assuré

> — Quelle déveine ! Figure-toi que j'ai acheté une voiture d'occasion ce matin. Cet après-midi, je heurte un camion.
> — Oui. Je sais. J'ai vu ta voiture. Comme elle est esquintée !
> — Ce que je me félicite d'avoir contracté une police d'assurance tout de suite !
> — En effet. Que d'inconvénients ça t'évitera ! J'espère que tu as payé la prime.

Refaites le dialogue en remplaçant les expressions par celles qui suivent.

déveine (fam.)
1. j'ai de la déveine
2. je suis furieux (furieuse)
3. pépins (fam.) il me tombe en ce moment
4. histoire
5. sale tour
6. j'en ai marre (fam.)

elle est esquintée (fam.)
problèmes tu as
perte
tu as de la chance de ne pas être blessé(e)
chance que tu ne sois pas blessé(e)
argent ça va te coûter
dommages

je me félicite
1. c'était une bonne idée
2. riche idée
3. je suis content(e)
4. bénédiction
5. je suis soulagé(e)
6. soulagement

inconvénients ça t'évitera
tu as agi vite
bonne chose
bonheur
tu es dégourdi(e)
je t'applaudis
c'était intelligent

RAPPEL GRAMMATICAL

L'Emploi du subjonctif dans les propositions subordonnées introduites par des conjonctions autres que QUE

En général, on emploie l'indicatif dans la proposition subordonnée quand la conjonction introduit un fait certain, et le subjonctif quand la conjonction introduit un fait possible ou quand la conjonction exprime un sentiment.

I.   On emploie l'indicatif après les conjonctions suivantes : ainsi que, après que, attendu que, au moment que, aussitôt que, car, depuis que, dès que, lorsque, moins que, parce que, pendant que, plus que, puisque, quand, quand même, selon que, si, tandis que, vu que, etc.

        Il est incarcéré parce qu'il a commis une fraude.

II.   On emploie le subjonctif après les conjonctions suivantes : à condition que, afin que, à moins que, au lieu que, avant que, bien que, de crainte que, de peur que, en attendant que, encore que, jusqu'à ce que, moyennant que, non que, pour peu que, pour que, pourvu que, quoique, sans que, soit que, etc.

        Il ne sera pas relâché avant que ses parents puissent payer le cautionnement.

III.   On emploie soit l'indicatif soit le subjonctif avec les conjonctions qui expriment la conséquence : de façon que, de manière que, de sorte que, de telle façon que, tant que, tellement que, tel que, etc.

    A.   On emploie l'indicatif quand la conséquence est un fait certain ou une supposition.

        Elle lui a parlé de telle façon qu'il ne s'est pas fâché.

        Il est tel qu'il ne voudrait pas lui faire de la peine.

    B.   On emploie le subjonctif quand la conséquence exprime une intention.

        Parlez plus haut de manière que je vous comprenne.

III. Il faut remplir ses feuilles d'impôts

> — Il faut que ma déclaration d'impôt soit faite avant que je ne parte en voyage d'affaires.
> — Moi, je pense être à la charge de mes parents jusqu'à ce que ma situation soit établie.
> — C'est peut-être préférable. Le barème d'imposition augmente dès que l'inflation prend un nouvel essor.
> — Il ne vous restera peut-être pas trop de revenus imposables après que vos intérêts seront déduits.

Refaites le dialogue en remplaçant les conjonctions par celles qui suivent.

	avant que	jusqu'à ce que	dès que	après que
1.	parce que	à moins que	aussitôt que	à condition que
2.	attendu que	en attendant que	tandis que	étant donné que
3.	puisque	tant que (nég.)	pour peu que	du moment que
4.	de peur que	d'ici à ce que	avant même que	lorsque
5.	vu que	d'autant que (nég.)	si tôt que	une fois que
6.	de crainte que	si (nég.)	à mesure que	quand

RAPPEL GRAMMATICAL

La Forme passive

Un verbe est à la forme passive quand le sujet subit l'action exprimée par le verbe. En français comme en anglais, on emploie le verbe **être** et le **participe passé**. Le participe s'accorde avec le sujet.

   Le bureau est fermé.

   La maison a été vendue par le notaire.

   Lorsque le verbe exprime une notion abstraite, la préposition **par** peut être remplacée par la préposition **de**.

   Il est respecté de ses collègues.

   En français le sujet du verbe à la forme passive n'est presque jamais le complément d'objet indirect du verbe à la forme active.

   A watch was given to her.

   She was given a watch.   Une montre lui a été donnée

   Il y a trois exceptions : obéir, désobéir, pardonner.

   Il sera obéi de ses enfants.

   Les Français préfèrent la forme active à la forme passive et ils ont tendance à éviter cette dernière.

   Ses collègues le respectent.

Si l'agent n'est pas connu, on emploie **on**.

On lui a donné une montre.

Quelquefois et plus rarement, le verbe à la forme passive est remplacé par un verbe pronominal.

La maison s'est vendue cher.

IV. Il faut payer les pensions alimentaires

> — Le mari de mon amie n'a pas payé la pension alimentaire pour les enfants ce mois-ci.
> — On peut porter plainte pour abandon de famille.
> — La loi protège-t-elle la femme ?
> — Bien sûr. Le procureur peut ordonner une saisie-arrêt sur le salaire du mari.

Dans ce dialogue, les verbes sont à la forme active. Mettez-les à la forme passive.

AMUSONS-NOUS

A. *Dans les phrases qui suivent, les verbes sont à la forme active. Divisez la classe en quatre groupes et donnez à chaque groupe sept de ces phrases. Il s'agit de mettre, quand c'est possible, les verbes à la forme passive. Le groupe gagnant est celui qui a le plus de phrases correctes.*

1. Un huissier exécute les décisions judiciaires.
2. On a incarcéré les auteurs du délit.
3. On vous a cité à la barre des témoins.
4. Le jury a rendu le verdict.
5. Qui a trafiqué les comptes ?
6. Son avocat a plaidé pour lui.
7. On ne respecte pas la loi.
8. L'agent l'a emmené au commissariat.
9. Qu'est-ce qui retardera le jugement ?
10. Mon père n'a pas rempli sa déclaration d'impôt.
11. Les a-t-on arrêtés ?
12. Quand doit-on payer les impôts fonciers ?
13. Avez-vous un abri fiscal ?
14. On demandera un délai de paiement des impôts.
15. Quand réglerez-vous la succession ?
16. Où paye-t-on les impôts ?
17. Nous avons une hypothèque.
18. Qui a écouté le plaignant ?
19. On la soupçonne de larcin.
20. Tout le monde fraude le fisc.
21. On vous a pardonné.
22. On les a graciés.
23. Nous écrirons au procureur.
24. On ne désobéit pas aux ordres de mon père.
25. Ont-ils interrogé le détenu ?
26. Qui payera les frais de justice ?
27. On l'a condamné à perpétuité.
28. Après son invention, mon amie a demandé un brevet.

B. *Les Mots croisés. Remplissez cette grille d'après les directions.*

1	2	3	4	5	6	7	8	9		10	11
12				13				14			
15			16			17				18	
19				20						21	
22		23						24	25		
26		27		28			29			30	
31					32					33	
	34			35					36		
37			38				39	40			
41		42				43	44		45		46
47	48					49		50			
51				52						53	

Les accents ne comptent pas.

Horizontalement :

1. Quand on en paye la prime, les dommages éventuels sont indemnisés.
10. Pronom.
12. Délit contre la propriété.
13. Très grand (au pluriel).
15. Fruit à noyau.
17. Ce que font les araignées (au pluriel).
19. Fin vaisseau sanguin.
21. Nom de la note *la* en anglais.
22. Symbole chimique de l'argon.
23. Exercer un attrait (deuxième personne du singulier).
24. Adjectif possessif.
26. Mouvement involontaire de certains muscles du visage.
28. Inexact.
30. Symbole chimique du souffre.
31. D'un goût acide.
32. Route d'un cerf qui fuit.

33. Symbole de l'électron.
34. Adjectif possessif.
35. Cérémonie catholique qui commémore le sacrifice du corps et du sang de Jésus-Christ sous les espèces du pain et du vin.
36. Métal précieux.
37. Abri (au pluriel).
39. Pièce de monnaie.
41. Symbole du mètre.
42. Négation.
43. Carte à jouer.
45. Terme de golf.
47. Passer au dedans (participe passé).
49. Division administrative de la Grèce (au pluriel).
51. Voie publique (au pluriel).
52. En harmonie.

Verticalement :

1. Celui qui plaide en justice (au pluriel).
2. Place aménagée pour les bains de soleil (au pluriel).

3. Sous-vêtement.
4. Symbole chimique de l'uranium.
5. Qui existe (au féminin).

6. Durée de douze mois.
7. Officier public qui rédige les contrats (au pluriel).
8. Disposer en X (à la première personne du pluriel).
9. Prince dans le monde musulman.
10. Avoir le courage (à la première personne du singulier).
11. Symbole chimique de l'azote.
14. D'une grande hauteur (au féminin).
16. Personne importante.
18. Passer au tamis.
20. Ce qui est versé quand on pleure (au pluriel).
25. Symbole chimique de l'oxygène.

27. Peur.
29. Venues au monde (au féminin pluriel).
35. Accompagner (au participe passé).
36. Un des points cardinaux.
37. De saveur déplaisante.
38. Moment.
40. Retirer.
43. Mesure de l'âge (au pluriel).
44. Au secours.
46. La note de musique *mi* en anglais.
48. Sans vêtements.
50. Symbole chimique du molybdène.
52. Symbole de l'are.
53. Symbole chimique de l'iode.

C. *Les paronymes sont des mots dont les sons se ressemblent approximativement.*

> **Ex :** inculper, inculquer
> justice, justesse
> entendre, attendre
> jeune, jaune

Chaque groupe cherche autant de paronymes que possible. Le groupe avec la plus longue liste gagne.

RÉPLIQUES LIBRES

Voir le premier chapitre pour les instructions.

Il y a beaucoup de cambriolages en France

1. Est-ce vrai que votre appartement a été cambriolé ?
2. Qu'est-ce qu'on vous a pris ?
3. Quand est-ce que ça s'est passé ?
4. Où étiez-vous à ce moment-là ?
5. Avez-vous porté plainte ?
6. Qu'a fait la police ?
7. Soupçonnent-ils quelqu'un ?
8. Êtes-vous couvert par une assurance ?

On est convoqué au tribunal

1. Alors, vous serez peut-être juré dans cette affaire de trafic de stupéfiants. À quel tribunal devez-vous aller ?   (le tribunal correctionnel)
2. Y a-t-il beaucoup de jurés qui se sont excusés après avoir été convoqués ?
3. Quel avocat va assister le prévenu à prouver son innocence ?
4. L'acte de l'accusé a-t-il été qualifié de crime ou de délit ?

Le prétoire, un jour d'audience.

5. Qui a décidé de la qualification ?   (le juge d'instruction)
6. Pensez-vous qu'il ait des chances d'être acquitté ?
7. Quel cautionnement ont-ils demandé pour qu'il puisse être en liberté provisoire ?
8. Quel est le plus haut tribunal auquel il peut faire appel ?   (la Cour de cassation)

Il faut payer ses impôts

1. Quelle barbe ! Il faut remplir la déclaration d'impôt. As-tu rempli la tienne ?
2. Depuis quand es-tu contribuable ?
3. J'ai demandé au conseiller fiscal comment frauder le fisc et il m'a dit d'aller me faire pendre ailleurs. Sont-ils tous aussi intègres ?
4. Mes parents déduisent leurs impôts fonciers. Moi, je n'ai pas de déductions. Et toi ?
5. Connais-tu un bon abri fiscal ?
6. Combien est ton impôt sur le salaire cette année ?
7. Est-il possible de payer ses impôts par mensualités ?
8. Je suis fauché(e) en ce moment. Crois-tu que le percepteur me donne un délai ?

Une Visite chez le notaire

1. Vous avez donc hérité de ces parents. Avaient-ils écrit un testament ?
2. Qui a été nommé exécuteur testamentaire ?
3. Y avait-il d'autres héritiers ?
4. Qui sont ces cohéritiers ?
5. Y avait-il un codicille ?

6. Avez-vous reçu votre juste part ?
7. Allez-vous avoir beaucoup de droits de succession à payer ?
8. Êtes-vous satisfait(e) de votre notaire ?

Il faut tenir les livres

1. Tu as le filon. Tu es maintenant expert-comptable. Est-ce que les études ont été difficiles ?
2. En quelle comptabilité t'es-tu spécialisé(e) ?   (la comptabilité analytique)
3. Emploies-tu un système d'information par ordinateur ?
4. Tu vas donc faire des diagnostics financiers. Pourrais-tu quand même m'aider à tenir mes livres ?
5. J'ai du mal à additionner et à soustraire. Est-ce qu'une machine à calculer pourrait m'être utile ?
6. Avec la majoration des prix, j'ai l'impression que mon passif est plus grand que mon actif. Que puis-je faire ?
7. Tu ne connaîtrais pas un truc pour trafiquer les comptes par hasard ?
8. Pour ajouter à mes malheurs, mes primes d'assurances ont augmenté. T'y connais-tu en assurances ?

FAUTES À ÉVITER

En français il faut distinguer entre **pardonner** (to forgive) et **gracier** (to pardon a criminal), le **cautionnement** (bail) qui est la garantie nécessaire pour être mis en liberté provisoire et la **précaution** (caution) qui est la prudence, le **trafic** (traffic) qui est un échange commercial illégal et la **circulation** (traffic) qui est le nombre de voitures qui roulent sur la route.

Employez le mot qui convient dans les phrases suivantes.

1. Je ne lui ai jamais _____ de ne pas m'avoir invité(e) à sa surprise-partie.
2. Il préfère ne pas conduire aujourd'hui parce qu'il y a trop de _____.
3. Il faut prendre ses _____ avant de traverser la rue.
4. Elle a payé _____ pour être mise on liberté provisoire.
5. J'ai l'impression qu'il s'agit d'un(e) _____ d'armes.
6. Je ne vais sûrement pas conduire dans une telle _____.
7. Fais attention et marche avec _____.
8. On l'a _____ après plusieurs années de prison.
9. _____-moi d'être arrivé(e) en retard.
10. Je ne sais pas si c'est un(e) _____ qui lui rapporte beaucoup.
11. Connais-tu le détenu qui a été _____ ?
12. Il a allumé le gaz sans prendre de _____.
13. Quel (quelle) _____ ! Ce doit être l'heure de pointe.
14. Il ne vous en veut plus. Il vous a _____ tout.

SUJETS DE CONVERSATION POUR GROUPES DE TROIS OU QUATRE ÉTUDIANTS

1. Quelles sont vos obligations légales ? Par exemple, le paiement des emprunts, le paiement des amendes, le permis de conduire, les plaques d'immatriculation, la taxe sur les chiens, etc.
2. Que pensez-vous de l'établissement d'un âge légal pour la consommation de boissons alcooliques ?
3. Êtes-vous contribuable ? Pensez-vous que le formulaire de la déclaration d'impôt soit trop compliqué ? Si oui, suggérez des simplifications.
4. Que pensez-vous des primes d'assurance que doivent payer les jeunes ? Y a-t-il des raisons valables pour la majoration de ces primes ?
5. Préféreriez-vous exercer des professions telles que celles d'agent de police, de juge, de percepteur, etc. où il s'agit de faire respecter la loi ou des professions telles que celles d'avocat, de notaire, etc. où il s'agit de protéger les droits de l'individu ? Pourquoi ?
6. Le nombre de crimes s'accroît. La prison est-elle la seule solution ?
7. Quelles sont, d'après vous, les causes de l'accroissement des crimes ?
8. Est-ce que les jeunes criminels qui commettent une infraction pour la première fois devraient être traités comme les récidivistes ?
9. Que feriez-vous si vous étiez témoin d'un crime ?
10. Avez-vous jamais été la victime d'un crime (attaque, viol, vol, etc.) ?
11. Comment la loi américaine traite-t-elle le problème des stupéfiants ? La trouvez-vous trop rigide ou trop flexible ? Connaissez-vous des lois dans d'autres pays qui soient différentes ?
12. Y a-t-il trop de restrictions qui paralysent la police dans l'exercice de ses fonctions ? Par exemple, la loi qui exige un mandat de perquisition pour pouvoir entrer chez quelqu'un, la libération des coupables dûe à une erreur de procédure, etc. Que considérez-vous le plus important, sauvegarder les droits de l'individu ou appréhender et punir les criminels ?

LES GESTES EXPRESSIFS

Quand un Français veut se faire écouter, il lève l'index en l'air et réclame le silence. S'il veut persuader son public que ce qu'il dit est extrêmement important ou s'il semonce quelqu'un, il secoue ce même index.

Pouvez-vous penser à d'autres gestes où l'on emploie l'index ? Comment expliquez-vous l'usage fréquent de l'index dans les gestes ?

DÉBATS

Toute la classe participe.

1. Êtes-vous pour ou contre le contrôle des armes à feu ? Défendez votre opinion à l'aide d'arguments et d'exemples.

2. Discutez la peine de mort. Est-ce un moyen efficace de maintenir l'ordre social ou est-ce une vengeance inutile ? Dans certains États, la peine de mort existe, soit qu'on emploie la chaise électrique, soit qu'on emploie la chambre à gaz, soit qu'on fusille. Dans d'autres, la peine de mort n'existe pas. Devrait-il y avoir uniformité dans tous les États ?

3. Les droits de la femme sont-ils respectés aux États-Unis ? Le Congrès a adopté un amendement à la constitution pour interdire le passage de lois qui distingueraient entre les droits des hommes et ceux des femmes. Pour devenir définitif, cet amendement devait être accepté par trente-huit États. Quel en a été le résultat ? Qu'en pensez-vous ?

4. La réduction des impôts sur les salaires et des impôts fonciers est-elle favorable à l'individu et à la société ? Discutez le pour et le contre.

ACTIVITÉS POSSIBLES

1. Chercher dans les revues françaises des articles sur les lois françaises et la justice. En faire un compte-rendu.

2. Lire « J'accuse » d'Émile Zola. Discuter l'affaire Dreyfus et autres causes célèbres.

3. Écrire une petite histoire policière.

EXPRESSIONS IMAGÉES ASSOCIÉES À LA JUSTICE ET AUX ARMES

Presque tous les mots qui représentent les personnages jouant un rôle dans les procès sont employés dans des expressions idiomatiques.

Ainsi **on se fait l'avocat du diable** quand on défend une mauvaise cause. Si l'on veut un arbitre dans une discussion, on dit « **Je vous fais juge** ». Si l'on veut le soutien et le témoignage de quelqu'un, on dit « **Je vous prends à témoin** ».

Le mot procès lui-même est employé dans l'expression **sans autre forme de procès** qui veut dire sans formalité.

Il y a des expressions associées à la justice et aux armes qui sont plus imagées.

1. **On plaide le faux pour savoir le vrai** quand on ment à quelqu'un pour lui faire dire la vérité.

2. **On dort du sommeil du juste** quand on dort profondément.

3. **On jure ses grands dieux** (fam.) quand on nie avec véhémence.

4. On dit « **Qu'est-ce qu'il trafique ?** » (fam.) quand quelqu'un agit mystérieusement.

5. **On s'entend comme larrons en foire** quand on s'entend bien pour jouer quelques mauvais tours aux gens.

6. **On met les bâtons dans les roues** quand on gâche les projets de quelqu'un.

7. On dit qu'**on a reçu le coup de fusil** quand on reçoit une addition exorbitante au restaurant.

8. **On change son fusil d'épaule** quand on change sa manière de faire.

9. **On passe l'arme à gauche** (fam.) quand on meurt.

10. **On empoisonne quelqu'un** (fam.) quand on l'ennuie.

11. **On n'en fait pas un crime** (fam.) quand on n'attache pas grande importance à quelque chose.

12. On dit de quelqu'un qu'**il ne l'a pas volé** (fam.) quand il reçoit une juste punition pour ses actions.

Employez ces expressions dans des phrases appropriées.

Ex : Vous en avez assez dit. Ne vous faites pas l'avocat du diable.

CONSEILS PRATIQUES DE PRONONCIATION
La Prononciation du T

I. En général le **t** est prononcé comme un **t** avec les graphies **t, tt, th**.
> timbre, commettre, thé

II. Il est prononcé comme un **s** :
1. Dans la syllabe **tion**.
> fonctionner, constitution, digestion

Il y a quelques exceptions :
— Quand **tions** est la terminaison d'un verbe.
> Nous interprétions.

— Avec quelques mots.
> question

2. Dans les syllabes **tiel** et **tieux**.
> potentiellement, démentiel, minutieux

3. Dans la syllabe **tial**.
> initialement, spatial

Il y a quelques exceptions.
> bestial

4. Dans la syllabe **tie**.
> acrobatie, idiotie

Il y a quelques exceptions.
> partie, garantie

III. Il n'est pas prononcé en position finale.
> part, moment, plat

Il y a quelques exceptions.
> dot, ouest, vingt-deux

Lecture

Lisez à haute voix.

Les lois françaises sont basées sur le Code Napoléon, code qui présumait les inculpés coupables et déclarait les femmes, les enfants et les fous incapables d'accomplir les actes juridiques les plus simples c'est-à-dire d'administrer leurs biens, d'hypothéquer, d'ouvrir un compte en banque, etc. Dans les procès français, il est toujours vrai que c'est à l'accusé de prouver son innocence et non pas à l'État de prouver sa culpabilité, cependant la position de la femme s'est améliorée peu à peu. Le changement a été lent et commença tard. Les nouvelles lois sont d'abord de simples déclarations de principes qui ne sont appliqués que bien des années plus tard. Ainsi en 1938 la loi rendit à la femme mariée sa capacité civile, mais ce n'est qu'en 1970 que les femmes mariées acquièrent les droits dont jouissaient déjà les hommes et les femmes céliba-

Attention aux pervenches. Elles dressent des contraventions.

taires. Jusque là la femme mariée était encore sous la tutelle de son mari et ne pouvait même pas demander un passeport sans son autorisation. Le droit de vote ne fut donné à la femme que quelque temps après la deuxième guerre mondiale. En 1980 un autre progrès était accompli : l'épouse française a maintenant le droit de signer la déclaration d'impôt c'est-à-dire le droit de connaître les revenus de son mari. Il faut remarquer que cette loi ne lui donne que le droit de le faire et qu'elle ne rend pas la signature obligatoire ; donc, en fait, elle ne change pas grand-chose.

Il ne faut pas, cependant, s'imaginer la femme française dans le rôle de femme enfant. En réalité c'est une femme de tête qui sait diriger tout son monde et sur les pieds de qui il vaut mieux ne pas marcher. Sans s'inquiéter outre mesure de ses droits civiques, c'est souvent elle qui domine la famille, remplit les feuilles d'impôts et tient les cordons de la bourse.

Dans le domaine du travail, il y a de grands progrès, même si au sommet de la hiérarchie on ne trouve encore que quelques femmes alibis. Au prétoire, un tiers des avocats français sont des avocates et les femmes juges envahissent la magistrature. Il est encore vrai que, dans le langage, bien des professions n'ont pas encore de forme féminine. Il en est ainsi des mots professeur, médecin, expert-comptable, etc. C'est un archaïsme qu'il faudra changer bientôt vu que le nombre de femmes qui entrent dans ces professions augmente tous les ans.

Il est intéressant que, dans un pays où il fut si difficile pour la femme d'obtenir la liberté, l'égalité, et la fraternité, le nom de jeune fille soit le seul patronyme légal et si les femmes françaises emploient le nom de leur mari, c'est parce qu'elles le veulent bien.

VOCABULAIRE À SAVOIR

la justice

le commissariat
les flics (fam.)
le panier à salade (fam.)
l'amende
le mandat d'arrêt
le mandat de perquisition
l'enquête
porter plainte
perquisitionner
arrêter, appréhender
s'évader
interroger
incarcérer, écrouer, emprisonner
être pris sur le fait
le crime
le délit
le larcin
le détournement de fonds
le trafic des stupéfiants
le cambriolage
le vol à main armée
le viol
l'attaque
le meurtre
l'arme à feu
le fusil
le récidiviste
cambrioler
voler
commettre une fraude
trafiquer
empoisonner
le prétoire
l'inculpé, le prévenu, l'accusé
le plaignant

l'avocat
le juge d'instruction
le procureur
le jury
les jurés
la barre des témoins
le témoignage
le tribunal correctionnel
la cour d'assises
la Cour de cassation
les causes célèbres
plaider
citer
convoquer
déposer
le jugement
le procès, le tribunal
le code Napoléon
les frais de justice
l'huissier
le cautionnement
le détenu, le prisonnier
la peine de mort
la chaise électrique
la réinsertion sociale
être coupable, innocent
condamner à perpétuité
condamner à mort
fusiller
pendre
mettre en liberté provisoire sous caution
acquitter
relâcher
gracier
faire appel

l'abri fiscal
le barême d'imposition
le conseiller fiscal
le contribuable
la déclaration d'impôt
la feuille d'impôt
le fisc
la déduction

les impôts

un délai
la fraude fiscale
l'impôt direct
l'impôt foncier
le percepteur
le revenu
être à la charge de quelqu'un
imposable

l'héritier
le cohéritier
les droits de succession
la codicille
le testament

l'héritage

le notaire
la signature
la part
hériter
signer

l'assurance contre le vol
l'assurance-automobile
l'assurance sur la vie
la police d'assurance

l'assurance

la prime
s'assurer
contracter une police d'assurance
dédommager

la comptabilité analytique
le diagnostic financier
l'expert-comptable
l'actif
le passif

la comptabilité

l'ordinateur
la machine à calculer
tenir les livres
additionner
soustraire

Ce que c'est suant ! C'est la quatrième fois que je me prépare pour la fin du monde. J'ai d'autres chats à fouetter, moi.

MICRO-CONVERSATIONS

Apprenez les dialogues par cœur, puis faites les changements suggérés.

I. L'Énergie nucléaire : oui ou non

> — Où j'habite, nous ne voulons pas de centrale nucléaire avant que les possibilités de l'énergie solaire soient étudiées.
> — Pourtant les pertes de radiation dans les réacteurs sont rares étant donné qu'on prend des précautions.
> — Mais il y a aussi la contamination de l'eau, bien qu'on nous dise qu'il n'y a rien à craindre.
> — Cependant on aurait besoin de l'énergie nucléaire pour que l'humanité puisse vivre confortablement.

Refaites le dialogue en remplaçant les conjonctions par celles qui suivent.

	avant que	**étant donné que**	**bien que**	**pour que**
1.	sans que	pour peu que	quoique	de façon que
2.	jusqu'à ce que	quand	sauf que	à condition que
3.	pendant que	tant que	quand même	à seule fin que
4.	puisque	pourvu que	malgré que	du moment que
5.	afin que	attendu que	encore que	de manière que
6.	d'autant plus que	vu que	même si	moyennant que

II. Le vrai et le fantastique

> — Sais-tu que des photos de Saturne ont été prises par la sonde spatiale « Voyager » ?
> — Ne me casse pas la tête avec les explorations spatiales. Elles sont passées à la télé assez souvent.
> — Ce que tu es ronchon aujourd'hui. D'ailleurs, n'es-tu pas fasciné(e) par les sagas interplanétaires ?
> — Ce n'est pas pareil. Les androïdes ne sont pas photographiés par la caméra de « Voyager ».

Dans certaines propositions, les verbes sont à la forme passive. Mettez-les à la forme active.

RAPPEL GRAMMATICAL

Les Diverses Traductions de WHAT

What peut être un adjectif, un pronom interrogatif ou un pronom relatif. Pour les adjectifs et les pronoms interrogatifs, il faut revoir le onzième chapitre.

What, pronom relatif, se traduit par :

1. **Ce qui** quand il est sujet.

   > Je ne sais pas ce qui lui arrive.

2. **Ce que** quand il est complément d'objet direct.

   > Je ne sais pas ce que vous voulez.

3. **Quoi** quand il est complément prépositionnel.

   > Je ne sais pas avec quoi vous écrivez.
   >
   > Je ne sais pas de quoi vous parlez.

4. **Ce dont** quand il est complément prépositionnel, que la préposition est **de**, et que la proposition subordonnée suit **voici, voilà, c'est, ce n'est pas**, ou qu'elle précède la proposition principale.

   > Voici ce dont il s'agissait.
   >
   > Ce dont il parlait n'était pas clair.

5. **Ce à quoi** ou **à quoi** quand il est complément prépositionnel et que la préposition est **à**.

   > Il m'a dit ce à quoi il pensait.
   >
   > Dis-moi à quoi tu penses.

III. On suit un cours d'informatique

> — Quelle vie ! Je me demande ce que je fais à ce terminal. Mon programme ne s'exécute pas.
>
> — Regarde l'écran. Qu'est-ce qu'il manque aux instructions ?
>
> — Qui sait ? Dis-moi ce qui m'a fait suivre ce cours.
>
> — Le logiciel et le matériel, c'est le monde de l'avenir. À quoi arriverions-nous sans cette connaissance ?

Refaites le dialogue en remplaçant les propositions subordonnées par celles qui suivent. Les prépositions, s'il y en a, ne sont pas données.

je fais à ce terminal	**il manque aux instructions**
1. gaffe j'ai faite	dois-tu ajouter à la fin du programme
2. ne marche pas	c'est que cette instruction que tu as mise là
3. j'ai besoin	instruction as-tu oubliée
4. je fabrique (fam.)	dois-tu faire attention
5. raison je m'acharne sur ce téléimprimeur	cette instruction veut dire
6. instruction donner	langage évolué emploies-tu

m'a fait suivre ce cours	**arriverions-nous**
1. j'ai pensé quand je me suis inscrit à ce cours	nous ferions
2. raison je suis ce cours	deviendrions-nous
3. je fais ici	pourrions-nous accomplir
4. me pousse à continuer	métier pourrions-nous exercer
5. j'ai appris	nous arriverait
6. ça me servira	aurions-nous l'air

RAPPEL GRAMMATICAL

Révision de l'emploi des temps

L'emploi des temps différents a été traité dans les chapitres 2, 4, 6, 10, 12, 13, 14.

IV. La Menace nucléaire

> — Il semble peu probable qu'on puisse empêcher la construction de nouveaux missiles.
> — Crois-tu que la parité nucléaire soit une bonne idée ?
> — Certainement. Je n'ai pas envie de voir tomber la bombe H chez nous.
> — Moi, je n'envisage pas que cela arrive.

Refaites le dialogue en remplaçant les propositions principales par celles qui suivent.

il semble peu probable que	**crois-tu que**
1. je ne sais pas si	il me semble que
2. il serait souhaitable que	tu dis toujours que
3. si l'on avait voulu	il faut avoir confiance en l'adversaire pour que
4. je serai plus rassuré(e) quand	à l'avenir
5. il faudrait que	si l'on ne se méfiait pas tant
6. peut-être que si l'on proteste	je me demande si

je n'ai pas envie de	**moi, je n'envisage pas que**
1. j'ai peur qu'un jour nous	tu crois que
2. si nous ne faisons pas attention, nous	il y a quarante ans que cela doit
3. mais d'un autre côté vous n'aimeriez pas	ce n'est qu'avec une réduction d'armes que
4. sans cela, dans quelques années nous	tu seras mort avant que
5. je ne tiens pas à	si l'on réduit les armes
6. j'espère que nous ne (jamais)	que faire si cela doit

AMUSONS-NOUS

A. *Après la première guerre mondiale, un nouveau courant se manifesta dans la peinture et la poésie. Ce mouvement, appelé « surréalisme », prétendait avoir découvert une nouvelle réalité. Deux de leurs techniques étaient le choix de l'insolite et le travail collectif : leur jeu favori était appelé « le Cadavre exquis ». Chaque participant écrit sur une feuille de papier individuelle un nom qui sera le sujet d'une phrase ; il plie le papier de sorte que ce qu'il a écrit soit caché, et passe le papier plié à son voisin de droite. Chaque participant écrit ensuite sur le papier qu'on vient de lui passer, un adjectif qui doit qualifier le sujet. Même jeu pour écrire le verbe de la phrase, puis le complément. On déplie alors tous les papiers et on lit à haute voix les phrases ainsi obtenues. La phrase lue la première fois que le jeu a été joué était :*

> Le cadavre exquis boira le vin nouveau.

d'où le nom du jeu. Les surréalistes voulaient ainsi démontrer que les associations et les rapprochements les plus saugrenus en apparence contiennent des sens cachés mais réels et que ces associations sont le fondement de la poésie.

B. *Casse-tête.*

1. En l'an 2000 mon père sera mort depuis 20 ans et il aurait eu 106 ans. Ma mère a 8 ans de moins que lui. Ma mère avait le double de mon âge 36 ans avant la mort de mon père. Quel sera mon âge en l'an 2000 ?

2. Le total des distances moyennes entre le Soleil et Mars, le Soleil et Vénus et le Soleil et Mercure est de 393 millions de kilomètres. La distance entre le Soleil et Vénus est de 49 millions de kilomètres plus grande que la distance entre le Soleil et Mercure. La distance entre le Soleil et Mercure est de 170 millions de kilomètres plus petite que la distance entre le Soleil et Mars. Quelles sont les distances moyennes entre le Soleil et Mars, le Soleil et Vénus, le Soleil et Mercure ?

3. Un astronaute américain qui connaît les langues de ses parents mais ne parle pas russe rencontre un cosmonaute qui lui aussi parle les langues de ses parents mais ne parle pas anglais. Le père de l'astronaute vient de la Guadeloupe où il a rencontré sa femme qui venait de Rio de Janeiro. Le père du cosmonaute vient aussi de l'Amérique du Sud mais du Venezuela ; quant à sa femme, elle est d'Alger. Dans quelle langue pourront converser nos deux hommes ?

C. *Vrai ou faux.*

1. Les retombées radioactives ne sont jamais dangereuses.
2. La contamination de la nappe phréatique est la contamination de l'air.
3. Les tours de refroidissement se trouvent dans les centrales nucléaires.
4. Pour ne pas contaminer l'air, il faut établir des normes antipollution.
5. Certains savants croient qu'à l'avenir la cryogénie pourra préserver la vie humaine.
6. Tous les robots sont des androïdes.
7. « Voyager » est destiné à étudier les astres du système solaire.
8. Le Concorde est le train le plus rapide du monde.
9. Les offshore sont les exploitations des gisements de pétrole dans la mer.
10. L'informatique est un centre d'informations.

11. L'escalade des armes nucléaires, c'est l'accélération de leur production.
12. Le monde stellaire est le monde des étoiles.

RÉPLIQUES LIBRES

Voir le premier chapitre pour les instructions.

On construit de nouvelles centrales nucléaires partout

1. Il paraît qu'on a choisi notre région pour la construction d'une nouvelle centrale nucléaire. Es-tu pronucléaire ?
2. Connais-tu quelqu'un qui se soit joint à la marche de protestation ?
3. Y a-t-il eu des incidents à la manifestation ?
4. Crois-tu que les tours de refroidissement nous privent de soleil ?
5. Y a-t-il des dangers de pertes de radiation ?
6. Combien d'ouvriers vont trouver du travail dans cette centrale ?
7. Quelle sorte de changement est-ce que cela va amener dans l'économie ?
8. Regarde ces bulldozers. Quand sont-ils arrivés ?

On lance des fusées

1. Ce soir, je reste à la maison pour regarder le lancement de la fusée à la télé. Et toi ?
2. Il paraît que nous recevons le programme d'un satellite. Combien d'heures de différence y a-t-il entre nous et la NASA ?
3. Je voudrais bien être avec le personnel rampant. Combien d'astronautes vont-ils envoyer cette fois-ci ?
4. À quelle heure vont-ils être sur la rampe de lancement ?
5. Pourrais-tu t'habituer à porter un scaphandre spatial ?
6. Quand commence le compte à rebours ?
7. Combien de temps va durer le vol spatial ?
8. Sais-tu quand aura lieu l'amerrissage ?

On connaît l'informatique

1. L'ordinateur est roi maintenant. En bénéficierons-nous ou bien l'ouvrier sera-t-il remplacé par un robot ?
2. Aux États-Unis, l'enseignement assisté par ordinateur a pris une grande extension. Comment est-ce possible ?
3. Est-ce que tous les étudiants savent employer un téléimprimeur ?
4. Combien coûte un terminal maintenant ?
5. Quels langages évolués connais-tu ?   (le Cobol, le Fortran, etc.)
6. Le langage machine est exprimé en code binaire. Est-ce qu'il est plus difficile à employer que les langages évolués ?
7. Où est située la mémoire centrale au bureau où tu travailles ?
8. Est-ce qu'on embauche beaucoup de spécialistes en informatique en ce moment ?

On détruit la nature

1. Encore un pétrolier qui a pollué la Manche. As-tu vu nos plages la dernière fois que cela est arrivé ?
2. As-tu entendu dire s'il y a beaucoup de poissons morts ?
3. De plus, les entreprises mettent leur détritus dans les rivières. Quelles autres possibilités le gouvernement pourrait-il leur donner ?
4. Ne devrait-on pas arrêter une entreprise qui viole les normes antipollution ?
5. Les particuliers ne sont pas mieux. Les bois leur servent de dépotoir. Quand es-tu allé pique-niquer dernièrement ?
6. Pourquoi les interdictions de jeter les ordures dans les espaces verts ne sont-elles jamais respectées par les Français ?
7. En somme, on nous empoisonne avec ce qu'on respire et ce qu'on mange. Te rappelles-tu comment on élevait les poulets dans le temps ?
8. Il y a quelques écolos, mais il y a davantage de gens qui se moquent de la pollution. Pourquoi ?

On craint une guerre nucléaire

1. As-tu déjà fait ton service militaire ?
2. Où était ta garnison ?
3. Comment as-tu aimé la vie de caserne ?
4. Est-ce que cette nouvelle escalade des armes nucléaires t'inquiète ?
5. Les deux grandes puissances ont déjà assez de bombes pour détruire le monde entier. Pourquoi continuent-elles à en construire ?

Une manifestation contre les armes nucléaires.

6. On dit que la bombe à neutrons a une puissance explosive contrôlée et ne ravagerait pas l'environnement. Qu'est-ce qui arrivera si on l'emploie pour la défense de l'Europe ?

7. Je crains que les retombées radioactives de cette bombe ne soient pas aussi insignifiantes qu'on le dise. As-tu vu les ravages qu'une première bombe a faits à Hiroshima ?

8. Le jour d'une attaque éventuelle de l'Europe, que choisirons-nous, la capitulation ou l'apocalypse ?

FAUTES À ÉVITER

Les mots **ignorer, caméra** et **place** sont des faux amis. **Ignorer** veut dire « ne pas savoir » ; pour traduire « to ignore » il faut employer **ne pas prêter attention à**. Une **caméra** sert à tourner des films ; un **appareil** sert à prendre des photos. La **place** est la traduction des mots anglais « square », « space », « seat » (dans une salle de spectacle ou dans un moyen de transport) et « job » ; on traduit le mot anglais « place » par **endroit**.

Employez le mot qui convient dans les phrases suivantes.

1. Mon frère a une bonne _____ dans l'informatique.
2. Il _____ à qui il doit communiquer les résultats.
3. Quel beau film ! Quelle sorte de _____ as-tu ?
4. Quand je parle d'une guerre nucléaire, il _____.
5. Combien de _____ y avait-il dans cette capsule spatiale ?
6. Nous avons beau nous serrer dans l'autobus, il n'y a pas assez de _____ pour tout le monde.
7. _____ ce que je te dis. Ça te sera utile plus tard.
8. Je viens d'acheter un album. Maintenant il ne me reste plus qu'à acheter _____.
9. Il y a eu une grande manifestation antinucléaire sur _____.
10. Il n'y a pas de _____ où nous puissions nous arrêter.
11. Quel dépotoir ! Personne ne _____ aux interdictions.
12. J'ai étudié les mathématiques, mais je _____ tout de la chimie.
13. Le parc est un(e) _____ où elle aime aller se promener.
14. Elle _____ le nom de l'homme à qui elle parlait.
15. Je peux tourner des films sonores avec _____.

SUJETS DE CONVERSATION POUR GROUPES DE TROIS OU QUATRE ÉTUDIANTS

1. Qu'espérez-vous avoir accompli quand vous entrerez en l'an 2000 ?
2. Un sondage en France a montré que le Français moyen est ignorant des connaissances scientifiques les plus élémentaires. Est-ce vrai de l'Américain ? Est-ce important ? Donnez des exemples. La connaissance scientifique devrait-elle être vulgarisée et comment ?
3. Depuis des années, chaque science, chaque profession, chaque groupe se crée son propre jargon. Ainsi un spécialiste en informatique ne parle pas comme un chimiste et ni l'un ni l'autre ne sont compris d'un professeur de littérature. Allons-nous finalement arriver à

ne plus pouvoir communiquer ? Sommes-nous sur une nouvelle tour de Babel ? Donnez des exemples où vous avez eu des difficultés à comprendre ce qu'on disait autour de vous.

4. Y a-t-il une rupture entre les sciences et la littérature ? Si oui, les deux peuvent-elles être réconciliées et comment ?

5. Vous sentez-vous menacé par l'avancement des ordinateurs ? Donnez vos raisons.

6. Êtes-vous pour ou contre la construction des centrales nucléaires ? Pourquoi ?

7. La course à l'armement est-elle néfaste à l'économie ? Expliquez.

8. Êtes-vous pour le service militaire obligatoire ou pour l'engagement volontaire ? Si le service est obligatoire, les femmes doivent-elles contribuer à l'impôt du sang ?

9. Doit-on continuer les explorations du monde stellaire ? Comment les sciences cosmiques pourraient-elles nous être utiles à l'avenir ?

10. Jusqu'à présent, les seules femmes astronautes sont en Russie. Comment expliquez-vous l'absence de femmes astronautes à la NASA ?

11. Êtes-vous un (une) fana (fam.) des science-fictions ? Lesquelles avez-vous lues ? Croyez-vous qu'elles prédisent les developpements scientifiques de l'avenir ? Si oui, donnez des exemples.

12. Le changement rapide de l'environnement sera-t-il accompagné de changements dans le corps humain ? Comment concevez-vous ces changements ?

LES GESTES EXPRESSIFS

Quand un Français veut indiquer qu'il ne veut plus continuer ce qu'il était en train de faire, il dispose les bras en X, puis les écarte rapidement plusieurs fois. La paume de la main est en dehors et verticale. Ce geste est accompagné de la phrase : « C'est fini ».

Cherchez plusieurs situations où vous pourriez employer ce geste.

DÉBATS

Toute la classe participe.

1. Pensez-vous que la guerre nucléaire soit inévitable ? Donnez vos raisons. La menace de cette guerre influence-t-elle les décisions que vous prenez pour l'avenir ?

2. Le prix que la société doit payer pour la protection de l'environnement est-il trop élevé ? Cette protection entrave-t-elle le progrès ? Discutez le pour et le contre. Donnez des exemples.

3. Supposez que l'immortalité du corps soit une possibilité de l'avenir grâce au remplacement des organes par des produits synthétiques, grâce à la cryologie, etc. Serait-ce désirable ? Quels problèmes s'ensuivraient ?

4. Quels changements fondamentaux dans la société, dans la politique, et dans l'économie sont possibles à l'avenir ?

ACTIVITÉS POSSIBLES

1. Chercher dans les revues françaises des articles sur l'écologie, l'énergie nucléaire, etc. En faire un compte-rendu.
2. Lire un des livres de Jules Verne. Discuter les progrès scientifiques qu'il avait anticpés.
3. Chaque groupe écrit une science-fiction sous forme de pièce, puis la joue en classe.

LES NOMBREUX SYNONYMES DE FOU

La langue populaire française est riche en synonymes, comme nous pouvons l'observer avec le mot **fou**. Ainsi on peut remplacer ce mot par :

cinglé (pop.)   **marteau** (pop.)
détraqué (fam.)   **sonné** (fam.)
dingo (pop.)   **timbré** (fam.)
dingue (pop.)   **toqué** (fam.)
maboul (pop.)   **zinzin** (pop.)
Ça ne tourne pas rond. (pop.)   **Il a le cerveau fêlé**. (fam.)
C'est un cas. (fam.)   **Il perd la boule**. (fam.)
Il travaille du chapeau. (fam.)

Cherchez, dans la langue familière ou populaire, des synonymes des mots suivants : la femme, les vêtements, un imbécile, s'inquiéter, mourir, rire, travailler.

CONSEILS PRATIQUES DE PRONONCIATION

La prononciation du X

I. Le **x** suivi soit par une voyelle, soit par une consonne, est en général prononcé **ks**.

maximum, exténué, lexique, toxique

II. Dans la graphie **ex** en position initiale et suivie d'une voyelle, le **x** est prononcé **gz**.

exact, exemple, existe

III. Le **x** est prononcé comme un **s** :
1. dans les nombres cardinaux.

soixante, six, dix-sept

2. dans Bruxelles.

IV. Le **x** est prononcé comme un **z** :
1. dans une liaison.

deux images, dix-huit

2. dans les nombres ordinaux.

deuxième, sixième, dixième

V. Le **x** n'est pas prononcé à la fin d'un mot.

vieux, roux (Exception: Aix-en-Provence)

Lecture

Lisez à haute voix.

La France tient une position prédominante en science et en technologie : elle possède un avion supersonique (le Concorde), un train qui surpasse en vitesse tous les autres trains du monde (le T.G.V.), des centrales nucléaires, la bombe atomique et la bombe thermonucléaire. Cela, cependant, lui cause bien des problèmes. Ainsi, le Concorde, qui pourtant peut faire Paris-New York en trois heures, est un vrai désastre financier. Les prix sont très chers, et l'économie vacillante réduit encore le nombre de passagers ayant les moyens de se payer ce luxe. Peu à peu on supprime des vols et on a arrêté complètement la construction de nouveaux appareils. La fin du Concorde est proche. Quant aux centrales nucléaires, elles sont la cause d'une confrontation incessante entre les écolos et les pronucléaires. Les premiers craignent que les panaches nuageux sortant des tours de refroidissement privent les habitants de soleil, et que les eaux soient contaminées ; les derniers craignent qu'on leur coupe le marché du pétrole et du gaz, la France dépendant entièrement de l'importation. Il est indéniable qu'il serait difficile pour la France de survivre sans l'énergie nucléaire qui lui fournit quarante pour

Un jeune musicien à Beaubourg.

cent de son électricité. De plus, la construction des centrales crée dans les régions où elle a lieu des emplois permanents aussi bien que temporaires. Le gouvernement continue donc à bâtir des centrales, mais le nombre prévu a cependant diminué.

La technologie en France est accompagnée, comme partout ailleurs, du problème de la pollution. Les usines jettent leur détritus dans les rivières, les pétroliers perdent du mazout dans les mers et les poissons meurent par milliers. Par moment, l'air des grandes villes est irrespirable. Il faut aussi admettre que beaucoup de particuliers contribuent au problème. On voit des ordures sur les routes, dans les bois, dans tous les espaces verts. Les interdictions sont rarement respectées. Il est difficile de comprendre l'indifférence de tant de Français devant la destruction d'un pays dont ils sont si fiers. Les écologistes français s'efforcent de remédier à tous ces problèmes, mais il ne reçoivent aucune aide du gouvernement. Ceci réduit leur efficacité. On souhaite que les choses s'améliorent à l'avenir.

VOCABULAIRE À SAVOIR

l'énergie nucléaire

la centrale nucléaire
le réacteur
la chaudière
les tours de refroidissement

l'uranium
le principe de la réaction en chaîne
les pertes de radiation
la contamination de l'air, de l'eau

le lancement d'une fusée

l'astronaute
le cosmonaute
le scaphandre spatial
le personnel rampant
la rampe de lancement
le compte à rebours
la capsule spatiale

la mise sur orbite
la rentrée dans l'atmosphère
l'amerrissage
l'exploration
les astres, les étoiles
le satellite
la sonde spatiale

la guerre nucléaire

le service militaire
la garnison
la caserne
l'impôt du sang
l'engagement volontaire
le soldat, le militaire
s'engager dans la marine
être en permission
faire des manœuvres
être sergent
porter l'insigne de son grade
être dans l'aviation militaire
être objecteur de conscience

l'escalade des armes
la course à l'armement
la parité nucléaire
l'équilibre des forces
les armes nucléaires
la bombe A et H
les bombes à neutrons
la puissance explosive
les retombées radioactives
une attaque
la défense
la capitulation
être pronucléaire, antinucléaire

l'ordinateur

la mémoire centrale

le téléimprimeur, le télétype

le terminal

le mini-ordinateur

le logiciel, le software

le matériel, le hardware

le programme

les instructions

le programmeur

le langage machine

le langage évolué

le code binaire

la carte perforée

l'écran

le robot

l'informatique

informatiser

l'écologie

les écolos

la pollution

le détritus dans les rivières

le dépotoir

les normes antipollution

l'interdiction de jeter les papiers

la destruction de la nature

les animaux et les plantes sauvages

le barrage

la turbine

les offshore

le pétrolier

le pétrole

les ordures

polluer

respirer l'air pollué

la science-fiction

les voyages interplanétaires

les vaisseaux interplanétaires

la saga

l'androïde

LEXIQUE FRANÇAIS-ANGLAIS

A

abandon *m* abandonment

abandonner to forsake, to leave uncared for

abordable accessible, reasonable

abasourdi stunned

abbattre (se) to fall

abcès *m* abscess

aboiement *m* bark

aboutir (à) to end, to lead to

aboyer to bark

abréger to shorten; — **(se)** to be shortened

abri *m* shelter; — **fiscal** tax shelter

abstenir (se) (de) to abstain from

abstrait abstract; **peinture abstraite** abstract painting

académie *f* academy; **Académie française** an academy founded by Richelieu in 1635, charged with the writing and revising of a dictionary and a grammar.

accabler to weigh down, to overpower

accéder (à) to have access to

accélération *f* speeding up

accélérer to accelerate, to hurry

accidenté hilly, uneven

accidentellement accidentally

acclamation *f* acclamation, cheering

accomplir to accomplish, to execute

accord *m* agreement; **être d'—** to agree

accordéon *m* accordion

accoster to accost, to approach

accoter to lean, to stay

accouchement *m* delivery, the act of giving birth

accoucher to be delivered, to give birth

accoutumé accustomed; **être — à** to be accustomed to

accoutumer (se) (à) to get used to

accrocher to hang

accroissement *m* increase

accroître (se) to increase, to grow

accumuler to accumulate

accusé *m* accused, defendant

acharner (se) to persist in

achat *m* purchase

acheter to buy; — **à crédit** to buy on time

achever to finish

acide acid, tart

aciérie *f* steel mill

acon *m* (or **accon**) small boat used to load bigger boats

acquérir to obtain, to acquire

acquitter to acquit; to pay off (a debt)

acrobatie *f* acrobatics

acrostiche *m* acrostic

acte *m* act, action

acteur *m* actor

actif *m* assets (accounting)

actuel present, current

acupuncture *f* acupuncture

addition *f* bill, check

additionner to add up

administrer to administer, to manage

adresser (se) (à) to speak to

adversaire *m* adversary, opponent

adverse opposite

aérien aerial, air; **ligne aérienne** air line

aérologique meteorological

aéroport *m* airport

affaire *f* affair, matter; **avoir — à** to deal with; **faire l' — de** to serve the purpose of; **quelle belle —** what does it matter

affaires *f pl* business; things, belongings

affiche *f* poster, bill

affilée (d') at a stretch

affirmer to affirm

affliger (se) to be distressed

affoler to bewilder

affronter to face

afin de in order to; **afin que** so that, in order that

âgé old

Agen city in the southwest of France famous for its plums

agence *f* agency; **— de voyage** travel agency; **— immobilière** real estate agency

agent *m* policeman

aggravé aggravated, worsened

aggraver (se) to grow worse

agile nimble, light-footed

agité boisterous, wild

agrandir to expand, to add up

ahuri bewildered

ahurissant bewildering

aïeux *m pl* forefathers, ancestors

aigle *m* eagle

aiguille *f* needle

aiguilleur *m* air controller

ail *m* garlic

aile *f* wing; fender (automobile)

ailleurs elsewhere; **d' —** besides, moreover

ainsi thus; **— que** as well as, just as

air *m* appearance, melody; **avoir l' — de** to seem

air *m* air; **courant d' —** draft; **hôtesse de l' —** stewardess; **mal de l' —** airsickness; **trou d' —** air pocket

aise *f* ease; **à l' —** at ease

Aix-les-Bains French spa in the Alps

ajouter to add

alarmant alarming

alarmer (se) to be alarmed

album *m* album, scrapbook

alcoolique alcoholic

alcoolisé having alcohol content

algèbre *f* algebra

algue *f* seaweed

alibi *m* alibi; **femme —** a woman hired as a token

aliment *m* food

alimentaire alimentary; **pension — ** alimony

alléger to lighten

aller to go: **— de pair** to be on equal footing

allergie *f* allergy

alliance *f* wedding ring

allocation *f* allocation; **— familiale** money given to French families with children; **— des vieux** old-age social security

allonger (se) to lie down

allumer to light, to turn on

allumer (se) to be turned on

allure *f* pace, style; **à forte —** at top speed

allusion *f* hint; **faire — à** to hint at

alors then

alpinisme *m* mountaineering

alpiniste *m* mountaineer

Alsace *f* Alsace, French province on the German border

amadoué softened

amaigrissant reducing

amande *f* almond; **yeux en —** almond-shaped eyes

amant *m* lover

amateur *m* amateur

ambidextre ambidextrous

amélioration *f* improvement

améliorer to better, to improve

aménager to arrange, to plan

amende *f* fine

amendement *m* amendment

amener to bring, to lead to

amener (se) to turn up

amer bitter

amerrissage *m* splashdown

ameublement *m* furniture

ami *m* friend; **petit —** boy friend; **petite amie** girl friend

amitié *f* friendship

amorti-sacrifice *m* sacrifice bunt (baseball)

amour *m* love; **— courtois** medieval concept of love in which the knights had to follow a rigorous code of behavior to win and serve their ladies

amoureux *m* lover

amoureux (amoureuse) in love; **tomber —** to fall in love

ampoule *f* sealed glass container often used in medicine

amusant amusing, funny

amuse-gueule *m* (fam.) appetizer, hors d'œuvre

amusement *m* amusement, entertainment

amuser (se) to have a good time, to play

amygdale *f* tonsil

ancêtre *m* ancestor

ancien old (in front of noun); ancient, antiquated (after noun); former; **— élève** alumnus; **Ancien Régime** the regime in France before the revolution

ancré rooted

andouille *f* chitterlings; (pop.) sap, fool

androïde *m* android

âne *m* (*f* **ânesse**) ass, donkey

anesthésie *f* anesthesia

anesthésique *m* anesthetic

animal *m* animal; **— domestique** domesticated animal; **— familier** pet; **— sauvage** wild animal

animé animated; **dessin —** cartoon

annoncer to announce, to report

annonces *f pl* classified advertisement

anomalie *f* anomaly

anthrax *m* carbuncle, anthrax

antinucléaire antinuclear

apercevoir to see, to notice

apéritif *m* before-dinner drink

apéro *m* (pop.) before-dinner drink

appareil *m* plane (aviation); appliance; camera; **— photographique** camera

apparemment apparently

apparence *f* appearance

apparition *f* apparition, appearance

appartenir (à) to belong to

appel *m* call; **— en P.C.V.** collect call

appel *m* appeal; **faire —** to appeal

appeler (se) to be called

appendice *m* appendix

appendicite *f* appendicitis

appétissant appetizing

appétit *m* appetite

applaudir to applaud

apporter to bring

appréhender to arrest, to apprehend

apprendre to learn, to teach

apprêter (se) (à) to get ready for, to prepare

apprivoisé tamed

apprivoisement *m* taming

appuyer to press, to prop, to support

âpre rasping

après after; **— que** after; **d' —** according to

aquatique aquatic

aquilin aquiline, Roman

araignée *f* spider

arbitre *m* referee, umpire; **— de chaise** tennis umpire

arbre *m* tree; **— généalogique** genealogical tree, family tree

arbuste *m* shrub

Arcachon city in the southwest of France, situated on the Arcachon Bay, famous for its oysters

archaïsme *m* archaism

arçon see **cheval d'arçons**

ardoise *f* slate

are *m* are

argent *m* money; **— de poche** pocket money

Argenteuil suburb of Paris

argot *m* slang

argument *m* argument, support

arme *f* weapon; **— à feu** firearm; **passer l' — à gauche** (fam.) to kick the bucket

armé armed; **vol à main armée** armed robbery

armement *m* armament, equipment

armoire *f* wardrobe; **— à glace** wardrobe with mirrors on the doors

arôme *m* aroma, flavor

arqué bowed, curbed

Arques city in northern France famous for its crystal

arracher to pull

arranger (se) to manage, to contrive

arrêt *m* stop

arrêt-court *m* shortstop (baseball)

arrêter (se) to stop; to point (dog)

arrhes *f pl* down payment

arrière back, rear

arrière *m* fullback (football, rugby)

arrière-grands-parents *m pl* great-grandparents

arriver to arrive; **ne pas — à la cheville de quelqu'un** to be inferior to somebody

arroser to water; (fam.) to celebrate by drinking

artère *f* thoroughfare

as *m* ace, first-rater

ascenseur *m* elevator

ascète *m* ascetic

asile *m* shelter, refuge

aspect *m* look, appearance

aspirateur *m* vacuum cleaner; **passer l' —** to vacuum

assaisonner to season

assembler to assemble, to fit together

assez enough, rather

assiette *f* plate

assis seated

assises *f pl*; **la cour d' —** criminal court

assister à to attend

association *f* association, organization

assorti matched, suitable

assurance *f* insurance; **— maladie** health insurance; **— contre le vol** theft insurance; **— sur la vie** life insurance

assuré insured

assurément assuredly

assurer (se) to get insured against

astre *m* star

astronaute *m* astronaut

atelier *m* workshop

atmosphérique atmospheric

attaché fastened; **être — à** to adhere to, to stick to

attachement *m* attachment, devotedness

attaquants *m pl* offense (football, soccer)

attaque *f* attack, assault

atteint reached

attendre to wait; **attendu que** considering that; **en attendant que** while

attendre (se) (à) to expect

attention *f* attention; **prêter — à** to pay attention to

atterrir to land

atterrissage *m* landing

attirer to attract

attrait *m* attraction, charm

attraper to catch

attrayant attractive

aucun any, no

audacieux audacious, daring

audience f audience

augmentation f raise

augmenter to raise, to increase

auparavant beforehand, previously

auriculaire m little finger

ausculter to auscultate

autant as much; — **que** as much as

autel m altar

auteur m author

auto-école f driving school

autorisation f authorization

autoroute f highway, turnpike

auto-stop m hitchhiking

autre other; **quelqu'un d'** — somebody else

autrefois in the past

autrui others

avalanche f avalanche

avaler to swallow; **faire — quelque chose à quelqu'un** to make somebody believe anything

avance f advance; **à l'** — beforehand

avancement m progress, advancement

avant m front; — **droit** right forward (basketball); — **gauche** left forward (basketball)

avant before; — **que** before

avantage m advantage; **tirer — de** to derive advantage from

avantager to favor, to flatter

avant-garde f vanguard

avènement m advent

avenir m future

aveugle blind

avion m airplane

aviation f aviation; — **militaire** air force

avis m opinion; **être d'** — **que** to be of the opinion that

avocat m (f **avocate**) lawyer; **se**

faire l' — **du diable** to be the devil's advocate

avoir to have; — **beau** to try as one may, no matter how; — **connaissance de** to know; — **du pain sur la planche** to have much work to do; — **envie de** to long for; — **en vue** to have in mind; — **l'air** to seem; — **la moutarde qui vous monte au nez** to be about to lose one's temper; — **le trac** to have trepidation, to be nervous; — **l'habitude de** to be in the habit of; — **l'intention de** to intend; — **mal** to hurt; — **marre de** to be fed up with; — **raison** to be right; — **tendance à** to tend to; — **tort** to be wrong; **en — assez** to have enough of it; **en — ras le bol** to be fed up with it

avortement m abortion

azur m azure; **la Côte d'Azur** French Riviera

B

bac m abbreviation of baccalauréat

baccalauréat m French state examination that all secondary school students must pass to graduate

bachot m abbreviation of baccalauréat

bagage m baggage; — **à main** light luggage

bagnole f (fam.) car

bague f ring; — **de fiançailles** engagement ring

baguette f rod; — **de tambour** drumstick

bahut m (pop.) secondary school

baigner (se) to bathe, to go for a swim

baignoire f bathtub

bâiller to yawn

bain m bath; — **de soleil** sunbath; **maillot de** — bathing suit; **salle de bains** bathroom

baisser to hang (one's head)

bal m ball, dance

balai m broom

balançoire f swing

balle f ball

ballon m ball (football, soccer)

banc m bench

bancal wobbly

bande f band; — **dessinée** comic strip; — **magnétique** magnetic tape

bande f gang

bander to bandage

banlieue f suburb

banquier m banker

bans m pl proclamation; **publier les** — to announce the banns of marriage, to declare publicly one's intention to wed

baratiner (pop.) to talk in an idle way

barbare m barbarian

barbe f beard; **quelle** — (fam.) what a bore!

barème m scale

barrage m dam

barre f bar (gymn.); — **des témoins** witness stand

barrir to trumpet

bas low

bas m stocking; — **de laine** (fam.) savings

bascule f rocker; **fauteuil à bascule** rocking chair

basilic m basil

Basque m one of a people of unknown origin inhabiting the southwest of France and northern Spain

basse-cour f farmyard

bateau m boat; — **mouche** tourist boat on the Seine

bath (fam.) swell

bâtiment m building

bâtir to build

bâton m stick; **mettre les bâtons dans les roues** to throw a monkey wrench in the works

batte f bat (baseball); **tour de —** inning (baseball)

le batteur m the hitter (baseball)

battre to beat; **— les cartes** to shuffle cards

battre (se) to fight

bavard talkative, chatty

bavardage m chatter

bavarder to chat, to chatter

beau beautiful; **avoir —** try as one may, no matter how

Beaubourg new French museum of arts

Beauce f plain south of Paris where wheat is grown

beau-fils m son-in-law

beau-frère m brother-in-law

beau-père m father-in-law, stepfather

beauté f beauty

bébé m baby

bec m beak, bill

bedon m (fam.) pot-belly

beige beige

bêler to bleat

belle-fille f daughter-in-law

belle-mère f mother-in-law, stepmother

belle-sœur f sister-in-law

bénédiction f benediction, blessing

béquille f crutch

bercail m fold, paternal house

berceau m cradle

bercer to rock

béret m beret

bergerie f sheepfold

besoin m need; **avoir — de** to need; **subvenir aux besoins de** to provide for

bestial beastly

bête m animal, beast

bête dumb

bêtement foolishly

bêtise f nonsense, foolishness

bêtise f candy made in Cambrai

beurre m butter

bévue f blunder, mistake

Biarritz resort city on the Atlantic Ocean

bibelot m knickknack, curio

biberon m feeding bottle

bibi m (fam.) women's hat

bibliothèque f bookcase; library; **Bibliothèque Nationale** French National Library

bien well; **— que** although; **si — que** in such a way that

bien m property, estate

bien-être m well-being, comfort

bienfait m benefit, blessing

bien portant in good health

bienvenu welcome

bière f beer

bigoudi m hair curler

bijou m jewel

bijouterie f jewelry store

bijoutier m jeweler

billard m billiard table, pool table; **passer sur le —** (fam.) to undergo an operation

bille f billiard ball, cue ball

billet m ticket

binaire binary; **code —** binary code

bipède m biped

bipied m two-legged support

bisquer (fam.) to be riled

bistrot m (fam.) pub, local bar

bivouac m camp; **feu de —** campfire

blague f (fam.) fib, trick; **sans —** no kidding

blaguer (fam.) to joke

blâmer to blame

blanc white; **passer une nuit blanche** to have a sleepless night

blanchisserie f laundry

blatérer to make a sound (camel)

blé m wheat

bled m (pop.) isolated locality

blesser wounded

blesser (se) to be wounded, to wound oneself

bleu m bruise

blond blond

bloquer to block

blue-jean m jeans

boa m boa

bobo m pain, sore (in baby talk)

bock m beer-glass

boire to drink

bois m wood; **les chevaux de —** merry-go-round

boisson f drink

boîte f box, can; **— de conserve** can; **— de nuit** night club

boiter to limp

bol m bowl; **en avoir ras le —** to be fed up with it

bombe f bomb; **— à neutrons** neutron bomb; **faire la —** to have a big party where one drinks and eats a lot

bondé packed, crammed

bonheur m happiness

bon marché cheap

bonnet m cap, coif; **avoir la tête près du —** to be hotheaded

bonté f goodness

Bordeaux port in southwestern France

bordeaux m wine made in the region of Bordeaux

bosse f bump

bosser (fam.) to work

botte f boot

bouche f mouth; **— du métro** subway entrance

boucle f buckle, ring; **— d'oreille** earring

boucler to buckle; **— son budget** to make ends meet

boucler (se) to curl one's hair

bouger to move

bouillon m broth

bouillonner to seethe; **— de colère** to seethe with anger

boulangerie *f* bakery (for bread only)

boule *f* bowl; **jeu de boules** bowling green; **perdre la —** (fam.) to go off one's nut

boulonner (fam.) to work

boulot *m* (pop.) work

boum *f* (slang) party

boumboum *m* drum (baby talk)

bouquet *m* bunch of flowers; **— garni** bunch of parsley, thyme, and bay leaves

bouquin *m* book

bouquiniste *m* seller of second-hand books

bourbonien Bourbon

Bourgogne *f* Burgundy

bourgogne *m* wine made in Burgundy

bourratif (fam.) filling

bourse *f* coin purse; money; scholarship; Stock Exchange; **tenir les cordons de la —** to hold the purse strings

boursier *m* scholarship holder

bousculé rushed

bousculer to knock about

bout *m* end; **montrer le — de l'oreille** to show one's true color; **savoir sur le — des doigts** to know perfectly

bouteille *f* bottle

boutique *f* shop

bouton *m* button; **— de manchette** cuff link

bouton *m* pimple; **— de fièvre** fever blister

boyau *m* string (tennis racket)

braire to bray

braise *f* live charcoal

bracelet *m* bracelet

bramer to bell, to bellow

brancard *m* stretcher

branche *f* branch

brancher to plug in

branlant shaky

bras *m* arm; **avoir le — long** to have influence

brasse *f* fathom

bref (*f* **brève**) brief, short

brelan *m* three of a kind (poker)

Bresse *f* region in eastern France famous for its chickens

Bretagne *f* French province whose inhabitants are of Celtic origin

brevet *m* certificate; **— d'invention** patent

bricoleur *m* putterer, tinker

bridge *m* bridge (tooth)

brillant bright, shining

Brillat-Savarin, Anthelme (1755 - 1826) French expert on food

brique *f* brick

briquet *m* lighter

broche *f* pin

bronzé tanned

bronzer (se) to tan oneself

brosse *f* brush

brosser to brush

brosser (se) to brush oneself

brouillard *m* fog

broussaille *f* undergrowth; **en broussaile** bushy

bru *f* daughter-in-law

bruit *m* noise; rumor

brûler to burn

brûler (se) to burn oneself

brun black (hair)

brutal brutal, savage

bruyant noisy

bûche *f* log

bûcher (fam.) to work hard, to cram

budget *m* budget; **boucler son —** to make ends meet

buffet *m* buffet; **— de la gare** refreshment room in a railroad station

bulbe *m* bulb

bureau *m* office; **— de placement** placement office, employment agency

but *m* goal; **— sur balle** walk (baseball); **gardien de —** goalkeeper (soccer)

buveur *m* drinker

C

ça that; **— alors** cry of anger or surprise

cabine *f* cabin

cabot *m* (fam.) dog

cabrer (se) to rear

cacher to hide

cadeau *m* gift; **empaquetage-—** gift wrapping

cadres *m pl* administration, officials

caduc mute

cafétéria *f* cafeteria

cafetière *f* coffee pot

cage *f* cage

caisse *f* cash register

caisse *f* box; **— à sable** sand trap (golf)

caissier *m* (*f* **caissière**) cashier

calcul *m* calculus

calculer to calculate; **machine à —** calculator

calmer (se) to quiet down

calvaire *m* wayside cross

calvados *m* alcohol made from apples

camarade *m* and *f* companion

Cambrai city in northern France famous for a certain kind of candy called *bêtise*

cambriolage *m* burglary

cambrioler to break in, to burglarize

camembert *m* French cheese

caméra *f* movie camera

camion *m* truck

campagne *f* country; campaign; **faire une —** to campaign

camping *m* camping

canapé *m* davenport; **— convertible** sofa bed

canapé *m* canapé, cracker or bread spread with cheese, meat, etc.

canard *m* duck

cancaner to gossip

caniche *m* poodle

canine *f* eyetooth

caniveau *m* gutter

canne *f* cane

Cannes city situated on the French Riviera

canot *m* small boat; **— de sauvetage** lifeboat

capacité *f* ability, capacity; **— civile** legal competence

capillaire *m* one of the capillaries

capitulation *f* surrender

capsule *f* capsule; **— spatiale** space capsule

caractère *m* disposition; **tremper le —** to give moral strength

carassin *m* fish of the carp family; goldfish

Carême (1784 - 1833) famous French cook

carié decayed

carnaval *m* carnaval

carnet *m* notebook

carré *m* square; four of a kind (poker)

carreau *m* tile; **à carreaux** checkered

carreau *m* diamonds (cards)

carrefour *m* crossroads

carrément bluntly

carte *f* card, menu; **— de lecteur** library card; **— des vins** wine list; **jeu de cartes** a deck of cards

carte *f* map; **— routière** road map; **les cartes perforées** punched cards

Cartier French jeweler

cartouche *f* cartridge

cas *m* case; **c'est un —** (fam.) he's crazy

casanier stay-at-home

caserne *f* barracks

casque *m* helmet

casquette *f* cap with visor

cassation *f* annulment; **Cour de — ** Supreme Court of Appeals

cassé broken

casser to break; **— la tête à quelqu'un** (fam.) to drive somebody crazy

casserole *f* saucepan

cassette *f* cassette tape

cause *f* cause; **à — de** because of

cause *f* case; **— célèbre** famous trial

caution *f* bail, guaranty

cautionnement *m* sum given for bail

cavalier *m* rider, horseman; knight (chess)

caveau *m* tomb, sepulchral vault

ceinture *f* belt; **se mettre la —** (fam.) to do without

célèbre famous

célibat *m* celibacy, bachelorhood, spinsterhood

célibataire *m* and *f* bachelor, spinster

celtique celtic

cendrier *m* ashtray

censuré censored

central central

centrale *f* generating station; **— nucléaire** nuclear center

centre *m* center (sport)

cep *m* vine stock

cerceau *m* hoop; **jambes en —** bowed legs

cercle *m* club

cercueil *m* coffin

cerf *m* red deer, stag

cerise *f* cherry

cerner to encircle, to dig around

certain some, some people

certes surely

cerveau *m* brain; **— fêlé** crack-brain; **rhume de —** head cold

cesser to cease

chacun each, everyone

chaîne *f* channel (television)

chair *f* flesh

chaire *f* professorship, pulpit

chaise *f* chair; **— électrique** electric chair; **— longue** chaise longue

chalet *m* Swiss chalet

chambre *f* bedroom; **— à gaz** gas chamber

chameau *m* camel; (fam.) shrew, person of bad disposition

Chamonix French city in the Alps

champ *m* field; **à tout bout de —** at every turn

champagne *m* champagne

champenois from the province of Champagne

champignon *m* mushroom

champion *m* (*f* **championne**) champion

championnat *m* championship

champs *m pl* country, fields

chance *f* luck; **avoir de la —** to be lucky

chanceux lucky

chandail *m* sweater

chandelier *m* candlestick

chanson *f* song

chant *m* song

chanteur *m* (*f* **chanteuse**) singer

chapeau *m* hat; **travailler du —** (fam.) to be crazy

char *m* float

charcuterie *f* butcher's shop selling only pork; cold cuts

charge *f* load, burden; **être à la — de** to be a dependent of;

prendre — to take over

charmer to charm

charnu fleshy

chasse *f* hunting

chasseur *m* hunter

chat *m* (*f* **chatte**) cat; **— de gout-tière** alley cat; **avoir d'autres chats à fouetter** to have other fish to fry

châtain brown (hair); **— clair** light brown; **— foncé** dark brown

château *m* castle; **construire des châteaux en Espagne** to build castles in the air

châtié polished, improved

chaton *m* kitten

chaudière *f* boiler

chauffage *m* heating

chauffe-assiettes *m* plate warmer

chauffe-eau *m* water heater

chauffer to warm, to heat

chauffer (se) to warm oneself

chaussette *f* men's sock; women's kneesock

chaussure *f* shoe; **— de tennis** tennis shoe; **trouver — à son pied** to find what suits one's convenience

cheire *f* volcanic outflow

cher dear (in front of a noun); expensive (after a noun)

chère *f* fare, living; **aimer la bonne —** to be fond of good eating

chéri *m* darling

chemin *m* road; **— de fer** railroad

cheminée *f* fireplace

chemise *f* men's shirt; **— de nuit** nightgown

chemise *f* folder

chemisette *f* men's sport shirt

chemisier *m* tailored blouse

chercher (à) to try

cheval *m* (*pl* **chevaux**) horse; **—**

de course race horse; **chevaux de bois** merry-go-round; **monter à —** to ride a horse; **une six chevaux** a six-horse-power car

cheval d'arçons *m* a gymnastic device having four legs and an upholstered body

chevalière *f* signet ring

cheveu *m* (*pl* **cheveux**) hair

cheville *f* ankle; **ne pas arriver à la — de quelqu'un** to be inferior to somebody

chèvre *f* goat

chic decent, nice

chicaner to quibble

chicoter to squeak

chien *m* (*f* **chienne**) dog; **taxe sur les chiens** dog license

chiffon *m* rag, dustcloth

chiffonner to rumple

chimie *f* chemistry

chiot *m* puppy

chirurgie *f* surgery; **— esthé-tique** plastic surgery

chirurgien *m* surgeon

chirurgien-dentiste *m* dental surgeon

chistera *m* a sort of basket strapped to the wrist with which to throw a ball against the wall (jai alai)

choir to fall

chômage *m* unemployment; **in-demnité de —** unemployment compensation

chômeur *m* unemployed worker

chou *m* cabbage; **mon —** (*f* **ma choute**) my darling; **faire ses choux gras de quelque chose** (fam.) to feather one's nest; **oreilles en feuille de —** big ears

chouette (fam.) swell, nice

chute *f* fall

chuteur *m* parachutist

cicatrice *f* scar

cidre *m* cider

cigale *f* cicada

cil *m* eyelash; **faux cils** false eyelashes

cimetière *m* cemetery

ciné *m* abbreviation of *cinéma*

cinéaste *m* producer

cinéma *m* movies, movie theater

cinoche *m* (pop.) movies, movie theater

cinglé (pop.) batty, nutty

cintré taken in at the waist

circuit *m* circuit

circulation *f* traffic

circulatoire circulatory

cirer to wax

ciseaux *m pl* scissors, shears

citer to summon, to subpoena

civière *f* stretcher

civil legal; **capacité civile** legal competence

clair light

claquement *m* bang, slamming

classeur *m* filing-cabinet

clef *f* key

cliché *m* stereotype

client *m* customer

clientèle *f* customers

clinique *f* paying hospital that in France exists side by side with the public hospital

clocher *m* steeple

cloué nailed

club *m* club; **— de golf** golf club; **Club Méditerranée** French organization with resort places all over the world

coasser to croak

cochon *m* pig; **— d'Inde** guinea pig; **caractère de —** bad disposition

coco *m* (*f* **cocotte**) term of affection; **cocotte** hen (baby talk)

code *m* code, law; **— binaire** binary code; **— de la route** rule of the roads, traffic laws; — **Na-poléon** civil law prepared under the direction of Napoléon I in 1804

codicille *m* codicil

cœur *m* heart; hearts (cards); **avoir le — sur la main** to be very generous; **avoir mal au —** to be nauseated

coffre *m* car trunk

cognac *m* brandy made of wine

cogner (se) to knock oneself against something

cohéritier *m* coheir

coiffe *f* coif, headdress

coiffer (se) to comb one's hair

coiffeur *m* (*f* **coiffeuse**) hair-dresser, barber

coiffure *f* hair style; **salon de —** beauty salon

coin *m* corner

col *m* collar

colère *f* anger; **bouillonner de —** to seethe with anger; **éclater de —** to burst out with anger

Colette (1873-1954) French writer

collants *m pl* pantyhose, tights, leotard

collation *f* snack

collectif collective

collection *f* fashion show

collège *m* secondary school supported privately

collègue *m* colleague

collet *m* collar; **— monté** stiff-necked, prissy

collier *m* necklace

colline *f* hill

coloré colored

combat *m* fight; **— de boxe** boxing

combinaison *f* slip; one-piece suit

comblé favored

comédie *f* comedy

comédien *m* comedian

comestible *m* food

comité *m* committee

commander to command, to order

comment how; excuse me?

commettre to commit, to make

commissaire *m* chief of police; purser (boat)

commissariat *m* police station

commis voyageur *m* traveling salesman

commode *f* chest of drawers

commodités *f pl* conveniences (of life)

communiquer to communicate

compartiment *m* compartment

compétition *f* competition

complément *m* object (direct, indirect, or of preposition)

complet *m* men's suit

complètement completely

compliqué complicated

comportement *m* comportment, behavior

compréhension *f* understanding

comprimé *m* tablet

compris included

comptabilité *f* accounting; **— analytique** cost accounting

comptable *m* accountant

comptant ready; **payer —** to pay cash

compte *m* account; **— à rebours** count-down; **— en banque** bank account

compter to count

compter (sur) to count on

compte rendu *m* report

compteur *m* counter, meter

comptoir *m* counter

concert *m* concert

concevoir to conceive

conciliant conciliatory

Concorde (le) French and British supersonic plane

concours *m* competition, competitive examination

concubinage *m* state of cohabitation of man and woman (outside of marriage)

concurrence *f* competition; **faire — à** to compete with

condamner to sentence; **— à mort** to sentence to death; **— à perpétuité** to sentence to life imprisonment

condescendre (à) to condescend to

condition *f* condition; **à — que** providing that

condoléances *f pl* condolence, sympathy

conduire to drive; **permis de —** driver's license

confection *f* readymade; **vêtements de —** readymade clothes

conférence *f* lecture

confiance *f* confidence; **faire — (à)** to trust

conflit *m* conflict

confondre to confuse, to mistake for

confort *m* comfort

confrontation *f* confrontation

confronter to confront

congédier to dismiss, to fire

congélateur *m* freezer

congestion *f* congestion; **— cérébrale** stroke

Congrès *m* Congress

connaissance *f* knowledge, acquaintance; **faire —** to make acquaintance

connaître to know; **— de vue** to know by sight

consacrer to devote, to consecrate

conscience *f* consciousness; **objecteur de —** conscientious objector

conseil *m* advice

conseil *m* council; **— adminis-tratif** school board

conseiller *m* counselor, advisor; **— fiscal** tax consultant

conseiller to advise

consentir to consent, to agree

consigne *f* lockers, baggage room

consommation *f* consumption

consonne *f* consonant

constamment constantly

constater to notice, to observe

construire to build; **construire des châteaux en Espagne** to build castles in the air

contact *m* contact; **verre de —** contact lens

contaminer to contaminate

contenter (se) (de) to content oneself with

continuer to continue

contracter to contract; to take out (insurance)

contrat *m* contract, agreement

contravention *f* ticket

contre against; **par —** on the other hand

contredire to contradict

contremaître *m* foreman

contribuable *m* person paying taxes

contrôle *m* control

contrôler to verify, to check

contrôleur *m* ticket collector, controller

convaincre to convince

convenir (à) to suit

convoquer to summon

copain *m* (*f* **copine**) (fam.) friend

coq *m* rooster; **— au vin** chicken cooked in wine with white pearl onions and mushrooms

coquillage *m* shell

coquille Saint-Jacques *f* scallop

cor *m* French horn

corbeille *f* basket

corbillard *m* hearse

cordée *f* roped party (mountaineer)

cordon *m* cord, string; **tenir les cordons de la bourse** to hold the purse strings

corner *m* corner kick (soccer)

coronaire coronary; **thrombose — heart attack**

corps *m* body; corpse

correctionnel relating to misdemeanor; **tribunal —** police court

correspondance *f* transfer, connection

corriger to correct

corsage *m* blouse

corvée *f* drudgery

cosmique cosmic

cosmonaute *m* cosmonaute

cote *f* reference number

côte *f* coast; **la Côte d'Azur** French Riviera

côté *m* side

côtelé ribbed; **velours —** corduroy

coton *m* cotton

cottage *m* cottage

cou *m* neck; **sauter au — de quelqu'un** to kiss somebody effusively

couche *f* diaper

coude *m* elbow; **se tenir les coudes** to help each other

coudre to sew

couler to sink

coulisses *f pl* backstage

couloir *m* passageway, hall

coup *m* blow; **— de feu** shot; **— de fil** phone call; **— de foudre** love at first sight; **— d'œil** glance; **— de piston** (fam.) pull; **— de soleil** sunburn; **— de tête** butt; **être aux cent coups** (fam.) to be extremely worried; **les trois coups** three knocks that announce that the play is about to begin; **recevoir**

le — de fusil (fam.) to receive an exorbitant bill in a restaurant

coupable guilty

coupe *f* haircut

coupe *f* cup, trophy

couper to cut; to cut cards

couper (se) to cut oneself

coupure *f* cut

cour *f* court; **— d'assises** criminal court; **Cour de cassation** Supreme Court of Appeals; **faire la —** to court

courant *m* current; **— d'air** draft; **prise de —** wall plug

courant *m* stream, tide; **être au — to know, to be conversant with; se tenir au —** to be up to date, to be on the ball

coureur *m* runner, racer

courir to run

couronne *f* crown; crown (tooth); **— de fleurs** wreath

courrier *m* mail

cours *m* course, class; flow (river); sea voyage; **avoir —** to be current; **les — magistraux** lecture courses

course *f* race; **— de chevaux** horse race; **— de taureaux** bullfight

court *m* court (tennis)

court short; **à — d'argent** short on money

courtois courteous; **amour —** medieval concept of love in which the knights had to follow a rigorous code of behavior to win and serve their ladies

cousin *m* cousin; **— germain** first cousin

coussin *m* pillow

coût *m* cost

couteau *m* knife; **être à couteaux tirés** to be at swords' points

couture *f* sewing

couturier *m* couturier

couvert *m* place setting

couvert covered

couverture *f* blanket

crabe *m* crab

craie *f* chalk

craindre to fear

crâne *m* skull

crapaud *m* toad

cravate *f* tie

création *f* creation

crédit *m* credit; **acheter à —** to buy on time; **faire une demande de —** to apply for a loan

crémaillère *f* pot-hook; **pendre la —** to have a housewarming

crème *f* cream

crêpe *f* thin pancake; **— Suzette** flaming pancake

crépu frizzy, woolly

creuser to drill (tooth)

creux hollow

crevé flat, punctured

crevette *f* shrimp

cri *m* scream, shout; **dernier —** latest fad

criard loud, grating

cric *m* jack

crime *m* crime, felony; **ne pas en faire un —** not to make a big thing of it

cristal *m* crystal

critique *f* criticism, critique

croc *m* fang

crocodile *m* crocodile, alligator

croisé crossed; **veston —** double-breasted jacket

croiser to cross

croisière *f* cruise

croquer to sketch; to crunch

crosse *f* golf club

crudités *f pl* raw vegetables seasoned with oil, vinegar, shallots, and parsley

cryogénie *f* cryogenics

cueillir to gather, to pick

cuillère *f* spoon

cuillerée *f* spoonful

cuir *m* leather

cuire to cook

cuisine *f* kitchen; cooking; food; **livre de —** cookbook; **nouvelle —** new way of cooking that is less fattening

cuisiner to cook

cuisinier *m* (*f* **cuisinière**) cook

cuisinière *f* stove

cuisse *f* thigh **— de grenouille** frog's leg

cuit cooked

culot *m* (fam.) audacity

culotte *f* panties

culpabilité *f* guilt, culpability

cultiver to cultivate

culture *f* culture; **— physique** physical training

cure *f* treatment, water cure

curiste *m* or *f* one who takes a water cure

cycliste *m* cyclist

cygne *m* swan

D

dada *m* horse (baby talk)

dactylo *m* and *f* typist

daim *m* deer; suede

dame *f* queen (cards and chess)

danger *m* danger

danois *m* Great Dane

dé *m* die

débarrasser (se) to get rid of

débat *m* debate, discussion

déboîter (se) to twist a limb

débordé (de) overwhelmed with

déborder to boil over, to run over

débouché *m* opportunity

déboucher to uncork

déboucher (sur) to open on, to run into

debout upright; **se tenir —** to stand up

débrouiller (se) to manage

début *m* beginning

débuter to begin

décalage *m* lag, difference

décédé deceased

déchirure *f* tear, rent

décider (se) (à) to decide to

décision *f* decision, ruling

déclaration *f* declaration, statement; **— d'impôt** income tax return

déclarer to declare

déclarer (se) to break out

décoller to take off

décoloration *f* bleaching (hair)

décolorer to bleach (hair)

décontracter (se) to relax

décor *m* scene, set (theater)

décorer to decorate

découper to carve; to cut out

découvrir to discover

décrire to describe

décrocher to unhook

dédain *m* disdain, scorn

dedans inside, within

dédommager to compensate

déduction *f* deduction

déduire to deduct

défendre to defend; to forbid

défendre (se) to defend oneself

défense *f* defense

déférence *f* deference, consideration

défilé *m* parade

dégat *m* damage, havoc

dégourdi wide-awake, sharp

déguster to taste

dehors outside

délai *m* delay, extention

délasser (se) to relax

délicat delicate

délit *m* offense, misdemeanor; **pris en flagrant —** caught red-handed

Delta-plane *m* glider

demande *f* application; **faire une — de crédit** to apply for a loan; **faire une — d'emploi** to apply for a job

demander to ask; **— la main de**

to ask for someone's hand in
marriage

démangeaison *f* itching

démarche *f* proceeding, step

déménagement *m* moving

déménager to move out

déménageur *m* mover

démentiel pertaining to madness

demi-arrière *m* half-back

demoiselle *f* young lady; **—
d'honneur** bridesmaid

démoli demolished

dent *f* tooth; **— de sagesse** wisdom tooth; **n'avoir rien à se
mettre sous la —** to have
nothing to eat

dentier *m* denture, set of false
teeth

dentifrice dentifrice; **pâte —**
toothpaste

dénouement *m* ending

départ *m* departure

dépasser to move beyond, to go
past

dépêcher (se) to hurry

dépendre (de) to depend

dépenser to spend

dépêtrer (se) to get out of a mess

dépeupler depopulate

déplacer (se) to move, to travel

dépliant *m* brochure; prospectus

déplorable deplorable

déposer to give evidence (trial)

dépotoir *m* dump

depuis since, for; **— que** since

dépuratif purgative

déranger to disturb, to inconve-
nience

dernier last; **— cri** the latest fad

dernièrement lately

dérogation *f* derogation, exception

dérouler (se) to unfold, to take
place

derrière behind, back

désappointant disappointing

désastre *m* disaster

descendant *m* descendant

descendre to go down; to get out
(car, train, plane)

désert *m* desert

déserté deserted

désobéir to disobey

déssécher to dry

dessin *m* drawing; **— animé** cartoon

dessiné drawn; **bande dessinée**
comic strip

dessiner to draw

dessous under, underneath;
sens dessus — upside down

dessus above, on top of; **sens —
dessous** upside down

détenu *m* prisoner

détérioré deteriorated

détournement *m* diverting; **— de
fonds** embezzlement

détourner to divert; **— les yeux**
to look away

détraqué (fam.) crazy

détriment *m* detriment; **au — de**
detrimental to

détritus *m* rubbish, refuse

dette *f* debt

deuil *m* mourning

deuxième second

devant in front of, before

déveine *f* (fam.) bad luck

deviner to guess

devinette *f* riddle

diable *m* devil

diagnostic *m* diagnosis; **— financier** financial analysis

diamant *m* diamond

diapositive *f* slide

dicton *m* saying, adage

dieu *m* god; **mon Dieu** mild expression of hurt or surprise;
jurer ses grands dieux to protest vehemently

diffuser to broadcast

digérer to digest

digestif *m* after-dinner drink

diminuer to diminish, to decrease

dinde *f* turkey

dingo (pop.) crazy

dingue (pop.) crazy

dire to say; **dis donc** say

direct direct; **en —** live broadcast;
impôt — income tax

directement directly, straight

directeur *m* (*f* **directrice**) princi-
pal, headmaster

discussion *f* discussion, debate

discuter to discuss, to debate

disloquer (se) to come out of
joint

disparaître to disappear

disparu vanished

dispenser (se) (de) to dispense
from

dispersé scattered

disponible available

disposer (de) to have in one's
possession, to make use of

disputer (se) to argue

disque *m* record

distance *f* distance

distraction *f* entertainment

distraire (se) to entertain oneself,
to have fun

distrayant entertaining

distribuer to distribute

divan *m* couch

divers various

divertir (se) to amuse oneself

divertissant entertaining

divertissement *m* amusement,
recreation

diviser to divide

divorcer to divorce

divulguer to divulge

docile submissive, docile

dodo *m* sleep (baby talk)

doigt *m* finger; **savoir sur le
bout des doigts** to know perfectly

doigté *m* tact, savoir-faire

dolmen *m* dolmen
domaine *m* field, domain
domestique domestic; **animaux domestiques** domesticated animals
dommage *m* damage
don *m* gift
donner to give; **— sur** to look on, to face; **étant donné que** given that
doré golden
dorer to brown
dormir to sleep; **— du sommeil du juste** to sleep deeply
dos *m* back; **être sur le — de quelqu'un** to criticize, to be on somebody's back
dot *f* dowry
douane *f* customs
douanier *m* customs officer
double double; **doubles rideaux** drapes
doublé dubbed
doubler to overtake, to pass
douceur *f* sweetness, kindness
douche *f* shower; **pommeau de —** shower head
douleur *f* pain, ache
douloureux painful
douter (se) (de) to suspect
douteux doubtful, questionable
doux soft, gentle; **à feu —** over a slow fire
dramamine *f* dramamine, drug to relieve seasickness
dramaturge *m* playwright
drap *m* sheet; **être dans de beaux draps** to be in a fine pickle
dressage *m* training (animal)
dresser to train (animal)
Dreyfus, Alfred (1859 - 1935) Jewish army officer unjustly accused and sentenced for spying
dribbler to dribble (basketball)
drogué doped, drugged

droit *m* right; **la faculté de —** law school; **les droits d'inscription** tuition; **les droits de succession** inheritance tax; **avoir — à** to have a right to, to be entitled to
droite *f* right-hand side
drôle funny
drôlement (fam.) terribly, really
drosse *f* wheel-rope
durée *f* duration, period, length
duvet *m* down

E

eau *f* water; **mettre de l' — dans son vin** to pull in one's horns; **se noyer dans un verre d' —** to be unable to cope with the least obstacle; **ville d'eaux** spa
ébouler to cause to fall in
ébrouer (se) to snort (horse)
écarter to spread, to scatter
ecchymose *f* bruise
écervelé scatterbrained
échalotte *f* shallot
échapper (se) (de) to escape from, to run away from
échec *m* failure; check (chess); **mettre en —** to check; **— et mat** checkmate
échecs *m pl* chess
échouer (à) to fail
éclater to burst; **— de colère** to burst out in anger
école *f* school; **— privée** private school
écolo *m* (abbrev.) ecologist
écologie *f* ecology
économiser to save
écorcher (se) to get scratched
écouter to listen to
écran *m* screen; **petit —** television
écraser to run over

écraser (se) to crash, to be crushed
écrire to write; **machine à —** typewriter
écrouer to imprison
écurie *f* stable (horses)
Eden *m* Eden
édifice *m* building
édit *m* edict, decree
éduquer to educate
éduquer (se) to get an education
efficace effective
effiler to fray, to thin out
efforcer (se) (de) to try, to strive after
effrayer (se) (de) to be frightened of
égalité *f* equality; **sur un pied d' —** on an equal footing
égard *m* consideration; **à cet —** in that respect
église *f* church
égrillard libidinous, spicy
élan *m* elk
élargir to widen
électricité *f* electricity
électrique electric; **chaise —** electric chair
électronique electronic
élégance *f* elegance, smartness
éléphant *m* elephant
élevage *m* raising, breeding
élévation *f* elevation, rise
élevé high
élever to raise
élimination *f* elimination
éliminer to eliminate, to get rid of
élision *f* elision, dropping the e or the a in a one-syllable word
éloigné distant; **cousin —** distant cousin; **parent —** distant relative
éluvion *f* rock decomposition
embarras *m* trouble, difficulty
embarrassé encumbered
embauchage *m* hiring

embaucher to hire

embaumer to be fragrant; to embalm

embêtant (fam.) tiresome, annoying

embêter (fam.) to bother, to annoy

emblématique emblematic

embouteillage *m* traffic jam

emboutir to crash into

embrasser to kiss

embrayer to put into gear

embrocher to spit, to skewer

émir *m* emir

émission *f* television program, broadcast

emménager to move in

emmener to take out, to take away

émoi *m* emotion, flutter

émotif emotional

émotionné moved

empaquetage *m* packing, wrapping; **— cadeau** gift wrapping

empêcher to prevent

empiétement *m* encroachment

empiéter to encroach

emploi *m* usage; employment; **faire une demande d'—** to apply for a job

empoisonnement *m* poisoning

empoisonner to poison; (fam.) to bother, to annoy

emporter to take away

empressé (auprès de) attentive

emprisonner to imprison

emprunter to borrow

ému affected, moved

enceinte pregnant

enchaînement *m* link

enchanté delighted

encombré (de) encumbered with

encourager to encourage

encourir to incur

endommager to damage

endormir to put to sleep

endroit *m* place

endurance *f* endurance, stamina

énergumène *m* energumen, loud-mouth person

énerver to irritate

énerver (se) to become excited

enfance *f* childhood

enfantin childlike

enfin at last, finally

enflammé inflamed

enflé swelled

engagé committed to, enlisted

engagement *m* enlistment

engin *m* gadget, craft

engrais *m* fertilizer

enjeu *m* stake

enlaidir to make ugly, to disfigure

enlever to take off

ennui *m* boredom; *pl* worries

ennuyant annoying, boring

ennuyer to bother, to annoy

énoncer to word

énorme enormous

enquête *f* inquiry, investigation

enragé mad, rabid; **manger de la viande enragée** to go through moments of want

enrayer to stem, to check

enregistrer to record, to tape

enrhumé with a cold

enroué hoarse

enseignant teaching; **corps —** faculty

enseigne *f* sign, signboard; **être logé à la même —** to be in the same boat

enseigner to teach

ensoleillé sunny

ensuite next, then

entendre to hear

entendre (se) to get along; **— comme larrons en foire** to be as thick as thieves

enterré buried

enterrement *m* burial

entier whole

entorse *f* sprain

entourage *m* persons who usually

live around or follow a person

entourer to surround, to encircle

entracte *m* intermission

entrain *m* spirit, liveliness, cheerfulness

entraînement *m* training

entraîner to train; to lead, to induce

entraîneur *m* coach

entraver to hinder, to thwart

entrée *f* entrance; course between first course and main course

entreprendre to undertake, to take up

entreprise *f* firm

entretien *m* upkeep, maintenance

entrevue *f* interview

envahir to invade, to overspread

envie *f* envy; **avoir — de** to long for, to be in the mood for

envier to envy

envisager to intend, to plan

envoyer to send; **— promener** to send somebody about his business, to turn somebody out

épagneul *m* spaniel

éparpiller to scatter

épatant terrific

épaulard *m* killer whale

épaule *f* shoulder; **changer son fusil d'—** to change one's way

épave *f* wreck; piece of wreckage

épeler to spell

épicerie *f* grocery

épingle *f* safety pin; **— de cravate** tie pin

éplucher to peel

épouser to wed

épousseter to dust

époustoufler (fam.) to surprise

épuisé exhausted, worn out

équilibre *m* balance

équipe *f* team

équitation *f* riding, horsemanship

équité *f* equity

équivalence *f* equivalence

érafler (se) to graze
éraflure *f* scratch
ère *f* era
éreinté exhausted
erreur *f* mistake
erroné erroneous
érudit erudite, learned
ès of
escalade *f* escalade, climbing
escalier *m* stairs; **— roulant** escalator
escargot *m* snail
esclaffer (se) to guffaw
Escoffier (1846 - 1935) famous French cook
escroc *m* swindler
espace *m* space, room
espadrille *f* espadrille
Espagne *f* Spain; **construire des châteaux en —** to build castles in the air
espèce *f* species
espiègle mischievous
esquinté (fam.) tired
essayer to try
essence *f* gasoline; **faire le plein d' —** to fill up the tank with gasoline
essor *m* flight, progress
essuie-glace *m* windshield wiper
essuyer to wipe; **— un revers** to suffer a setback
estomac *m* stomach
estudiantin of student
étable *f* barn, cowshed
étage *m* story, floor (house)
étal *m* stand
étanche airtight
étang *m* pond
étape *f* stopping place, lap
éteindre to turn off, to extinguish
étendre to spread
étendre (se) to spread
étendu spread
étendue *f* spread, scope
éternuer to sneeze
étirer (se) to stretch

étoffer to give fullness, to substantiate
étoile *f* star
étonnant surprising
étonner to surprise, to astonish
étranger *m* foreigner; **à l' —** abroad, in foreign lands
être to be; **— à court d'argent** to be short on money; **— à couteaux tirés** to be at swords' points; **— à l'heure** to be on time; **— au courant** to be conversant with; **— bien vu** to be liked; **— d'accord** to agree; **— du tonnerre** (fam.) to be great; **— en panne** to have engine trouble; **— en souffrance** to be overdue (bill); **— en train de** to be in the process of; **— habitué à** to be used to; **— prêt à** to be ready to; **— sur le dos de quelqu'un** to criticize, to be on somebody's back; **— sur le point de** to be about to; **— une soupe au lait** to be quick to become angry; **n'en rien —** not to be true
étrier *m* stirrup
étroit narrow
étude *f* study; **poursuivre des études** to carry on studies
eucalyptus *m* eucalyptus
euthanasie *f* euthanasia
évader (se) to escape
évanoui unconscious
évaporer to evaporate
éveillé awake
éventuel eventual, possible
évertuer (se) (à) to exert oneself to
évidemment evidently, clearly
évier *m* sink
éviter to avoid
évolué developed; **langage —** computer language
exagérer to exaggerate
excès *m* excess

excitant exciting
exécrable execrable
exécuter to execute, to perform
exemplaire *m* copy
exemple *m* example; **par — !** expression of surprise
exercer to exercise; **— une profession** to be engaged in a profession
exercice *m* exercise; **— de ses fonctions** discharge of one's duties
exerciseur *m* exercise bike
exhiber to exhibit, to display
exode *f* exodus
exorbitant exorbitant
expansif demonstrative
expatrié expatriated
expérimenté experienced
expert-comptable *m* certified public accountant
exploit *m* exploit
exploration *f* exploration
explosif explosive
exposer to expose, to display
express *m* express train
exténué exhausted
extinction *f* extinguishing; **— de voix** loss of voice
extra-champ *m* outfield (baseball)

F

fable *f* fable
fabrique *f* factory
fac *f* (abbrev.) college
façade *f* façade, front
fâché angry
fâcher (se) to become angry
facilement easily
faciliter to make easy
façon *f* manner, way; **de — à** so as to; **de — que** so that
facteur *m* mailman
facture *f* bill
facultatif facultative, optional
faculté *f* college

faillir to come near to

faillite *f* bankruptcy

faire to make, to do; **— allusion à** to hint at; **— avaler quelque chose à quelqu'un** to make someone believe anything; **— confiance** to trust; **— connaissance** to make acquaintance; **— des histoires** to make trouble; **— du cent à l'heure** to go a hundred miles (or kilometers) an hour; **— du ski** to ski; **— la bombe** to have a big party where one eats and drinks a lot; **— la cour** to court; **— l'affaire de** to serve the purpose of; **— la lessive** to do the washing; **— la vaisselle** to wash the dishes; **— le lit** to make the bed; **— le plein d'essence** to fill up the tank; **— le poireau** to wait standing; **— lever les sourcils** to make someone's eyebrows rise; **— l'honneur** to do the honor; **— mal** to hurt somebody; **— marcher plus fort** to turn on louder; **— naufrage** to be shipwrecked; **— plaisir à** to please; **— ses choux gras de quelque chose** to feather one's nest; **— signe** to beckon to; **— tapisserie** to be a wallflower; **— usage de** to use; **— venir** to send for; **— voir** to show; **n'en — qu'à sa tête** to have one's own way; **ne pas — de vieux os** not to live to a very old age

faire (se) to become; **— à** to get used to; **— de la bile, des cheveux, du mauvais sang** to worry; **— inscrire** to register; **— pendre ailleurs** to get in trouble somewhere else; **— tirer l'oreille** to be reluctant to; **s'en — to worry; **il se fait** it happens

faire-part *m* announcement, invitation

faisable feasible

faisan *m* pheasant

fait *m* fact; **prendre sur le —** to catch in the act

familial family; **allocation familiale** money given to French families with children

familier familiar; **animal —** pet; **français —** informal French

famille *f* family; **nom de —** family name

famine *f* famine

fana (abbrev.) fanatic

fanfare *f* marching band

fantastique fantastic

fantoche *m* puppet

fard *m* makeup

fardeau *m* load

farine *f* flour

fascinant fascinating

fasciner to fascinate

fat conceited

fatigant tiring

fatigué tired

fatiguer (se) to tire, to get tired

fauché (fam.) broke

fauteuil *m* armchair; **— à bascule** rocking chair

faux false

favori (*f* **favorite**) favorite

feindre to feign, to simulate

fêlé cracked; **cerveau —** crackbrain

féliciter to congratulate

femelle *f* female

femme *f* woman; wife; **— alibi** token woman; **— de tête** capable woman

fendre (se) to cut oneself

fer *m* iron; iron (golf); **chemin de — railroad

ferme *f* farm

fermer to close

fermeture *f* fastening; **— Éclair** zipper

festin *m* feast

festival *m* festival

fête *f* holiday

fêter to celebrate

feu *m* fire; **— de bivouac** campfire; **— rouge** traffic light; **à — doux** over a slow fire; **coup de — shot

feuille *f* sheet; leaf; **— de papier** sheet of paper; **— de sécurité sociale** social security form; **— d'impôt** notice of assessment; **oreilles en feuille de chou** big ears

feuilleton *m* film, novel, or television program presented in serial form

fiacre *m* horse-drawn carriage for public hire

fiançailles *f pl* engagement

fiancer (se) to become engaged

fiche *f* filing card, index card

ficher (fam.) to throw; **— la paix à quelqu'un** to let someone alone

ficher (se) (de) (fam.) to make fun of

fichier *m* card catalogue

fidèle faithful

fier proud

fier (se) (à) to trust

fièvre *f* fever

figure *f* face; form; **tracer des figures** to figure skate

fil *m* thread; **un coup de — a telephone call

filer (fam.) to scram, to scuttle off

filet *m* baggage rack, net

fille *f* girl, daughter; **— unique** only child; **la seule — the only daughter; **nom de jeune — maiden name; **vieille — old maid

film *m* film; **— sonore** sound film

filon *m* (fam.) cushy job

fils *m* (f. **fille**) son; **— unique** only child; **le seul — the only son

fin *f* end; **à cette — que** for the sole purpose that; **mettre — à**

to end (something)
finalement finally
financier financial; **diagnostic** — financial analysis
fisc m internal revenue
fiscal fiscal; **abri** — tax shelter; **conseiller** — tax consultant; **fraude fiscale** tax evasion
flagrant flagrant; **pris en** — **délit** caught red-handed
flair m scent
flairer to scent, to nose out
flamand Flemish
flamber to flame
flanc m flank of a horse
fléau m plague
flic m (pop.) cop
flirter to flirt
flush m flush (poker)
flûte f flute; (fam.) darn
foie m liver; — **gras** liver from geese which have been force-fed
foin m hay; **rhume des foins** hayfever
foire f fair; **s'entendre comme larrons en** — to be as thick as thieves
fois f time; **à une autre** — (at) the next time; **une** — **que** as soon as
follement madly, highly
foncier landed; **impôt** — property tax
fonctionnaire m government worker, civil servant
fonctionner to operate
fond m bottom, foundation; — **de teint** makeup foundation; — **du cœur** bottom of one's heart; **dans le** — all things considered; **faire du ski de** — to go cross-country skiing
fondamental fundamental, basic
fonder to found, to base
fondre to melt
football m soccer
force f strength; **de** — by force

forcément necessarily, inevitably
formulaire m form, questionnaire
fort strong, big; very
fosse f pit
fou m (f **folle**) madman (madwoman); bishop (chess)
fou crazy; **un temps** — a long time
foudre f lightning; **coup de** — love at first sight
fouetter to whip; **avoir d'autres chats à** — to have other fish to fry
fouiller to go through, to ransack
fouler to sprain
four m oven; (fam.) flop, bad play
fourchette f fork
fourgon m caboose
fourmi f ant; **avoir des fourmis dans les jambes** to have pins and needles in one's legs
fourmiller to swarm
fournaise f furnace
fourrure f fur
foyer m home
fracturer to break (limb)
fraîchement newly, freshly
frais m pl expenses, cost; — **de justice** court costs
frais fresh
français m French; — **familier** informal French; — **châtié** polished French
franchement frankly
franglais m French corrupted by anglicisms
frappant striking
frapper to strike, to hit
frappeur m hitter (Canadian baseball); — **ambidexte** switch-hitter
fraude f fraud; — **fiscale** tax evasion
frauder to defraud, to cheat
fredonner to hum
freiner to brake
frémir to shudder

frêne m ash tree
fréquemment frequently
fréquenter to frequent; to go steady
frère m brother
fric m (argot) money
frire to fry
frisé curled
friser to curl; to border on
frissonner to shiver, to shudder
frôler to graze, to brush
fromage m cheese
froncer to gather; — **les sourcils** to frown
front m forehead
fronton m wall against which jai alai players throw the ball
frotter (se) to rub oneself
fructueux fruitful
fruit m fruit; **fruits de mer** seafood
fuir to flee, to run away; to leak
fumer to smoke
fumeur m smoker
funèbre funeral; **les pompes funèbres** undertaker's establishment
funérailles f pl funeral, burial
furieux furious
fusée f rocket
fusil m gun; **changer son** — **d'épaule** to change one's way; **recevoir le coup de** — to receive an exorbitant bill in a restaurant
fusiller to shoot
fuyant receding; **menton** — receding chin

G

gaffe f mistake
gagnant m winner
gagner to win
galoche f galosh; **menton en** — (fam.) undershot jaw
galop m gallop

gamin *m* (*f* **gamine**) boy (girl)

gant *m* glove

garage *m* garage

garantie *f* guaranty

garantir to defend against

garçon *m* boy; **— d'honneur** best man; **— manqué** tomboy

garçon *m* waiter

garde *f* care, guarding; **prendre — de** to be careful not to

garder to keep

garder (se) (de) to take care not to

gardien *m* guardian; **— de but** goalkeeper (soccer)

gare *f* railroad station; **— Saint-Lazare** one of the Parisian railroad stations; **buffet de la —** refreshment room in a railroad station

garer to park

gargantuesque gargantuan, gluttonous

garni garnished; **bouquet —** bunch of parsley, thyme, and bay leaves

garnison *f* garrison, military station

gars *m* (fam.) lad

gaspiller to waste

gâteau *m* cake; **— sec** cookie

gâter to spoil

gauche *f* left; **passer l'arme à —** (fam.) to die

Gault-Millau guide to French restaurants

gaver (se) to gorge oneself

gaz *m* gas; **chambre à —** gas chamber

gazouiller to chirp

gencive *f* gum

gendre *m* son-in-law

gêne *f* annoyance, bother

généalogique genealogical; **arbre —** family tree

générosité *f* generosity

génie *m* genius

genou *m* knee; **être sur les genoux** to be very tired

genre *m* kind, sort, type

gens *m pl* people

gentil nice

géométrie *f* geometry

germain Germanic; **cousin —** first cousin

geste *m* gesture

gibier *m* game

gigantesque gigantic

gigot *m* leg of lamb

gingembre *m* ginger

glace *f* ice; mirror

glacé frozen, freezing

glacier *m* glacier

glaçon *m* ice cube

glande *f* gland

glapir to yap

gloire *f* glory

glousser to cluck

Godard, Jean-Luc (1930-) French movie producer

godet *m* small mug; **prendre un —** (fam.) to have a drink

golf *m* golf

golfe *m* gulf

gonflant blown up

gorge *f* throat

gosse *m* or *f* (fam.) kid

gourmand gluttonous

gourmet *m* gourmet, epicure

goût *m* taste

goûter to taste

goutte *f* drop (medication)

gouttière *f* gutter; **chat de —** alley cat

grâce *f* grace, charm; **— à** thanks to; **— à ce que** thanks to what

gracier to pardon

grade *m* rank

grand big, tall; **en grande tenue** all dressed up, in full dress; **à — renfort de** with a copious supply of

grand-chose much

grandiose grandiose, majestic

grandir to grow up

Grand Prix *m* competitive international roadrace for sport cars of specific engine size

gras fat; **faire ses choux — de quelque chose** to feather one's nest; **foie —** liver from geese that have been force-fed

grave serious

gravier *m* gravel

Grec *m* Greek

grenier *m* attic

grenouille *f* frog; **cuisses de grenouille** frogs' legs

grève *f* strike

griffer to claw, to scratch

grillon *m* cricket

grimace *f* grimace; **faire une —** to make a face

grimper to climb

grimpeur climbing

grinçant grating

grincement *m* creaking, grating

grincheux grumpy

grippe *f* influenza, flu

gris grey

grisant exhilarating

grog *m* toddy

grogner to grunt

gronder to scold; to growl, to snarl

gros big, fat

grossir to gain weight

grossissant fattening

grouiller (se) (pop.) to hurry

gruyère *m* Swiss cheese

guère hardly

guérir to cure

guérite *f* sentry-box

guerre *f* war

gueule *f* mouth of an animal

guide *m* guide; **— Michelin** well-known traveling guide; the red one lists and evaluates hotels and restaurants in each city in several European countries; the green one gives information about what to see in each city

guidon *m* handlebars
guise *f* manner; **à sa —** as one pleases
guitare *f* guitar
gutturale guttural
gymnase *m* gymnasium
gymnastique *f* gymnastics

H

habillement *m* clothing
habiller (se) to dress
habit *m* outfit
habiter to live, to dwell
habitude *f* habit; **avoir l' — de** to be accustomed to
habitué acustomed; **être — à** to be used to
haine *f* hatred
haletant breathless, winded
haltère *m* dumbbell
hamster *m* hamster
hanche *f* hip
handicapé handicapped
harcelé harassed
hardi bold, daring
hardware *m* hardware (computer)
haricot *m* bean
hasard *m* chance, accident; **par — ** by chance
hasarder (se) to venture to
haschich *m* hashish
hâter (se) to hurry
hausse *f* increase
haut high; **à haute voix** aloud
hauteur *f* height; **saut en — ** high jump
hennir to neigh
herbe *f* grass
herboristerie *f* herbalist's shop
hérisser to bristle up
héritage *m* inheritance
hériter to inherit
héritier *m* heir
héroïne *f* heroin
hésiter to hesitate
heure *f* hour; **— de pointe** peak

hour; **— supplémentaire** overtime; **être à l' — ** to be on time
heureusement luckily, fortunately
heurter (contre) to collide with
heurter (se) (à) to collide, to run into
hiérarchie *f* hierarchy
hirsute hirsute
histoire *f* story; **— policière** mystery story; **faire des histoires** to make trouble
hiver *m* winter
homard *m* lobster
hommage *m* homage
honneur *m* honor; **demoiselle d' — ** bridesmaid; **faire l' — ** to do the honor; **garçon d' — ** best man
honoraires *m pl* fees (lawyer's, doctor's)
hôpital *m* hospital
horaire *m* schedule, timetable
horripiler (fam.) to exasperate
hors-d'œuvre *m* first course of a dinner
hôtellerie *f* hostelry
hôtesse *f* hostess; **— de l'air** stewardess
houille *f* coal
hublot *m* porthole
huissier *m* process server
huître *f* oyster
humeur *f* mood; **mauvaise — ** bad mood
hurler to howl
hypothèque *f* mortgage
hypothéquer to mortgage, to secure by mortgage

I

ici here
idiotie *f* idiocy
ignifugé fireproofed
ignorance *f* ignorance

ignorer to know nothing of, not to know
illicite illicit
illustrer to illustrate
image *f* picture
imagé vivid, picturesque
imaginatif imaginative
immatriculation *f* registration; **plaque d' — ** license plate
immobilière real estate; **agence — ** real estate agency
immortalité *f* immortality
impair *m* blunder
impensable unthinkable
imperfection *f* imperfection
impertinent impertinent
implantation *f* implantation
impliqué implicated, involved
impliquer to imply
importer to matter; **n'importe comment** no matter how, any which way; **n'importe lequel** no matter which, anyone; **n'importe où** no matter where, anywhere; **n'importe quand** no matter when, anytime; **n'importe quel . . .** no matter which . . .; **n'importe qui** anyone; **n'importe quoi** anything
imposable assessable, taxable
imposant imposing
imposition *f* assessment; **le barème d' — ** tax schedule
impôt *m* tax; **— direct** income tax; **— du sang** obligatory military service; **— foncier** property tax
Impressionniste *m or f* painter of the late nineteenth century belonging to a school of art called Impressionism, which aimed at catching a specific moment on canvas and trying new concepts in the use of colors
imprimé *m* printed matter, books (library)
inattendu unexpected

inattention *f* inattention

incarcérer to incarcerate, to imprison

incessant unceasing, uninterrupted

incident *m* incident, event

incisive *f* incisor

inclure to include

inclusion *f* inclusion

incongru incongruous

inconvénient *m* disadvantage

incorrigible incorrigible

inculpé *m* accused

inculper to charge, to indict

inculquer to inculcate

incurable incurable

indemniser to compensate

indemnité *f* allowance; **— de chômage** unemployment compensation

index *m* forefinger

indigestion *f* indigestion

indiquer to point out, to tell

indiscret indiscreet

individu *m* person, fellow

inévitable unavoidable

inexpérimenté inexperienced

infidélité *f* unfaithfulness

infirmière *f* nurse

informateur *m* informant

informations *f pl* news bulletin, news

informatique *f* data processing

informatiser to computerize

informer (se) to enquire

infraction *f* infraction, violation

infusion *f* infusion

ingénieux ingenious

initialement initially

initiative *f* initiative; **syndicat d'—** tourist office

inné innate

inquiet worried

inquiétude *f* anxiety, misgivings

inscription *f* registration; **droits d'—** tuition

inscrire (se) to register; **se faire — to register**

insigne *m* badge

installer to set

instinct *m* instinct

instruction *f* education; computer command

instruction *f* preliminary examination of the accused; **juge d'—** judge whose duty is to collect proofs of the guilt of the accused

instruire to instruct, to teach

instruire (se) to educate oneself

intègre righteous

intense intense, excessive, strong

intention *f* intention; **avoir l'— de** to intend to

intercepter to intercept

interdiction *f* prohibition, ban

interdire to forbid

interdit forbidden

intéresser (se) (à) to be interested in

intérêt *m* interest

interplanétaire interplanetary

interpréter to interpret

interroger to interrogate

intervenir to intervene, to interfere

intrigue *f* plot

introduire to insert, to bring in

inventeur *m* inventor

inverser to invert

ion *m* ion

iridacées *f pl* iris family of perennial plants

iris *m* iris

irlandais Irish

irrévocablement irrevocably

irriter to irritate

irriter (se) to become angry

ivoire *m* ivory

ivre drunk

J

jadis of long ago

jaloux jealous

jambe *f* leg; **avoir des fourmis dans les jambes** to have pins and needles in one's leg; **tenir la — à quelqu'un** (fam.) to detain somebody while conversing in a boring manner

jambon *m* ham

japper to yap

jaquette *f* women's jacket, men's cutaway

jardin *m* garden; **— potager** vegetable garden

jardinet *m* small garden

jardinier *m* gardener

jarre *f* jar

jaune yellow

jeter to throw; **— un coup d'œil** to glance

jeu *m* game; **— de cartes** deck of cards; **— électronique** electronic game; **les jeux olympiques** Olympic games; **musée du Jeu de Paume** museum in Paris situated in the Tuileries gardens, exhibiting mostly Impressionist paintings

jeune young; **nom de — fille** maiden name

jogger *m* jogger

jogging *m* jogging

joindre to join

joint united

joli pretty

joue *f* cheek

jouer to play; **— aux cartes** to play cards; **— du piano** to play piano

joueur *m* player

jouir (de) to enjoy

joujou *m* toy (baby talk)

jour *m* day; **plat du —** today's special dish

journalier daily

judiciaire judiciary; legal

judo *m* judo

juge *m* judge; **— de ligne** line judge (tennis); **— d'instruction**

judge whose duty is to collect proofs of the guilt of the accused; **je vous fais —** you be the judge

jugement *m* judgment, trial

jumeau *m* (*f* **jumelle**) twin

jument *f* mare

jupe *f* skirt

juré *m* juror

jurer to swear; **— ses grands dieux** (fam.) to protest vehemently

jury *m* jury

jusqu'à until

juste just, fair; **dormir du sommeil du —** to sleep deeply

justesse *f* soundness, correctness

justice *f* justice; **les frais de —** court costs

K

karma *m* karma, notion of retribution in Indian religions

klaxon *m* horn (car)

L

là there

lac *m* lake

lacet *m* shoelace

Laffite, Jacques French car racer

La Fontaine, Jean de (1621 - 1695) French poet and fabulist

laid ugly

laideur *f* ugliness

lainage *m* wool clothing

laine *f* wool; **bas de —** savings

laisse *f* leash

laisser to let; **— tomber** to drop

lait *m* milk; **être une soupe au —** to be quick to become angry

lambiner (fam.) to loaf, to dawdle

lame *f* blade

lampe *f* lamp

lancer to throw; to pitch (baseball)

lancement *m* pitching; launching; **rampe de —** launching pad

lanceur *m* pitcher (baseball)

langage *m* language; **— évolué** computer language; **— machine** machine language

langoureux languid

langue *f* tongue; **tirer la —** to stick out one's tongue

lapin *m* rabbit

larcin *m* larceny

lard *m* fat

larron *m* robber; **s'entendre comme larrons en foire** to be as thick as thieves

las (*f* **lasse**) tired

lasser (se) (de) to tire of

lavabo *m* washbowl

La Varenne (1615 - 1678) famous French cook

lave *f* lava

laver to wash; **machine à —** washing machine

lécher to lick; **— les vitrines** (fam.) to do window shopping

lecteur *m* reader; **carte de —** library card

légal legal

léger light

léguer to bequeath, to leave behind

légume *m* vegetable

légumineuse *f* leguminous plant

Lens city in northern France where coal is mined

lentille *f* lentil

lépreux *m* leper

lessive *f* washing; **faire la —** to do the washing

lever to raise; **faire — les sourcils** to make someone's eyebrows rise

levier *m* lever; **— de changement de vitesse** gearshift lever

lèvre *f* lip

lexique *m* lexicon

libération *f* release

libérer to free

liberté *f* freedom; **— provisoire** release on bail

librairie *m* bookstore

libre unoccupied; free

licence *f* French diploma comparable to master's degree

lié tied

lien *m* bond, tie

lieu *m* place; **au — de** instead of; **au — que** whereas

lièvre *m* hare

ligament *m* ligament

ligne *f* line; **— aérienne** air line; **juge de —** line judge (tennis)

ligne *f* figure

lime *f* file

limer to file, to polish

Limoges city in central France famous for its china

linge *m* linen; underwear; **laver son — sale en famille** to keep one's trouble in the family

lion *m* lion

lis *m* lily

lisse smooth

lit *m* bed

livre *m* book; **— de cuisine** cookbook; **tenir les livres** to keep the books

localité *f* locality

locataire *m* tenant

locomotive *f* engine

logé lodged; **être — à la même enseigne** to be in the same boat

logement *m* lodging

logiciel *m* software (computer)

loi *f* law

lointain far off

lolo *m* milk (baby talk)

longtemps a long time

lors then

louer to rent

loup *m* wolf; **avoir une faim de —** to be as hungry as a bear

louper (fam.) to fail

lourd heavy

Louvre best known of museums in Paris

loyer m rent

L.S.D. m L.S.D.

Luchon spa in the Pyrenees

luire to shine

lumière f light

lumineux luminous

lune f moon; **— de miel** honeymoon

lunettes f pl spectacles, glasses; **— noires** sunglasses

lustre m chandelier

lut m cement

lycée m secondary school supported by the state

M

maboul (pop.) crazy

machine f machine; **— à calculer** calculator; **— à écrire** typewriter; **— à laver** washing machine; **langage —** machine language

machoire f jaw

magasin m store; **— de vêtements** clothing store

magie f magic

magistral masterly; **cours magistraux** lecture courses

magistrature f magistrate

magnétophone m tape recorder

maigrir to lose weight

maillot m jersey; **— de bain** bathing suit; **— de corps** men's long underwear; **— jaune** yellow jersey worn by the winner of the Tour de France

main f hand; **— pleine** full hand (poker); **avoir le cœur sur la —** to be very generous; **avoir un poil dans la —** to be lazy; **bagage à —** light luggage; **demander la — de quelqu'un** to ask for someone's hand in mar-

riage; **vol à — armée** armed robbery

maintenant now

maintenir to maintain, to hold

maire m mayor

mairie f city hall

maître m (f **maîtresse**) master; teacher in elementary school

maîtresse f lover, mistress

maîtrise f French university diploma

majoration f increase

mal m hurt, pain; **— de l'air** airsickness; **— de mer** seasickness; **— du pays** homesickness; **avoir du —** to have difficulty; **avoir —** to hurt; **être — avec quelqu'un** to be on the outs with somebody; **être très —** to be close to death; **faire —** to hurt (somebody else)

malade sick

maladie f illness

malchance f bad luck

malentendu m misunderstanding

malgré in spite of; **— que** although

malheur m unhappiness, misfortune

malheureux unhappy

malheureusement unfortunately

malle f trunk

mallette f small suitcase

manche f sleeve; **être une autre paire de manches** to be another kettle of fish

manchette f cuff; **bouton de manchette** cuff link

mandat m warrant; **— d'arrêt** warrant for arrest; **— de perquisition** search warrant

manège m carousel, merry-go-round

manger to eat; **— comme quatre** to eat like four people; **— de la vache enragée** to go

through moments of want; **— sur le pouce** to eat rapidly while standing; **salle à —** dining room

manière f way; **de — que** so that

manifester to show, to demonstrate

manipuler to manipulate

mannequin m fashion model

manœuvre f tactical movement, drill

manoir m manor

manqué missed; **garçon —** tomboy

manquer to miss, to be missing (something); not to have enough; to lack; to be on the point of

Mans (Le) French city famous for its annual twenty-four-hour auto races

manteau m women's coat

manucure m or f manicurist

maquillage m makeup

marchander to bargain

marche f march

marché m outdoor market

marcher to walk; **— sur les pieds de quelqu'un** to step on somebody's toes; **— sur les traces de** to follow in one's footsteps

marcher to run (machine); **faire — plus fort** to turn on louder

mare f pond

marée f tide

mari m husband

marié m bridegroom

marier (se) to get married

marihuana f marijuana

marine f navy

marmite f pot

marmiton m cook's helper

marotte f fad

marquer to mark; **— les points** to keep score

marraine *f* godmother

marrant (pop.) funny

marre (pop.) **en avoir —** to be fed up

marrer (se) (pop.) to laugh

marron brown

marteau *m* hammer; **être —** (pop.) to be crazy

massage *m* massage

mât *f* mast

match *m* match, game

matelas *m* mattress

mater to checkmate (chess)

matériel *m* equipment; hardware (computer)

mathématicien *m* mathematician

mathématiques *f pl* mathematics

maths *f pl* (abbrev.) mathematics

maussade glum; cloudy

mauvais bad; **mauvaise humeur** bad mood

mec *m* (pop.) man

mécanicien *m* mechanic

méchanceté *f* wickedness

mécontentement *m* displeasure, dissatisfaction

médaille *f* medal

médecin *m* physician

médecine *f* medicine; **la faculté de —** medical school

médicament *m* medicine

médicinal medicinal

Méditerranée *f* Mediterranean; **Club Méditerranée** French organization with resort places all over the world

méfiance *f* mistrust

méfier (se) (de) to mistrust

mêlée *f* scrimmage (football)

mémère *f* grandmother (baby talk)

mémoire *f* memory; **— centrale** computer memory

menace *f* threat

menacer to threaten

ménager household; **travaux ménagers** housework

mener to lead

menhir *m* menhir

menotte *f* hand (baby talk)

mensualité *f* monthly installment

mensuel monthly

menteur *m* liar

menthe *f* mint

mentionner to mention

menton *m* chin; **— en galoche** (fam.) undershot jaw; **— fuyant** receding chin

menu *m* menu

menuisier *m* carpenter, cabinet maker

mer *f* sea; **fruits de —** seafood

mère *f* mother

messe *f* mass

météo *f* (abbrev.) weather bureau

météorologie *f* weather bureau

métier *m* trade, job

métro *m* subway

mets *m* dish (food)

metteur en scène *m* director (stage)

mettre to put; **— à la porte** to fire; **— à pied** to lay off; **— dans un plâtre** to put in a cast; **— de l'eau dans son vin** to pull in one's horns; **— en échec** to check (chess); **— la table** to set the table; **— les petits plats dans les grands** to give a big dinner; **— les pieds dans le plat** to put one's foot in one's mouth; **— tous les œufs dans le même panier** to put all of one's eggs in the same basket

mettre (se) to place oneself; **— à table** to sit at the table; **— en colère** to become angry; **— mal avec** to put oneself in a bad position with somebody

mettre (se) (à) to begin, to start

meuble *m* piece of furniture

meubler to furnish

meurtre *m* murder

meurtrier murderous

meurtrir to bruise

miauler to mew

Michelin manufacturer of tires; **guide Michelin** well-known traveling guide; the red one lists and evaluates hotels and restaurants of each city in several European countries; the green one gives information about what to see in each city

micro *m* (abbrev.) microphone

microphone *m* microphone

microsillon *m* long-playing record

miel *m* honey; **lune de —** honeymoon

migraine *f* migraine, headache

militaire military; **service —** military service

mince thin; **mince!** (fam.) gosh!

mine *f* look, mien

minutieux punctilious

miroir *m* mirror

mise *f* setting; **— en orbite** putting in orbit; **— en plis** hair set; **tenir la dernière —** to call (poker)

missile *m* missile

mi-temps *f* halftime (sport)

mi-temps (à) part-time

mixer *m* blender

moche (fam.) ugly, lousy, poor

mode *m* way of life

mode *f* fashion

moins less; **à — de** unless; **à — que** unless

moitié *f* half

molaire *f* molar

môme *f* (pop.) young girl

monde *m* world; crowd

Monet, Claude (1840 - 1926) French Impressionist painter who studied the effects of light on nature

moniteur *m* monitor, coach

monnaie *f* change

mono *f* monophonic record player

montagne *f* mountain; **les montagnes russes** roller coaster

montant *m* amount

Mont-Blanc *m* highest mountain in the Alps

monté high; **collet —** stiff-necked, prissy

Montélimar city in southern France famous for its nougat

monter to go up; to get in (car, train, plane); **— à cheval** to ride (horse)

montre *f* watch

montrer to show; **— le bout de l'oreille** to show one's true colors

moquer (se) (de) to make fun of

moquette *f* wall-to-wall carpet

moral *m* morale, spirit; **remonter le —** to raise one's morale

mordre to bite

morfondre (se) to feel dejected

morsure *f* bite

mort *f* death; **condamné à —** sentenced to die; **peine de —** death penalty

mort dead

mortel fatal

moto *f* (abbrev.) motorcycle

moucher (se) to blow one's nose

mouillé wet

mourir to die

moustache *f* whiskers (cat)

moustique *m* mosquito

moutarde *f* mustard; **avoir la — qui vous monte au nez** to be about to lose one's temper

mouvement *m* movement, move

moyen middle, average; **moyen âge** Middle Ages

moyen *m* means

muet mute, wordless

mulet *m* (*f* **mule**) mule

multiplier (se) to multiply

mur *m* wall

museau *m* muzzle

musée *m* museum; **— du Jeu de Paume** Paris museum situated in the Tuileries gardens, exhibiting mostly Impressionist paintings

N

nage *f* swimming

nageoire *f* fin (fish)

naissance *f* birth

Napoléon I (1769 - 1821) French emperor; **code Napoléon** civil law prepared under the direction of Napoléon I in 1804

nappe *f* tablecloth; sheet (water)

NASA *f* abbreviation of National Aeronautics and Space Administration

natal native

naufrage *m* shipwreck; **faire —** to be wrecked

nautique nautical; **faire du ski —** to water-ski

naviguer to navigate

navire *m* boat, ship

nécessiter to necessitate, to require

néfaste ill-fated, harmful

neige *f* snow

nénuphar *m* water lily

nerf *m* nerve

nerveux nervous

net clean, neat

nettoyage *m* cleaning

nettoyer to clean

neuf brand new; **remettre à —** to do up like new

neutron *m* neutron; **bombe à neutrons** neutron bomb

neveu *m* (*f* **nièce**) nephew (niece)

nez *m* nose; **— arqué** curved

nose; **— bourbonien** curved nose; **— en trompette** (fam.) turned-up nose; **— retroussé** turned-up nose; **avoir du —** to smell something coming; **avoir la moutarde qui vous monte au —** to be about to lose one's temper; **avoir le — fin** to smell trouble coming; **avoir un verre dans le —** (fam.) to be drunk; **faire un pied de —** to thumb one's nose at

Nice city on the French Riviera

niche *f* doghouse

nid *m* nest

nier to deny

niveau *m* level

noce *f* wedding; **voyage de —** honeymoon trip

nodal nodal

nœud *m* knot

noir black

noisette *f* hazelnut

nom *m* name; **— de famille** family name; **— de jeune fille** maiden name

nombreux numerous

nome *m* administrative division of Greece

nommé named

nonchalamment nonchalantly

nonchalant nonchalant

normand Norman; **trou —** a glass of apple brandy after the second course of a big meal

Normandie *f* French province famous for its cider and its Calvados (apple brandy)

norme *f* norm, standard

nostalgie *f* yearning, longing

notaire *m* public officer who takes care of legal matters such as contracts, inheritance, sale of properties, etc.

note *f* grade

noté noted

nougat *m* nougat

nourrir (se) to feed oneself
nourriture f food
nouveau new; **— venu** newcomer; **nouvelle cuisine** new way of cooking that is less fattening
nouvelle f news
noyau m pit
nu naked
nucléaire nuclear; **centrale —** nuclear center; **guerre —** nuclear war; **parité —** nuclear parity
nuit f night; **boîte de —** night club; **passer une — blanche** to have a sleepless night
nul no; **partie nulle** tied game
nuque f nape of the neck

O

obéir (à) to obey
objecteur m objector; **— de conscience** conscientious objector
obligation f obligation
obligatoire obligatory, required
obscurité f obscurity
obstiner (se) (à) to persist in
occasion f occasion, chance; **voiture d'—** used car
occuper (se) (de) to take care of
odorat m smell
œil m (pl **yeux**) eye; **— au beurre noir** black eye; **coup d'—** glance; **mon —** I do not believe you; **yeux en amande** almond-shaped eyes
œuf m egg; **mettre tous ses œufs dans le même panier** to put all of one's eggs in the same basket
œuvre f work
offensif offensive
offshore m offshore drilling
oie f goose
oignon m onion
oiseau m bird

oléacée f oleaceous tree
olive f olive
Oliver, Raymond French cook appearing regularly on French television
olivier m olive tree
omettre to omit
oncle m uncle
ondulé wavy
ongle m fingernail; **vernis à ongles** nail polish
opéra m opera
opération f operation
opérer to operate
opérette f operetta, musical comedy
opinion f opinion
oppresser to oppress
or m gold; **caractère en —** good disposition
orbite f orbit
orchestre m orchestra
ordinateur m computer
ordonné tidy, orderly
ordonner to command
ordures f pl refuse, garbage
oreille f ear; **— en feuille de chou** big ears; **boucle d'—** earring; **montrer le bout de l'—** to show one's true color; **se faire tirer l'—** to be reluctant
oreiller m pillow
oreillons m pl mumps
organisé organized; **voyage —** organized tour
orphelin m orphan
orteil m toe
os m bone; **ne pas faire de vieux —** not to live to a very old age
oscillation f oscillation, swing
oser to dare
ôter to take away, to remove
otite f otitis, ear inflammation
oublier to forget
ouest m west
ouïe f hearing
où que wherever

ourlet m hem
outre besides, moreover; beyond; **— mesure** beyond measure
ouvert open; **rouler à tombeau —** to drive at breakneck speed
ouvrage m work
ouvrier m factory worker
ouvrir to open

P

pacotille f cheap goods
page f page; **à la —** abreast of the times
paiement m payment
paille f straw
pain m bread; **petit —** roll
pair m equal, peer; **aller de — avec** to be on equal footing with
paire f pair; **être une autre — de manches** to be another kettle of fish
paire f two of a kind (cards)
paix f peace
palme f palm branch
pan m flap
panier m basket; **— à salade** (fam.) police van, paddy wagon; **mettre tous ses œufs dans le même —** to put all of one's eggs in the same basket
panne f breakdown; **— d'électricité** breakdown of the electric circuit; **avoir une —** to have engine trouble
panneau m panel
pantalon m trousers
pantoufle f slipper
papeterie f paper mill
papier m paper; **— peint** wallpaper; **feuille de —** sheet of paper
papillon m (slang) ticket
parachute m parachute
parachutisme m parachute jumping
parachutiste m parachutist

paradis *m* paradise
paraître to appear, to seem
parapluie *m* umbrella
parasol *m* beach umbrella
parc *m* park
parce que because
parcourir to travel through, to cover a distance
parcours *m* course (golf)
pardessus *m* men's coat
pardonner to forgive
pare-brise *m* windshield
pareil similar, like
parent *m* parent, relative; — **éloigné** distant relative; — **proche** close relative
paresse *f* laziness
paresseux lazy
parier to bet
parité *f* parity; — **nucléaire** nuclear parity
parking *m* parking
parole *f* word; **ma —!** my word! expression of surprise
parquet *m* wood floor
parrain *m* godfather
part *f* share; **à —** aside; **quelque —** somewhere
partager to share
partenaire *m* partner
parti *m* resolution; **en prendre son —** to resign oneself; **prendre —** to come to a decision
participant *m* participant
particulier *m* private individual
particulièrement particularly
partie *f* game; — **nulle** tied game
partout everywhere
parvenir to succeed
passe *f* pass (football)
passé *m* past
passeport *m* passport
passer to take (an examination); to spend (time); to pass (poker); to go through; — **à la radio** to be X-rayed; — **l'aspirateur** to vacuum; — **à la télé** to show

on television; — **sur le billard** to be operated; — **une nuit blanche** to have a sleepless night
passerelle *f* gangway
passe-temps *m* pastime
passif *m* liabilities (accounting)
pastel *m* pastel
pastèque *f* watermelon
pastille *f* lozenge
pas un (*f* **pas une**) not one
pâte *f* paste; — **dentifrice** toothpaste
patelin *m* (fam.) small town
patin *m* skate
patinage *m* skating
patinoire *f* skating-rink
pâtisserie *f* bakery (cakes and pies only)
pâtissier *m* baker of cakes and pies
patois *m* dialect
patron *m* boss
patronyme *m* surname
patte *f* paw; **faire — de velours** to draw in one's claws
paume *f* palm
paupière *f* eyelid
pauvre unfortunate (in front of noun); poor (after noun)
payer to pay; — **comptant** to pay cash
pays *m* country; **mal du —** homesickness
P.C.V. collect; **appel en —** collect call
peau *f* skin; **avoir quelqu'un dans la —** (pop.) to be obsessed with somebody
pêcher to fish
pédale *f* pedal
pédaler to pedal
pédalo *m* pedal-boat
pédicure *m* pedicurist
peigner (se) to comb one's hair
peignoir *m* robe
peindre to paint

peine *f* pain; penalty; — **de mort** death penalty
peint painted; **papier —** wallpaper
peinture *f* painting, picture
pékinois *m* Pekinese
pelote *f* jai alai
pelouse *f* lawn
penalty *m* penalty (football)
pencher (se) to bend
pendant during; — **que** while
penderie *f* closet
pendre to hang; — **la crémaillère** to have a housewarming; **se faire — ailleurs** to get in trouble somewhere else
pénible wearisome, rough
pénicilline *f* penicillin
pensée *f* thought
pension *f* pension; — **alimentaire** alimony
pente *f* slope
pénurie *f* shortage
pépère *m* grandfather (baby talk)
pépin *m* (fam.) hitch; **avoir un —** to strike a snag
perçant piercing
percepteur *m* tax collector
percer to pierce, to drill
percevoir to perceive; to collect
perdre to lose; — **la boule** (pop.) to go crazy
père *m* father
perforé punched; **les cartes perforées** punched cards
périodique *m* periodical
périphérique *m* highway circling a big city (e.g. Paris)
permanent permanent
permanente *f* permanent wave
permettre to permit
permis *m* permit — **de conduire** driver's license
permission *f* furlough
perpétuité *f* perpetuity, forever; **condamné à —** sentenced to life imprisonment

perquisition *f* house search; **mandat de —** search warrant

perquisitionner to make a search

perruche *f* parakeet

persan Persian

persister (à) to persist in

personne *f* person

personne (ne) nobody

personnel *m* staff, employees; **— rampant** ground crew

perte *f* waste; leakage

perturbation *f* perturbation, disturbance

pervenche *f* periwinkle; (slang) policewoman

pessimiste pessimist

pétanque *f* French bowling game

petit-fils *m* (*f* **petite-fille**) grandson (granddaughter)

petit-gris *m* calaber, squirrel (fur)

petits-enfants *m pl* grandchildren

peton *m* foot (baby talk)

pétrin *m* (fam.) mess, jam

pétrole *m* oil

pétrolier *m* tanker

P. et T. initials of **Postes et Télécommunications**

peur *f* fear; **de — de** for fear of; **de — que** for fear that

peut-être maybe

pèze *m* (pop.) dough, money

phare *m* headlight

pharmacie *f* pharmacy; **— de poche** first-aid kit

pharmacien *m* pharmacist

phosphorescent phosphorescent

photo *f* photograph

photocopier to photocopy

photographier to photograph

photographique photographic; **appareil —** camera

phréatique phreatic; **nappe —** groundwater

physique *f* physics

physique physical; **culture —** physical training

piauler to peep

pic *m* peak; **— du Midi** peak in the Alps

pièce *f* room; play; coin

pied *m* foot; **— de vigne** vine stock; **faire un — de nez à** to thumb one's nose at; **lui faire les pieds** to serve him right; **marcher sur les pieds de quelqu'un** to step on one's toes; **mettre à —** to lay off; **mettre les pieds dans le plat** to put one's foot in one's mouth; **remettre les pieds sur terre** to come back to earth; **sur ce —** in this manner; **trouver chaussure à son —** to find what suits one's convenience

pied-de-poule *m* houndstooth check

piédestal *m* pedestal

pied-noir *m* French colonial (North Africa)

pierre *f* stone

piéton *m* pedestrian

pigeon *m* pigeon

pile *f* pile, heap

pilote *m* pilot; driver (race car)

piloter to pilot; to drive (race car)

pilule *f* pill

pincer to pinch

pingre stingy

piocher (fam.) to grind away at, to work at

pion *m* assistant in charge of school discipline; pawn (chess)

pique *m* spade (cards)

pique-nique *m* picnic

pique-niquer to go on a picnic

pique-niqueur *m* picknicker

piqûre *f* shot, injection

pirate *m* pirate

pire worse; **le —** the worst

piscine *f* swimming pool

Pissarro, Camille (1830 - 1903) French Impressionist painter

piste *f* rink; **— d'atterrissage** runway

piston *m* piston; **coup de —** (fam.) pull

placard *m* cupboard

place *f* space; square; seat; job

placement *m* placing; **bureau de —** placement office, employment agency

plafond *m* ceiling

plage *f* beach

plagiat *m* plagiarism

plaider to plead; **— le faux pour savoir le vrai** to lie in order to find out the truth

plaignant *m* plaintiff

plaindre (se) (de) to complain of

plainte *f* complaint, charge; **porter — contre** to lay a charge against

plaire (à) to be pleasing to

plaire (se) (à) to take pleasure in

plaisanter to joke

plaisir *m* pleasure; **faire — à** to please

plan *m* plan

planche *f* board; plate (baseball); **— à voile** sailing board; **avoir du pain sur la —** to have a lot to do; **sur les planches** on stage

plante *f* plant

plaquage *m* tackle (football)

plaque *f* plate; **— d'immatriculation** license plate; **— électrique** burner on electric stove

plaquer to tackle (football)

plat *m* dish (food); serving dish; **— de résistance** main course; **— du jour** today's special dish; **mettre les petits plats dans les grands** to give a big dinner; **mettre les pieds dans le —** to put one's foot in one's mouth

plat flat

plateau *m* tray

plâtre *m* plaster cast; **mettre dans un —** to put in a cast

plein full; **faire le — d'essence** to fill up the tank with gasoline

pleurer to weep

pleuvoir to rain

pli *m* fold, pleat; **mise en plis** hair set

plier to fold

plier (se) (à) to submit to

plombage *m* filling (tooth)

plomber to fill (tooth)

plomberie *f* plumbing

plumage *m* feathers

plume *f* feather

plusieurs several

pneu *m* (abbrev.) tire

pneumatique *m* tire

pneumonie *f* pneumonia

poche *f* pocket; **argent de —** pocket money; **être dans la —** (fam.) to be won; **pharmacie de —** first-aid kit

poêle à frire *f* frying pan

poids *m* weight

poignet *m* wrist

poil *m* hair; **avoir un — dans la main** (fam.) to be lazy

poinçonner to punch, to stamp

poing *m* fist

point *m* point; **être sur le — de** to be about to

pointe *f* point, peak; **heure de —** peak hour

pointer to clock in and out

pointu pointed

poireau *m* leek; **faire le —** to wait standing

pois *m* pea; polka dot

poisson *m* fish; **— rouge** goldfish

poitrine *f* chest; **rhume de —** chest cold

poivrer to season with pepper

poker *m* poker

police *f* police; **agent de —** policeman

police *f* policy; **— d'assurance** insurance policy; **— d'assu-**

rance sur la vie life insurance policy

policier police; **film —** detective film

polluer to pollute

pollution *f* pollution

pommade *f* medical cream used for external treatment

pomme *f* apple; **— de terre** potato; **tomber dans les pommes** (fam.) to pass out

pommeau *m* head (thing); **— de douche** shower head

pompe *f* pomp, display; **les pompes funèbres** undertaker's establishment

pompier *m* fireman

pondre to lay an egg

porc *m* pork

porcelaine *f* china

porte *f* gate, door

porté (à) inclined (to)

portemanteau *m* coat hanger

porter to carry; **— plainte contre** to lay a charge against

portière *f* door (car, train)

poser to put, to place

poste *f* post office

poste *m* radio set, television set

poste *m* position

postier *m* post office employee

pot *m* pot; **— d'échappement** *m* muffler; **prendre un —** (slang) to have a drink

potasser (fam.) to grind at, to work hard

pote *m* (pop.) friend

poteau *m* pole

potentiellement potentially

poubelle *f* garbage can

pouce *m* thumb; **manger sur le —** to eat rapidly while standing up; **se tourner les pouces** to turn one's thumbs

poudre de riz *f* face-powder

pouffer to burst out laughing

poulain *m* colt

poule *f* hen

poulet *m* chicken; (*f* **poulette**) term of affection

pour in order to; **— que** in order that; **— peu que** however little, if ever

pourboire *m* tip

poursuivre to carry on; **— des études** to continue one's studies

pourvu que provided

poussé exhaustive, deep

pousser to grow; to push

pousser (se) to shove, to push one another

poussière *f* dust

poussiéreux dusty

poussin *m* chick

poutre *f* beam

pouvoir can, to be able to; **n'y rien —** not to be able to stop it, not to be responsible for it

pré *m* meadow

précaution *f* caution

précipiter (se) to hurry

précisément precisely, exactly

préconçu preconceived

prédire to predict, to foretell

préjugé *m* prejudice

prendre to take; **— garde (de)** to be careful not to; **— parti** to come to a decision; **— quelque chose** to have something to drink or to eat; **— sur le fait** to catch in the act; **— un godet** to have a drink; **— un pot** to have a drink; **— un verre** to have a drink; **s'y —** to go about it, to deal with something

prénom *m* first name

préoccuper (se) (de) to worry

prescrire to prescribe

présent *m* gift

présenter to introduce

presse *f* press

presser (se) to hurry

prestance f presence, demeanor
présumer to presume, to assume
prêt ready; **être — à** to be ready to
prêt m loan
prêter to lend; **— attention** to pay attention; **— serment** to take an oath
prétoire m tribunal
preux valiant
prévenu m accused
prévoir to foresee
prier to beg; to pray
prime f premium
principe m principle
Printemps m Parisian department store
prise f connection, take; strike (baseball); **— de courant** wall plug; **— de vue** a shot in a motion picture
priser to prize, to rate highly
priser (se) to rate oneself highly
prisonnier m prisoner
privé private; **école privée** private school
privé (de) deprived of
priver (se) (de) to deprive oneself of, to do without
privilégié privileged, rich
prix m price; **à tout —** at all costs
probablement probably
procédure f procedure, proceedings
procès m trial, criminal proceedings
proche close, near; **parent —** close relative
procureur m district attorney
produit m product
professionnel professional
programme m program; program (computer); **— de variétés** variety program
programmeur m programmer (person)

progrès m progress, improvement
projet m project
prolonger to prolong
promener to walk; **envoyer —** to send somebody about his/her business
pronucléaire pronuclear
propre own (in front of noun); clean (after noun)
propriétaire m owner
protecteur protective
protection f protection, support
protestation f protest
prouver to prove
provençal m Provençal, language spoken in southern France
Provence f southeastern French province
provisoire temporary; **être en liberté —** to be out on bail
prune f plum
pruneau m prune
publicité f publicity
publier to publish; **— les bans** to announce the banns of marriage, to declare publicly one's intention to wed
puisque since
puissance f power
pull m (abbrev.) pullover, slip-on sweater
pulvériser to pulverize, to grind
punir to punish
pur pure; **— sang** thoroughbred horse
pyjama m pajamas
pyorrhée f pyorrhoea

Q

quadrupède four-footed
quai m platform
quand même all the same, even so
quant à as for; **— à ce que** as for what

quartier m neighborhood
quatre four; **manger comme —** to eat a lot
quelconque whatever
quel que (f **quelle que**) whatever
quelque chose something; **prendre —** to have something to drink or to eat
quelquefois sometimes
quelque part somewhere
quelqu'un somebody; **— d'autre** somebody else
quête f quest
queue f tail; line; **— de billard** cue
quiconque whoever, whosoever
qu'importe what does it matter
quinte royale f royal flush (poker)
qui que whoever, whomever
quoique although
quoi que whatever
quotidien daily
quotidiennement daily

R

raccourcir to shorten
race f race
raconter to tell, to narrate
radiation f radiation
radio f (abbrev.) radio
radio f (abbrev.) radiography, X ray; **passer à la —** to be X-rayed
radioactif radioactive; **retombée radioactive** radioactive fallout
radiographie f X ray
radis m radish
radoucir to soften
raffoler (de) to be excessively fond of
rage f rage; rabies
railler to jeer at, to mock

raisin *m* grape

raison *f* reason; **avoir —** to be right

ralentir to slow down

ralentissement *m* slowing down

râler (fam.) to bellyache

râleur *m* (fam.) grouch

rallonge *f* extension leaf

rallonger to lengthen; to lower (skirt)

ramage *m* warbling (bird)

ramasser to pick up; **— une veste** (fam.) to fail

rame *f* oar

ramener to bring back or again

rampant crawling; **personnel —** ground crew

rampe *f* footlights; **— de lance-ment** launching pad

rang *m* row, rank

ranger to put away, to tidy up

rape *f* grater

rapetisser to make smaller, to reduce in size

rapidité *f* speed

rapporter to bring back

raquette *f* racket (tennis)

rarement rarely

ras *m* level; **en avoir — le bol** (fam.) to be fed up with it

raser (se) to shave; (fam.) to be bored

rasoir *m* razor

rassurer to reassure

rate *f* spleen

rater (fam.) to miss

raton laveur *m* raccoon

rattrapeur *m* catcher (baseball)

rauque harsh, raucous

ravager to ravage, to lay waste

ravissant ravishing, lovely

rayon *m* ray; **— X** X ray

rayon *m* shelf; department (store)

réacteur *m* reactor

réaction *f* reaction; **— en chaîne** chain reaction

réalisateur *m* movie director

rebond *m* rebound (basketball)

rebondeur *m* player doing the rebound (basketball)

rebondi plump; **ventre rebondi** paunch

rebours *m* reverse; **compte à —** countdown

rébus *m* puzzle that uses similarity of sounds to suggest words or phrases

recette *f* recipe

receveur *m* catcher (Canadian baseball)

recevoir to receive; **être reçu** to pass (an examination)

réchauffer to warm up

récidiviste *m* recidivist, repeater

réclame *f* advertising

réconcilier to reconcile

réconforter to comfort, to cheer up

reconstruire to rebuild

recourbé bent, curved

recouvrir to cover

récriminer to recriminate

rédaction *f* composition

rédiger to compose, to write

redoubler to repeat a class

réduction *f* reduction, decrease

réduire to reduce

réel real

réellement really, actually

refermer to close again

refléter to reflect, to mirror

refléter (se) to be reflected

réfrigérateur *m* refrigerator

refroidissement *m* cooling; **tour de —** cooling tower

refuser to refuse

regard *m* look, glance

regarder to look at

reggae *m* reggae

régime *m* diet; **Ancien Régime** the regime in France before the revolution

règle *f* rule

régler to put in order

regoûter to taste again

Reims city in northern France famous for its champagne

rein *m* kidney

réinsertion *f* rehabilitation

rejoindre to join; to meet

réjouir (se) to rejoice, to be glad

relâcher to release, to set free

relancer to raise (poker)

remarcher to work again

remblayer to fill in, to bank up

rembourser to reimburse

remède *m* remedy, cure

remettre to put back; **— à neuf** to do up like new; **— les pieds sur terre** to come down to earth; **— sur le tapis** to go back to a subject that had been dropped

remettre (se) (de) to get over (something)

remettre (se) (à) to start again

remmener to take back

remonter to climb up again, to raise; **— le moral** to raise somebody's morale

remplir to fill, to refill

remporter to take back

remunéré remunerated

Renault *f* French car

rencontrer to meet

rendez-vous *m* appointment

rendre to give back; **— service à** to do a favor to, to do a service to; **se — compte de** to realize

rendre (se) to go; to yield

renflouer to set right

renfort *m* reinforcement; **à grand — de** with a copious supply of

renfrogné scowling, frowning

renommé well-known

renoncer (à) to renounce

renseignement *m* information

renseigner (se) (auprès de) to inquire, to apply to (someone) for information

rentrée *f* first day of school; reentry; **— dans l'atmosphère** re-entry in the atmosphere

renverser to knock down; to reverse

répandre to spill, to spread

réparer to repair

repas *m* meal

repayer to pay again, to repay

repeindre to repaint

répercussion *f* repercussion

repérer to spot

répétition *f* rehearsal

repeupler to restock, to repopulate

répondant *m* guaranty, security

reportage *m* reporting, commentary

reposer (se) to rest

reprendre to take back, to take again

représentation *f* performance

réprimander to reprimand

réprimer to repress

réprobation *f* disapproval

reproche *m* reproach

repu full, satiated

répugnance *f* repugnance

réservation *f* reservation

réserver to reserve

résidence *f* dwelling; **— universitaire** dormitory

résigner (se) (à) to reconcile oneself to

résistance *f* resistance; **plat de — ** main course

résoudre to resolve

résoudre (se) (à) to decide

respiratoire respiratory

respirer to breathe

ressembler (à) to resemble, to look like

ressentiment *m* resentment

ressentir to feel

resserrer to tighten

restaurer to restore

rester to remain; **il reste** there is left

restraindre to restrict

restraint limited, restricted

restriction *f* restriction, limitation

retailler to prune again

retapé (fam.) redone up

retenir to reserve; to keep back, to restrain

retenue *f* punishment that involves keeping students after class

retirer to take off; to pull out, to withdraw

retombée *f* galling; **— radioactive** radioactive fallout

retour *m* return

retournement *m* turning over

retourner to go back; to turn around

retroussé turned up; **nez —** turned-up nose

retrouver to find again; to meet

rétroviseur *m* mirror (car)

réunir (se) to meet

réussir (à) to succeed, to pass (an examination)

rêvasser to day dream

rêve *m* dream

revêche ill-tempered, sour

réveil *m* alarm clock

réveiller (se) to wake up

revenir to come back

revenu *m* income

revers *m* setback; **essuyer un —** to suffer a setback

revue *f* magazine, review

rez-de-chaussée *m* first floor

rhinocéros *m* rhinoceros

rhumatisme *m* rheumatism

rhume *m* cold; **— de cerveau** head cold; **— de poitrine** chest cold; **— des foins** hay fever

riche rich

ride *f* wrinkle

rideau *m* curtain; **doubles rideaux** drapes

ridiculiser to ridicule

rien (ne) nothing

rieur laughing

rigole *f* ditch

rigoler (fam.) to laugh

rigoureux rigorous

rimer to rhyme

rire *m* laugh

ris *m* sweetbread

rive *f* bank

rivière *f* river, stream

riz *m* rice; **poudre de —** face-powder

robe *f* dress; **— de chambre** robe, dressing gown

robinet *m* faucet

robot *m* robot

roc *m* rock

roche *f* rock

roi *m* king

roman *m* novel

rompre to break

ronchon (fam.) grumbler

rond *m* circle

rond-point *m* circus, circle

ronronner to purr

roquer chess move that helps safeguard the King with the Castle

rose pink

rosier *m* rosebush

rosière *f* virgin maiden awarded wreath of roses or sum of money in recognition of her good conduct

rosse *f* (fam.) old horse; nasty person

rôti *m* roast

rôtir to roast

Roubaix city in northern France famous for its wool

roucouler to coo

roue *f* wheel; **— de secours** spare wheel; **la grande —** Ferris wheel; **mettre les bâtons dans les roues** to throw a monkey wrench in the works

rouge *m* red; **— à lèvres** lipstick

rouge red; **feu —** traffic light; **poisson —** goldfish

rougeole f measles
roulant rolling; **escalier —** escalator; **tapis —** movable sidewalk
rouler to drive; **— à tombeau ouvert** to drive at breakneck speed
roulette f dentist's drill
roulis m roll, lurch (boat)
rouspéter (fam.) to bellyache
rouspéteur m (fam.) grouch
route f road; **code de la —** rule of the road, traffic laws
routière road; **carte —** road map
routine f routine
routinier routine-minded
roux m (f **rousse**) redhead
ruban m ribbon
ruer to kick
ruine f ruin
ruiné ruined
rugir to roar
rumeur f rumor
rupture f rupture, breaking off
russe Russian; **les montagnes russes** roller coaster

S

sable m sand
sabot m wooden shoe; hoof (horse)
sac m purse, bag; **— à dos** backpack
sachet m small bag
sacré holy; **— imbécile** blasted fool
sacrifice m sacrifice
saga f saga
sage wise
sagesse f wisdom; **dent de —** wisdom tooth
saignement m bleeding
saint-bernard m Saint Bernard
saint-glinglin (à la) (fam.) for ever and ever
Saint-Gobain city in northern France famous for its mirrors

Saint-Jean-de-Luz French resort town near the Spanish border
Saint-Lazare one of the Parisian railroad stations
Saint-Tropez city on the French Riviera
saisie-arrêt f garnishment
Salacrou, Armand (1899-) French playwright
salade f salad; **panier à —** (fam.) police van, paddy wagon
salaire m salary
sale dirty; **avoir une — tête** (fam.) to look awful
salé salted; **porc —** salt pork
saleté f dirtiness, filthiness
salière f salt shaker
salle f room; **— à manger** dining room; **— de bains** bathroom
salon m living room; **— de coiffure** beauty shop
sandwich m sandwich
sang m blood; **l'impôt du —** obligatory military service; **pur —** thoroughbred horse
sangsue f leech
sans without; **— que** without
saper to undermine
sasser to sieve
satellite m satellite
satisfaire to satisfy
saucisse f sausage
sauf except
saugrenu ridiculous, nonsensical
sauna m sauna
saut m jump, leap; **— à skis** ski jump; **— en hauteur** high jump; **— en longueur** long jump
sauter to jump; **— à la corde** to skip rope; **— au cou de quelqu'un** to kiss somebody effusively
sauter to fry
sauteur m jumper; **— à skis** ski jumper
sauvage wild

sauvegarder to safeguard, to protect
sauver to save
sauvetage m rescue; **canot de —** lifeboat
savate f old slipper; **traîner la —** to be down at the heels
saveur f flavor, taste
savoir to know; **— sur le bout des doigts** to know perfectly
savon m soap; **— à barbe** shaving soap
savonnette f bar of soap
savoureux tasty
scaphandre m diving suit; **— spatial** spacesuit
scarlatine f scarlet fever
scène f stage; scene; **en —** on stage
scénario m script, scenario
schéma m scheme, diagram
science-fiction f science fiction
scolaire school
scrupule m scruple, qualm
sec dry; **gâteau —** cookie
sécher to dry; (fam.) to cut class
séchoir m dryer; **— à main** hand dryer
secouer to shake
secours m help; **au —!** help!
séduisant alluring
seigneur m lord
selle f saddle
sellette f stool, swimming seat
selon according to; **— que** according as
semoncer to reprimand
sens m direction; **— dessus dessous** upside down; **rue à — unique** one-way street
sensa (abbrev.) (fam.) sensational
sensationnel sensational
sensible sensitive, compassionate
sensuel sensual
sentir to feel
séparé separated
séquence f straight (poker)

sergent *m* sergeant

serin *m* canary

serpent *m* snake

serrer to squeeze; **— la main à quelqu'un** to shake someone's hand

serveuse *f* waitress

service *m* service; **— compris** tip included; **— militaire** military service; **rendre — à** to do a favor to, to do a service to

serviette *f* napkin; towel

servir to serve

servir (à) to be used for

shampooing *m* shampoo

shoot *m* shot (sports)

short *m* shorts

siamois Siamese

siège *m* seat

siffler to whistle

signature *f* signature

signe *m* sign; **faire — à** to beckon to

signer to sign

silhouette *f* figure

simple simple; **veston —** single-breasted jacket

simplifier to make easier

sincèrement sincerely

sinon otherwise

sirop *m* syrup

ski *m* ski; **— de fond** cross-country skiing; **— nautique** water skiing; **sauteur à skis** ski jumper

slip *m* briefs

sobre sober

sœur *f* sister

software *m* software (computer)

soi-disant so-called

soie *f* silk

soigné cared for; polished; **style — ** polished style

soigner to care for

soigner (se) to take care of oneself

soirée *f* party; evening

soit . . . soit either . . . or

sol *m* ground

solaire solar

solarium *m* solarium

soldat *m* soldier

solde *m* clearance sale

soleil *m* sun; **bain de —** sunbath; **coup de —** sunburn

sombre dark, gloomy

sommation *f* summons

somme *f* sum

sommeil *m* sleep; **avoir —** to be sleepy; **dormir du — du juste** to sleep deeply

sommelier *m* wine steward

somptueux magnificent

sondage *m* poll, survey

sonde *f* lead; **— spatiale** space probe

songer (à) to think of

sonné (fam.) crazy

Sorbonne *f* university of Paris

sort *m* fate

sortie *f* exit

sou *m* old French coin; now often used as a synonym for **centime**

souche *f* founder, stock

souci *m* worry

soucieux worried

souffleur *m* prompter

souffler (fam.) to surprise

souffrance *f* suffering, pain; **être en —** to be overdue (bill)

souffrir to suffer

souhaitable desirable

souhaiter to wish

soulagement *m* relief

soulager to relieve

soulier *m* shoe; **— verni** patent leather shoe; **être dans ses petits souliers** to be ill at ease

soumis submissive

soupçonner to suspect

soupe *f* soup; **être une — au lait** to be quick to become angry

sourcil *m* eyebrow; **faire lever les sourcils** to make some-

one's eyebrows rise

sourd deaf

sourire *m* smile

souris *f* mouse

sous-estimer to underestimate

sous-sol *m* basement

sous-titre *m* subtitle

soustraire to subtract

sous-vêtement *m* undergarment

soutenir to support, to uphold; to assert

soutien-gorge *m* bra

souvenir *m* memory, remembrance; souvenir, keepsake

souvenir (se) (de) to remember

souvent often

spacieux spacious, roomy

spatial space; **capsule spatiale** space capsule; **scaphandre —** spacesuit; **sonde spatiale** space probe

speakerine *f* woman announcer

spécialiser (se) to major

spectaculaire spectacular

sphère *f* sphere

sporadiquement sporadically

sportif sport; fond of sports

spot *m* spotlight

stade *m* stadium

stand *m* stand

station *f* bus or subway station; **— d'essence** gas station

stationnement *m* parking

stationner to park

stellaire stellar

sténo *f* shorthand

stéréo *f* stereophonic record player

stridulation *f* chirping (cricket)

striduler to chirp (cricket)

stupéfiant *m* drug, narcotic

stupidement stupidly

stylo *m* fountain pen

suant (fam.) irksome; **c'est —** it's a drag

subitement suddenly

subvenir to assist; **— aux be-**

soins de to support, to provide for

succession *f* estate; **droits de —** inheritance tax

succulent succulent

suédois Swedish

suivant *m* next person

suivre to follow

supermarché *m* supermarket

supersonique supersonic

supplémentaire additional; **des heures supplémentaires** overtime

supporter *m* supporter, fan

supposé que supposing that

supprimer to stop, to delete

sûrement assuredly, surely

surgelé frozen

surnager to keep afloat, to keep one's head above water

surprenant surprising

surprendre to surprise

surréalisme *m* literary and artistic movement that attempts to present a new reality

surveiller to watch, to look after

survitrage *m* storm window

survivre to survive

susceptible liable to, susceptible

suspens *m* suspense

suture *f* stitch (surgical)

suturer to suture, to join two edges of a wound by stitching

sympa (abbrev.) likable, nice

sympathique likable, nice

symptôme *m* symptom

syncope *f* faint

syndicat *m* union; office; **— d'initiative** tourist office

synthétique synthetic

T

table *f* table; **mettre la —** to set the table; **se mettre à —** to sit at the table

tableau *m* painting; blackboard

tablier *m* apron

tabou taboo, forbidden

tache *f* spot

tâche *f* task, work

tâcher (de) to try

tactique *f* tactics

taille *f* waist; size; **de —** of big size

tailleur *m* women's suit

taire (se) to keep quiet

talon *m* heel

tandis que whereas

tangage *m* pitching (boat)

tangenter to be on the border line (tennis)

tanière *f* den, lair

tante *f* aunt

tape *f* pat, tap

taper to type

tapis *m* rug; **— roulant** moving sidewalk

tapisserie *f* tapestry; **faire —** to be a wallflower

tare *f* blemish

tasse *f* cup

tata *f* aunt (baby talk)

taureau *m* bull

taux *m* rate

taxe *f* tax; **— sur les chiens** dog license

tee *m* tee (golf)

teint *m* complexion; **fond de —** makeup foundation

teinturerie *f* dry cleaning store

tel such

télé *f* (abbrev.) television

téléimprimeur *m* teletype

téléphérique *m* cable car

téléspectateur *m* television viewer

télétype *m* teletype

télévisé televised

télévision *f* television

tellement so, to such extent

témoignage *m* testimony

témoin *m* witness; **barre des témoins** witness stand; **prendre à —** to call for support

tempe *f* temple, either of the flat surfaces behind the forehead

tempérer to temper

tempête *f* storm

temple *m* temple

temporaire temporary

temps *m* time; **dans le —** in the old days

tendance *f* tendency; **avoir — à** to tend to

tendre to stretch, to tighten

tendre (à) to tend to, to lead

tendresse *f* tenderness

tenir to hold; **— en suspens** to keep in suspense; **— la dernière mise faite** (poker) to call; **— la jambe à quelqu'un** to detain somebody while conversing in a boring manner; **— les livres** to keep the books; **— sa droite** to keep to the right side; **— tête à** to face up to

tenir (se) to behave; **— au courant** to be up to date; **— debout** to stand up; **— les coudes** to help each other

tennis *m* tennis

tenter (de) to try

tenue *f* dress; **en grande —** all dressed up, in full dress

tenure *f* land ceded by a lord while he retains ownership

terminal *m* terminal (computer)

terminal terminal; **classe terminale** last year of secondary school

terminer to end

terminer (se) to end

terrain *f* field; golf course

terrasse *f* sidewalk in front of a café

terre *f* earth; **à —** on the ground; **par —** on the ground, on the floor; **remettre les pieds sur —** to come back to earth

terre-neuve *m* Newfoundland dog

territoire m territory

testament m will

tête f head; **avoir la — près du bonnet** to be hotheaded; **avoir une sale —** (fam.) to look awful; **coup de —** butt; **femme de —** capable woman; **n'en faire qu'à sa —** to have one's way; **tenir — à** to face up to

téter to suck

têtu stubborn

T.G.V. m French train reputed to be the fastest in the world; it goes from Paris to Lyon

thrombose f thrombosis; **— coronaire** heart attack

tic m tic

tiers m one third

tilleul m lime blossom

timbré (fam.) crazy

timide bashful

timidité f shyness, bashfulness

tir m kick (soccer); shooting

tirade f tirade, long speech

tiré (de) taken from

tire-bouchon m corkscrew

tirer to pull; **— avantage de** to derive advantage from; **— la langue** to stick out one's tongue; **se faire — l'oreille** to be reluctant

tirer (se) (de) to extricate oneself from; **— d'affaire** to get out of trouble; **s'en —** to come off well, to get away with

tireur m kicker (soccer); marksman

tisane f infusion, herbal tea

tissage m cloth mill

tissu m fabric, material; **— éponge** terry cloth

titre m title

toc m faked goods

toile f web

toilette f dress

toilettes f pl lavatory, powder room *out the euphemisms, we can see what "it" means under that accent*

toit m roof

tolérant tolerant

tolérer to tolerate

tombeau m tomb; **rouler à — ouvert** to drive at breakneck speed

tomber to fall; **— amoureux** to fall in love; **— dans les pommes** (fam.) to pass out; **laisser —** to drop

ton m tone

tondeuse f lawnmower

tondre to mow

tonifiant tonic

tonne f ton (weight)

tonnerre m thunder; **être du —** (fam.) to be great

tonton m uncle (baby talk)

topographie f topography

toqué (fam.) crazy

torchon m dish towel; **le — brûle** they are always arguing; **on ne mélange pas les torchons avec les serviettes** one does not invite people of different social ranks together

tordre (se) to twist

tort m harm; **avoir —** to be wrong

tortue f turtle

tôt early; **si — que** as soon as

toubib m (fam.) physician

toucher to cash; **— un chèque** to cash a check

toupet m (fam.) nerve; **avoir du —** to have nerve

tour f tower; Castle (chess); **— de refroidissement** cooling tower

tour m turn; circuit; trick; **le tour de France** famous French bicycle race; **sale —** dirty trick

tournebroche m spit

tourmenter (se) to worry

tourne-disque m record player

tourner to turn; to stir; to shoot a scene (movies) **ne pas — rond** not to be right in the head

tourner (se) to turn; **— les**

pouces to turn one's thumbs

tournoi m tournament

tousser to cough

tout all; **— de suite** immediately

toutou m (fam.) doggie

toux f cough

trac m trepidation; **avoir le —** to be nervous

tracasser (se) to worry

trace f trace; **marcher sur les traces de** to follow in the footsteps of

tracé m tracing, lay out

tracer to draw; **— des figures** to figure skate

traction f push-up

traduction f translation

traduire to translate

trafic m illegal commerce

trafiquer to have illegal transactions; **qu'est-ce qu'il trafique?** what is he up to?

tragédie f tragedy

trahir to betray

train m process; **être en — de** to be in the process of

traîner to drag; **— la savate** to be down at the heels; **laisser —** to leave lying about everywhere

trait m feature

traitement m treatment

tranquiliser (se) to calm down

tranquillement quietly

transmis conveyed

transport m transportation

transporter to transport, to carry

travail m work; **travaux ménagers** housework

travailler to work; **— du chapeau** to be crazy

travailleur hard-working

traversée f crossing

traverser to cross

trèfle m clubs (cards)

tremper to harden; **— le caractère** to give moral strength

trépied m tripod

trépigner to trample, to tread down

tresser to braid

tribunal *m* court

tricherie *f* cheating

trier to sort; **— sur le volet** to choose with care

tripe *f* tripe

triste sad

tristement sadly

tromper (se) to be mistaken

trompette *f* trumpet, horn; **nez en —** turned-up nose

trompeur deceptive, deceitful

trot *m* trot

trottoir *m* sidewalk

trou *m* hole; prompter's box; **— d'air** air pocket; **— normand** a glass of apple brandy after the second course

trouble *m* disorder

truc *m* trick, knack; **ce —** (fam.) that thing, (whatever it is)

Truffaut, François (1932-) French movie producer

truffe *f* truffle

tuer to kill

tuile *f* tile

tunnel *m* tunnel

turbine *f* turbine

turbiner (pop.) to work hard

tutoyer to use the **tu** form

tuyau *m* pipe; **— d'arrosage** hose

type *m* (fam.) guy

U

ultra *m* ultra, extremist

uni united

unique sole, single

unité *f* unit; **— de valeur** credit hour

universitaire university; **résidence —** dormitory

uranium *m* uranium

urgent urgent

uriner to urinate

urne *f* urn

usage *m* use; **faire — de** to use

usé used

usine *f* factory

ustensile *m* utensil

V

vacances *f pl* vacation

vaccination *f* vaccination

vache *f* cow; (pop.) swine; **manger de la — enragée** to go through moments of want

vacillant vacillating

vague *f* wave

Vail resort town in Colorado

vaincre to vanquish, to defeat

vaisseau *m* vessel, ship; blood vessel

vaisselle *f* dishes; **faire la —** to wash the dishes

val *m* valley, dale

valet *m* manservant; jack (cards)

valise *f* suitcase

valoir to be worth

vaniteux vain, conceited

vanné (fam.) exhausted

vanter (se) to boast

varicelle *f* chicken pox

variété *f* variety; **programme de variétés** variety program

vaurien *m* good-for-nothing

vedette *f* movie star

végéter to live an uninteresting life

veiller to see to it

veinard *m* (fam.) lucky person

veine *f* (fam.) luck; **avoir de la —** to be lucky

vélo *m* bicycle

velours *m* velvet; **— côtelé** corduroy; **faire patte de —** to draw in one's claws

vendeur *m* salesman

vendre to sell

venger (se) to revenge oneself

venu *m* comer; **nouveau —** newcomer

ver *m* worm

verdict *m* verdict

verglacer to be slippery or icy

vermeil vermilion, red

Verne, Jules (1828-1905) French writer of science fiction

vernis *m* polish, varnish; **— à ongles** nail polish

verre *m* glass; **— de contact** contact lens; **avoir un — dans le nez** to be drunk; **se noyer dans un — d'eau** to be unable to cope with the least obstacle

verser to pour

vert green

verveine *f* vervain

vesce *f* vetch, tare

veste *f* jacket, coat; **ramasser une —** to fail

vestiaire *m* dressing room, lockers

veston *m* men's suit jacket; **— croisé** double-breasted jacket; **— simple** single-breasted jacket

vêtement *m* garment

vêtements *m pl* clothes

vétérinaire *m* veterinarian

veuf *m* (*f* **veuve**) widower (widow)

viande *f* meat

Vichy city in central France famous for its water

victoire *f* victory

vide empty

vider to empty

vie *f* life; **mode de —** way of life

vieux (*f* **vieille**) old; (fam.) term of affection; **vieille fille** old maid

vif intense (color)

vigne *f* vine; **pied de —** vine stock

vilain ugly, bad

ville *f* city; **— d'eaux** spa

vin *m* wine; **coq au —** chicken cooked in wine with white pearl onions and mushrooms; **mettre de l'eau dans son —** to pull in one's horns

viol *m* rape
violer to rape
violet purple
VIP very important person
virer to turn around
virginité *f* virginity
vis *f* screw
visa *m* visa
visage *m* face
vital vital
vitalité *f* vitality
Vittel French spa
vitrine *f* shop window
vitro, in vitro in test tube
vivement quickly
vivre to live
vogue *f* fashion
voile *f* sail; **planche à —** sailing board
voir to see; **être bien vu** to be liked; **faire —** to show
voire nay, in truth, indeed
voisin *m* neighbor
voisiner to be next to
voiture *f* car; **— d'occasion** used car

voix *f* voice; **à haute —** aloud; **extinction de —** loss of voice
vol *m* theft; **— à main armée** armed robbery
vol *m* flight
volaille *f* poultry
volant *m* steering wheel
voler to steal; **il ne l'a pas volé** serves him right
voler to fly
volet *m* shutter; **trier sur le —** to choose with care
volontaire voluntary
volontiers willingly, gladly
voltigeur *m* outfielder (Canadian baseball)
volumineux voluminous, bulky
voter to vote
vouloir to want; **en — à quelqu'un** to hold a grudge against somebody
vouvoiement *m* use of the **vous** form
voyage *m* trip; **— de noce** honeymoon trip; **— organisé** organized tour

vraisemblablement probably
vu seen; **— que** considering that, since
vue *f* view; sight; **avoir en —** to have in mind; **connaître de —** to know by sight
vulgaire vulgar, coarse

W

wagon *m* wagon
western *m* Western (movie)

Y

yacht *m* yacht

Z

zinzin (fam.) nuts, crazy
Zola, Émile (1840 - 1902) French writer

SOLUTIONS DE CERTAINS JEUX DANS LES « AMUSONS-NOUS »

Chap. 1 : Amus. C

1. m ; 2. l ; 3. a ; 4. f ; 5. h ; 6. n ; 7. k ; 8. c ; 9. e ; 10. i ; 11. j ; 12. d ; 13. g ; 14. b

Chap. 2 : Amus. C

Le baccalauréat, être moche, le mathématicien, se grouiller, se raser, marron, la main, le genre.

Chap. 3 : Amus. A

Catherine est la fille de Francine.

Amus. C

Passé, cours, reçu, bourse.

Chap. 4 : Amus. A

1. le train 2. la voiture 3. le métro 4. l'autobus 5. la voiture 6. la voiture 7. le train

8. le métro 9. le métro 10. l'autobus 11. l'autobus 12. le train 13. la voiture 14. la voiture

Amus. C

Pleurer, le feu rouge, découvrir, la naissance, travailler, char

Chap. 5 : Amus. A

S	U	P	P	L	E	M	E	N	T	A	I	R	E
O	N		R	A	T	E		I	O	N		E	T
I		D	E	P	E	N	S	E	R		O		R
R	A	I	S	I	N	S		S	T	A	T	U	E
E	N	T	E	N	D	U	E		U	N	I	S	
E	D	E	N		S	E	L	L	E	T	T	E	S
	O		T	E		L	U	I		H	E		C
B	U	R	E	A	U		V	O	I	R		N	E
O	I	E		U		L	I	N		A	C	O	N
B	L	E	U		Z	O	O		E	X	O	D	E
	L	L		R	U	I	N	E	S		R	A	S
S	E		F	A	T	S		U	T		L		

Amus. C

1. e, jj ; 2. g, mm ; 3. i, gg ; 4. k, bb ; 5. b, cc ; 6. h, kk ; 7. d, ll ; 8. l, ff ; 9. c, nn ;
10. f, aa ; 11. m, ee ; 12. n, dd ; 13. j, hh ; 14. a, ii.

Chap. 6 : Amus. A

1. paresseux, noir 2. bercer, hausse 3. père, mais 4. meuble, instrument de musique
5. nom, tracé 6. tête, doigt 7. agrandir, élargir 8. louer, cou 9. jaune, marron 10. argent,
homme

Amus. C

2, 36 ; 4, 39 ; 5, 10 ; 6, 15 ; 7, 29 ; 9, 31 ; 14, 38 ; 17, 45 ; 18, 24 ; 20, 48 ;
23, 33 ; 25, 46 ; 30, 44 ; 40, 47.

Chap. 7 : Amus. A

T	O	C		V	I	F		L	A
O	P	E	R	A		I	R	I	S
R	E	P	E	U	P	L	E		
T			P	R	E	S	E	N	T
		V	A	I	R		L	U	E
A	B	O	Y	E	R		S		N
R	E	T	E	N	U	S		O	U
O	T	E	R		C	O	E	U	R
M	E	R		A	H	U	R	I	E
E	S		A	N	E	S	S	E	S

Amus. B

Refuser, patte, se mettre, maison, reposé, meurt

Chap. 8 Amus. A

1. f, cc ; 2. e, ff ; 3. k, gg ; 4. g, ee ; 5. j, nn ; 6. d, hh ; 7. a, mm ; 8. l, dd ; 9. n, aa ;
10. m, bb ; 11. h, ll ; 12. i, jj ; 13. b. kk ; 14. c, ii.

Amus. B

1. Amér. 2. Fran. 3. Amér. 4. Fran. 5. Fran. 6. Fran. 7. Fran. 8. Amér. 9. Fran.
10. Amér. 11. Amér. 12. Fran. 13. Fran. 14. Amér.

Chap. 9 : Amus. B

1. soupe (soup) 2. tape (slap) 3. lame (blade) 4. roc (rock) 5. mare (pond) 6. sourd (deaf)
7. rhume (cold) 8. râpe (grater) 9. rate (spleen) 10. rage (rabies) 11. route (road) 12. rhum

(rum) 13. jour (day) 14. neige (snow) 15. verre (glass) 16. râle (death-rattle) 17. rosse (old horse) 18. lave (lava)

Amus. C

1. f ; 2. g ; 3. a ; 4. i ; 5. l ; 6. m ; 7. k ; 8. n ; 9. o ; 10. h ; 11. j ; 12. b ; 13. d ; 14. e ; 15. c

Chap. 10 : Amus. C

1. charmer 2. image 3. corde 4. lampe 5. chaste 6. gloire 7. maire 8. riche 9. érudit 10. chien 11. direct 12. repas 13. rose 14. peur 15. sac

Chap. 11 : Amus. A

1. l'orteil 2. le sourcil 3. la joue 4. la tempe 5. la paupière 6. le coude 7. le crâne 8. le nez 9. le poignet 10. le genou 11. la figure 12. l'épaule 13. la cuisse 14. la mâchoire

Amus. B

C	R	I		N	E	R	V	E	U	S	E
H	I	R	S	U	T	E		B	L	E	U
A	S		O	I	E		P	O	T		
M		L	U	T			U	R	N	E	
B	R	E	F			F	L	A	I	R	
R	E		F	I	A	C	R	E		D	E
E	M	B	R	O	C	H	E		E	S	
	B	R	A	N	C	A	R	D	S		N
E	L	A	N		O	L	E	A	C	E	E
	A	S	C	E	T	E	S		R	U	E
A	I	S	E		E	T		O	R		
T	E	E		E	S	S	E	N	C	E	

Chap. 12 : Amus. A

1. le chapeau 2. le bas 3. la chaussette 4. le complet 5. la jaquette 6. le corsage 7. la cravate 8. le veston 9. le pantalon 10. les gants 11. les souliers 12. le bonnet

Chap. 13 : Amus. B

Le complet, grincheux, la raquette, mare, la permanente, fosse.

Chap. 14 : Amus. B

A	S	S	U	R	A	N	C	E		O	N
V	O	L		E	N	O	R	M	E	S	
O	L	I	V	E		T	O	I	L	E	S
C	A	P	I	L	L	A	I	R	E		A
A	R		P	L	A	I	S		V	O	S
T	I	C		E	R	R	O	N	E		S
S	U	R			M	E	N	E	E		E
	M	A		M	E	S	S	E		O	R
A	S	I	L	E	S			S	O	U	
M		N	O	N		A	S		T	E	E
E	N	T	R	E		N	O	M	E	S	
R	U	E	S			A	S	S	O	R	T	I

Chap. 15 : Amus. B

A. En l'an 2000, j'aurai 77 ans. B. Soleil, Mars : 228 millions de kilomètres ; Soleil, Venus : 107 millions de kilomètres ; Soleil, Mercure ; 58 millions de kilomètres. C. le français.

Amus. C

1. faux 2. faux 3. vrai 4. vrai 5. vrai 6. faux 7. vrai 8. faux 9. vrai 10. faux 11. vrai 12. vrai

PHOTO CREDITS